DIEU N'A QUE DES DÉSIRS

Du même auteur aux Éditions de l'Atelier :

La ville et l'homme, prix Jansen 1954 (épuisé)
Prières
Aimer, ou le journal de Dany
Donner, ou le journal d'Anne-Marie
Le Christ est vivant !
Dieu m'attend
L'Évangile à la télévision
Michel Quoist – A cœur ouvert
Parle-moi d'Amour
Réussir
Itinéraires
Chemins de Prières
Quand la vie devient prière, (Foi vivante)
Présentation de *La voix des hommes sans voix*, (Paroles de l'Abbé Pierre)
Vivre à 100 %, série de 20 fiches à thème, pour aider les jeunes chrétiens de 4e/3e à regarder leur vie à la lumière de l'Évangile. Avec un livre pour animateur.

Michel QUOIST

DIEU N'A QUE DES DÉSIRS

Entretiens avec Élie Maréchal

Les Editions Ouvrières
12 avenue Sœur Rosalie
75013 Paris

L'homme et le succès

Près de huit millions d'exemplaires de vos livres ont été vendus à travers le monde. Vos prières ont été traduites en vingt-six langues. Ce sont les plus forts tirages d'un auteur spirituel contemporain. Comment expliquez-vous un tel phénomène ?

– C'est une question que je ne me suis guère posée. Mais je m'étonne que d'autres n'y aient pas réfléchi : ce serait plus facile pour eux.

Je n'aime pas regarder ma propre vie et m'y appesantir. J'ai trop peur de me prendre au sérieux. Ce serait, pour moi, du temps perdu de m'attarder à ce que d'autres que moi décrivent comme un succès.

Mais, s'il faut donner des raisons, je crois que la première est que mes livres partent de la vie. Ils en partent. Ils y reviennent. Ils ne la quittent pas.

Je regarde, j'écoute les gens. J'ai toujours été passionné par le mystère de chaque personne. Je suis fait ainsi. J'essaie de rejoindre chacun, de m'ouvrir tout grand pour l'accueillir. C'est une démarche totale. Non pas seulement de l'intelligence ou du cœur, mais de tout l'être. Une démarche spirituelle. Une communion. La vie reçue, je la garde en moi. Je la porte. Et je la restitue aux lecteurs, passée aux rayons X de l'Évangile. C'est probablement essentiellement pour cela qu'ils s'y retrouvent, puisqu'il s'agit de leur propre vie. Quelquefois même de leurs propres mots. C'est aussi sûrement pour cela que je n'ai pas beaucoup de mal, non seulement à dire, mais à croire très sincèrement que je ne suis pour rien dans ce succès.

Jamais, je n'ai écrit un livre sur commande. Pourtant, des éditeurs m'ont demandé de traiter tel ou tel sujet, pour l'une de leurs collections. J'ai refusé. Jamais non plus, je ne me suis enfermé dans mon bureau pour rédiger un projet de livre. Les seules demandes explicites auxquelles j'ai répondu, provenaient des jeunes. Ce sont eux qui m'ont demandé *Le Journal de Dany* – *Le Journal d'Anne-Marie* – *Parle-moi d'Amour.* Voilà pourquoi je suis gêné de lire sur des tracts ou des affiches, qui annoncent ma venue : « Michel Quoist, prêtre écrivain ». Je ne suis qu'un prêtre qui écrit lorsque des jeunes en premier et des gens, en général, à la suite de veillées, de retraites, de sessions, de réunions me demandent de mettre par écrit ce que nous avons échangé et bien sûr ce que j'ai dit au cours de ces échanges.

Est-ce à dire que vous n'avez pas à exposer de thèses ?

– Je n'ai jamais cherché à construire une œuvre intellectuelle pour laquelle j'irais puiser mes sources en bibliothèque. Écrire des livres qui seraient les fruits de recherches répondant à mes propres questions. Ce qui m'intéresse, c'est d'écouter, de sentir les demandes ou les attentes des personnes. Je voudrais de toutes mes forces répondre à leurs besoins, à leurs questions profondes, à partir de leur vie et de la mienne.

C'est la même attitude lorsqu'on me demande de traiter en public un sujet précis. Je ne peux m'y résoudre si je sens qu'il n'y a pas un appel, non des organisateurs, mais de l'auditoire visé, et si je n'ai pas vécu moi-même, au moins un peu, ce dont j'aurai à parler. Bien sûr, je pourrais travailler la question, consulter des livres et faire un exposé plus ou moins savant. Mais j'ai besoin de livrer mon expérience, mes découvertes dans la prière et dans ma vie avec le Seigneur et avec les autres. Les deux démarches sont inséparables : vers le Seigneur et vers les autres. Elles s'authentifient l'une l'autre. Sinon, je me méfie de moi.

Pour en finir, mes livres et mes prises de paroles ne se comprennent que suivant mon cheminement dans la vie, au milieu des autres, en essayant d'être fidèle à cette double communion.

Mais vous n'êtes ni le seul ni le premier à vouloir ainsi tenir ensemble et Dieu et les autres. Ce n'est donc pas une explication qui me satisfait. Beaucoup d'autres prêtres tâchent eux aussi d'être à l'écoute de Dieu et des autres. N'êtes-vous pas comme eux ?

– Mais oui justement ! Et quand j'y pense, je suis parfois révolté de cette injustice : d'autres prêtres ont vécu ce que j'ai vécu, de la même manière et même mieux. D'autres sont plus saints, plus intelligents, plus ouverts que moi. Quelques-uns même ont écrit ...

Mais alors pourquoi votre succès ?

– Allez savoir ! Parce que je suis gêné et quelquefois même révolté, il m'est difficile d'en parler. Des prêtres, des laïcs, vivent des événements extraordinaires. Ils n'ont pas souvent l'occasion de les exprimer et quand ils les expriment, d'une façon ou d'une autre, ils n'atteignent pas un aussi large public que moi. Pourquoi pas eux ?

Tenez, on m'a également demandé de parler à la télévision. Je ne l'ai pas cherché. Or, quand je parlais le dimanche à l'émission *Le Jour du Seigneur,* les demandes du texte de l'homélie étaient, paraît-il, beaucoup plus nombreuses que pour la plupart de mes confrères.

Est-ce la spirale du succès qui vous a emporté ?

– Le succès engendre le succès, c'est sûr ! Livres, conférences, télévision ...

Lorsqu'une de mes conférences est annoncée, là encore le public est cinq, dix fois plus nombreux que pour d'autres prêtres plus savants que moi, meilleurs que moi. J'en suis tout honteux.

Je sais, il serait facile de dire que le Seigneur se sert de moi. D'accord, je le pense. Mais pourquoi moi ?

Le succès vous révolte. Mais ne vous inspire-t-il pas un certain humour ?

– Oui, heureusement, je préfère en sourire, me moquer de moi. C'est peut-être une défense de faible, mais je pense qu'il vaut mieux oublier tout cela pour être sûr de ne pas me prendre au sérieux. D'un bout à l'autre, j'ai tellement eu peur que les gens viennent pour moi, comme si j'étais important et comme si je pouvais tout leur dire. Je me considère comme les autres. Ce sont les autres qui m'affublent d'un tas d'habits d'apparât et font de moi un personnage. Mais je sais, moi, que sous ces habits, je suis nu.

Est-ce le succès ou la foi qui vous fait peur ?

– Ah ! non, la foi ne me fait pas peur. La vraie foi, qui est de se savoir aimé par le Père. Comment en avoir peur ? C'est une joie ! Ma peur est de ne pas y croire assez. Et encore ! Si ma foi est trop petite, et elle l'est, je sais que mon Père ne m'en voudra pas. Non, je n'aime pas la peur.

Alors, pourquoi ne pas rendre au Père le mérite de vos succès ?

– Oui, je le fais parfois. Rarement, puisque le plus souvent, je ne pense pas à ces fameux succès. Certains en douteront, mais je passe à travers. C'est vous qui me forcez à m'arrêter à ce que je considère comme sans importance *pour moi*. Je ne nie pas ces succès, ce serait idiot, mais je considère qu'ils ne m'appartiennent pas.

En 1961, vous avez publié Réussir. Est-ce un bon titre pour l'histoire de Michel Quoist ?

– Ce livre m'a aussi été réclamé, au début de mon ministère, par des jeunes de plus de dix-huit ans. Je m'étais aperçu, lors de journées d'études ou de récollections avec eux, qu'ils notaient l'une ou l'autre de mes phrases par-ci, par-là, mais ils ne retenaient pas l'enchaînement, l'ensemble de l'exposé. A la fin de notre rencontre, constatant que leurs notes étaient insuffisantes, ils me demandaient d'écrire l'essentiel de ce que j'avais dit. J'ai donc repris quelques phrases fortes qui avaient pu pénétrer en eux. Je me disais qu'ils n'avaient ni le temps ni le goût de lire des livres savants. Ils avaient besoin, me semblait-il, de pilules faciles à avaler. Comme des vitamines quotidiennes. Les textes polycopiés circulaient dans les lycées. Les jeunes se les passaient. Ils me demandaient de les publier.

Réussir, groupant ces textes, par chapitres, était donc destiné à des garçons et filles voulant réussir leur vie. Je leur disais que, pour y parvenir, il fallait être un homme ou une femme debout, se développant dans toutes ses dimensions, y compris la dimension d'infini.

Nous ne sommes pas suspendus dans le néant, mais reliés à un infini. L'infini de l'Amour ! Il faut être branché. On peut toujours creuser des canaux, établir des circuits électriques parfaits ; sans l'eau qui passe, sans l'électricité, c'est zéro ! Pour bien construire une personne, encore faut-il être branché sur le Seigneur. Réussir, c'est à tous les niveaux de notre être.

Je sais très bien que Dieu peut faire réussir des boiteux, mais je crois que nous devons tout faire pour lui offrir un homme qui tienne debout. J'ai toujours souffert de voir des chrétiens humainement mal fichus. Le Père désire avoir de beaux enfants. Pas seulement de « belles âmes ». C'est à nous de les lui offrir.

J'ai commencé un livre sur la construction de l'homme. Je voudrais avoir le temps de le terminer.

Baudouin Ier, l'Indienne et la militante sud-africaine

Le succès de vos livres est-il un signe de votre propre réussite ?

– Encore une fois, je ne pense pas avoir réussi ma vie plus qu'un autre. J'ai essayé, c'est tout. Ce sont mes livres qui ont réussi. Je considère beaucoup plus ma responsabilité, que ma réussite personnelle. Des millions et des millions de lecteurs : trois ou quatre par livre paraît-il, et dans tant de pays ! C'est une effrayante responsabilité.

Beaucoup de ces lecteurs m'ont écrit ou m'ont dit que tel de mes livres était leur livre de chevet, que dans telle circonstance tel autre leur avait permis de tenir le coup, que c'est en lisant tel passage qu'ils avaient décidé de leur vocation, ou que leur vie avait été bouleversée, etc. Heureusement que je ne crois pas que c'est moi qui bouleverse. Je ne pourrais plus dormir !

Tout en m'étonnant, je ne récuse pas ma part. Je suis facteur d'orgue. Je construis l'instrument, le mieux possible, et librement je l'offre au Seigneur. C'est Lui qui joue sur le clavier des mots. A moi les tuyaux, à Lui le vent et la musique. Chacun son travail.

Vous recevez donc beaucoup de signes de cette réussite ?

– Oui, beaucoup. De partout, de toutes sortes, et souvent par hasard car je ne les recherche pas.

Par exemple ?

– J'étais en Amérique du Sud (au Brésil) pour rencontrer des prêtres français envoyés là-bas en mission. Pour rejoindre l'un d'eux, après plusieurs heures de route, avec les amis qui m'accompagnaient, nous nous arrêtons pour déjeuner dans une auberge modeste. Pendant le repas, nous parlions assez fort. Le propriétaire de l'auberge, entendant prononcer mon nom, s'approche :

– Michel Quoist, demande-t-il, c'est vous ? Êtes-vous celui qui écrit des livres ?

– Oui, c'est moi.

– Ah ! Padre, me dit-il, en se précipitant vers moi. Venez !

Il me prend par le bras et m'emmène. Je me demandais où. Nous parcourons des couloirs, montons un escalier et nous voilà dans sa chambre. Étonnement ! Il va près de son lit et me sort *Réussir*, traduit en portugais.

– Tous les soirs, me dit-il, j'en lis un passage avec ma femme.

Ailleurs, au Pérou, dans la Cordillère des Andes, je circulais dans un autobus bondé. Des Indiennes étaient montées dans le véhicule avec leurs sacs pleins de produits de leur marché. L'une s'asseoit à côté de moi, se penche vers son cabas, y plonge le bras pour en sortir un livre. C'était *Prières* en espagnol. Je n'osais l'interroger aussitôt. Elle se met à lire. Après quelques instants, je me suis présenté : « Je suis l'auteur de ce livre. » Elle avait du mal à me croire. J'ai sorti mon passeport pour lui montrer que j'étais bien Michel Quoist. Puis, je lui ai signé son exemplaire.

Tout récemment encore, dans le hall de la gare du Nord à Paris, j'aperçois au milieu de la foule, une jeune fille qui lisait, assise sur son gros sac à dos. Son livre, c'était *Réussir* ... Cette fois, je n'ai pas osé l'aborder. Je suis souvent partagé entre la peur de me montrer et le désir de faire plaisir en signant un livre.

Le roi des Belges, Baudouin Ier, visitait un jour la Foire du Livre à Bruxelles. Il passait devant le stand qui représentait les Éditions Ouvrières[1]. Il aperçut *Réussir* et dit devant ceux qui l'accompagnaient : « C'est mon livre de chevet. » Je n'ai pas été tellement surpris. Je savais que jeune, il avait lu *le Journal de Dany*. Son précepteur m'avait écrit qu'il lui avait passé à lire pendant les vacances et qu'il s'y était bien retrouvé (!) ...

Voilà donc qui vous fait plaisir !

– C'est plutôt de l'étonnement, même s'il se glisse une petite pointe de plaisir. Tenez encore : j'ouvre le journal *La Croix* et je lis par hasard qu'une jeune militante anti-apartheid en Afrique du Sud a été arrêtée. Le journaliste raconte que lui ont été arrachés les deux livres qu'elle voulait emporter en prison : la Bible et les *Prières* de Michel Quoist.

Je reçois un jour un article d'un grand quotidien du Venezuela (ou Colombie, je ne me souviens plus). Le journaliste interrogeait la jeune fille qui venait d'être élue Reine de beauté du pays :

– Aimez-vous lire ?

– Oui, beaucoup !

– Quel livre lisez-vous en ce moment ?

– *Le Journal d'Anne-Marie* de Michel Quoist.

Voilà des signes cueillis au passage. Il y en a des dizaines et des dizaines d'autres. Certains bouleversants. Mais je ne les ai pas relus. Toujours pour les mêmes raisons.

Entre le roi des Belges, l'Indienne, la militante d'Afrique du Sud, et d'autre, quoi de commun ?

– Au-delà de leur race, de leur culture, de leur milieu social, de leur âge, ce sont des êtres humains.

---

1. Le stand était tenu par leurs homologues belges, Les Éditions Vie Ouvrière, Bruxelles.

On cherche à me classer. Certains prétendent que j'écris pour les jeunes, d'autres affirment que j'écris pour les ouvriers. Or, j'ai constaté que tout le monde me lit, chrétien ou non d'ailleurs.

Comment dépassez-vous les lois du marketing qui veut que tel livre soit adapté à tel public ?

– Je n'ai pas cherché à le faire, mais je crois justement que c'est parce que j'essaie d'atteindre la vie à une profondeur où toutes les personnes se retrouvent. J'ai été moi-même stupéfait de constater que dès leur parution en français, *le Journal de Dany* et *le Journal d'Anne-Marie* étaient traduits en de nombreuses langues[2].

Voilà deux livres conçus dans un milieu français et urbain, écrits à partir de vrais journaux d'adolescents havrais, nourris de toutes leurs histoires, et qui sont lus par des jeunes Allemands, Croates, Grecs, Polonais, Américains, Coréens, Péruviens, etc., qui n'ont apparemment rien de commun avec Dany ou Anne-Marie. Et pourtant, ils se sont retrouvés derrière ces deux prénoms !

Encore faut-il atteindre les vraies questions que se posent les adolescents. Elles sont partout identiques : Qui suis-je ? Pourquoi suis-je là ? Pour quoi faire ? Suis-je aimé ? Par mon père ? Par ma mère ? Et les garçons ? Les filles ? Vais-je aimer, être aimé ? Si je ne le suis pas encore, suis-je aimable ? etc. Ces questions naissent sous toutes les latitudes. Il en va de même pour la foi. Dieu existe-t-il ? S'intéresse-t-il à nous ? Nous aime-t-il ? Pourquoi la souffrance, la mort ? Pourquoi les différentes religions ?

Un jour, je devais parler à Tokyo, à plus de mille Japonaises. C'était la première fois que j'allais au Japon. *A priori*, je ne savais quoi dire à ces jeunes filles. Alors que d'habitude les visages me parlent beaucoup, les leurs me semblaient impassibles. J'étais désorienté. J'avais heureusement pris la précaution de demander que ces jeunes mettent par écrit leurs questions. Je les ai conservées. Il m'arrive, en

---

2. En 12 langues pour *Aimer, ou Le Journal de Dany* et pour *Donner, ou Le Journal d'Anne-Marie,* parus en français aux Éditions de l'Atelier/Éditions Ouvrières.

France, de les lire au cours d'une conférence ou d'une discussion. Je demande alors : de qui viennent-elles ? On me répond qu'elles proviennent de n'importe quel lycée français ... Oui, au Japon comme en France, les problèmes des jeunes sont identiques, ce sont les formes extérieures qui changent.

L'homme est le même partout, quels que soient son milieu ou la couleur de sa peau. L'essentiel n'est pas à la surface de son être mais tout au fond. A la source. Là où jaillit en son esprit les questions sur le pourquoi de son existence, et dans son cœur ses désirs d'amour et de bonheur infini. C'est là qu'il faut l'atteindre.

Le don de l'écriture

Avec vos Prières, *avez-vous fait œuvre de précurseur ?*

– Cette fois, honnêtement, je dis oui, sûrement ! Je crois avoir été le premier à mettre noir sur blanc des prières extraites de la vie ordinaire : le match de foot, le bar et la prostituée, le billet de cent francs ... Je me souviens des premières réactions, bien que – c'est peut-être dommage – après avoir lu et répondu à toutes les lettres, je ne les aie jamais relues. En résumé, ce courrier disait : « Je ne savais pas que je pouvais prier avec toute mon existence. J'ignorais que Dieu s'intéressait à ma vie et que je pouvais lui en parler ... ». Ce fut une véritable révélation pour beaucoup qui se contentaient souvent de réciter des formules.

Vous êtes à la tête de dix-sept livres[3]. Vous avez dirigé une collection « Visages du Christ » qui a édité dix-neuf ouvrages dont les bouleversantes Lettres de prison de Jacques Fesch[4]. Vous êtes encore directeur d'une collection « Paroles de ... ». Êtes-vous un manager de la littérature spirituelle ?

– (Rires) Oh ! pas du tout. Je n'y passe pas tout mon temps, loin de là. D'abord parce qu'on ne m'en a pas laissé les moyens. Jamais, mon

---

3. Élie Maréchal compte, dans ces livres, les premiers ouvrages de sociologie.
4. *Lumière sur l'échafaud*, suivi de *Cellule 18*, aux Éditions de l'Atelier/Éditions Ouvrières.

évêque ne m'a dit : « Votre devoir est d'écrire ». Il a fallu que je trouve le temps d'écrire, sans négliger le travail dans mon diocèse.

Donc, tout est malgré vous, et malgré vos supérieurs ?

– Malgré moi, oui, car encore une fois je n'ai pas, au point de départ, choisi l'écriture ; mais j'ai essayé d'obéir aux événements, de répondre aux appels. Il m'a fallu et il me faut encore beaucoup, beaucoup d'efforts pour écrire. D'abord, en effet, pour arracher du temps au temps. Ensuite, parce que j'aimerais mieux prendre des vacances, aller me promener, lire tranquillement les livres des autres, etc. Enfin parce que écrire est pour moi une véritable ascèse. Je dois reprendre, corriger, rectifier sans cesse, pour parvenir à mettre dans des phrases simples, tout ce que je voudrais y mettre. J'en veux souvent aux mots d'être si étroits. Les gens pensent que j'écris facilement et pour me faire plaisir. Ça me blesse quand ils disent : « Tu ne pourrais pas t'en passer. »

Mais je n'écris pas « malgré mes supérieurs ». Lorsque j'ai été nommé curé, mon évêque[5] m'a donné un adjoint pour me laisser un mi-temps pour mon travail apostolique « extérieur ». Ce mi-temps n'a jamais été remis en cause, mais dans la pratique, il n'est pas respecté, ou je ne le respecte pas.

Pourquoi ?

– Parce que l'on est toujours davantage pris par le travail immédiat. Je ne peux pas refuser d'ouvrir à celui qui frappe à ma porte tandis que la page blanche apparemment peut attendre. Et, je l'ai dit, parce que mon évêque ne m'y a pas poussé. Ce n'est qu'à l'extérieur que j'ai rencontré des personnes qui me disaient avec force que c'était mon devoir d'écrire et de parler. Je pense surtout à deux personnes : le Père Victor Sion[6] et Don Helder Camara. A chaque fois que je voyais ce dernier il

---

5. A ce moment-là, le Père Bardonne, auxiliaire de l'archevêque de Rouen, diocèse dont je faisais partie, avant sa séparation d'avec Le Havre.
6. Aujourd'hui décédé (en 1990). Il a été maître des novices Carmes pendant vingt-six ans, accompagnateur spirituel de beaucoup de personnalités marquantes de notre époque, auteur de petits livres merveilleux comme *Le réalisme spirituel de Thérèse de Lisieux*, Éditions du Cerf.

me félicitait pour le travail, accompli pour l'Amérique latine[7], mais il ajoutait : ce travail d'autres peuvent s'y atteler. Vous, vous devez faire fructifier les dons que le Seigneur vous a offerts : l'écriture, la parole.

Vous n'avez donc pas managé votre carrière ?

– Pas du tout ! Je l'ai peut-être plutôt négligée. Maintenant que j'ai pris de l'âge, je me dis parfois : n'aurais-je pas dû profiter davantage de ma notoriété pour me faire entendre plus fort ou plus souvent. J'ai refusé (et je refuse encore) beaucoup d'interventions en France et à l'étranger, que ce soit par la parole ou par l'écrit. Un jeune prêtre me disait tout récemment : « On ne t'entend pas assez souvent ! » Beaucoup le pensent.

De quel droit parler si fort ?

Êtes-vous devenu vieux ou bien sage ?

– Je me pose moi-même la question. Je suis plus calme, moins passionné, moins remuant. Je n'ai plus envie de courir, de me battre. Mais faut-il être sage ? Actuellement, certains se félicitent de constater que les gens sont devenus plus « tolérants » entre eux. Est-ce une avancée ? Faut-il en effet devenir tolérant, accepter les différences, pour éviter les combats, mais taire l'essentiel ?

Dieu s'est présenté sous les traits de la sagesse.

– Il est aussi violent. Jésus a tout bousculé, et pas seulement les tables des marchands du Temple. Il fut un provocateur.

Serait-ce se tromper que de lire vos livres comme une œuvre de sagesse ?

– Oui, une erreur, si sagesse veut dire : être sage comme on le demande à un enfant : Sois sage, c'est-à-dire tiens-toi tranquille ! Je suis

---

7. L'envoi de prêtres français qui se mettent au service de l'Église latino-américaine.

étonné que la violence de certaines de mes *Prières* et de certains de mes textes, n'ait pas toujours été perçue par le lecteur. Dans le précédent livre *Dieu m'attend,* il y a des chapitres très durs.

Peut-on rester en contact avec Dieu sans faire preuve de sagesse ?

– Encore une fois, tout dépend de ce que l'on entend par sagesse. Ce peut être quelquefois une démission. De tout sens, Dieu nous prend tels que nous sommes. Il suffit de ne pas lui fermer la porte, de ne pas se croire rejeté. Il n'y a pas à craindre d'être incompris.

Aimez-vous être provocant ?

– Sûrement pas systématiquement. Je dis les choses comme je les vois et comme je crois. Lorsque le spectacle des hommes abîmés, de l'injustice, me blesse et me fait saigner, je le dis avec violence. Mais rien qui soit de la pure provocation.

Comment concilier dans la prière amour et violence ?

– La passion amoureuse est une violence. L'amour renverse les obstacles. On lutte pour les surmonter. Un père qui aime ses enfants, se bat pour eux.

Est-ce l'amour qui vous retient d'être sage ?

– Je suis trop sage.

Donc, pas assez amoureux de Dieu et des autres ?

– Sûrement. Si j'avais été plus amoureux, j'aurais crié davantage. Je ne l'ai pas fait assez, ni assez fort, non pas surtout par peur de n'être pas entendu, mais surtout par peur de m'octroyer injustement le droit de crier. Ce droit, on ne l'a que si sa vie est en elle-même un cri qui bouleverse. On ne peut dire vraiment que ce que l'on vit vraiment. Or, j'ai toujours craint le décalage entre ce que je disais et ce que je vivais.

Il y a longtemps, un soir, j'ai écrit la prière « Tout »[8] : « J'ai entendu un prêtre qui vivait l'Évangile, prêcher l'Évangile, ... » Ce prêtre, c'était l'abbé Pierre. Je me disais : lui a le droit de parler, mais moi ?

Devant une foule, combien de fois, emporté par la passion, je me suis dit intérieurement : Sois calme ! De quel droit parles-tu si fort ? Mais peu après, impossible de me taire : ça éclatait à nouveau. Voir des gens rassemblés, yeux, oreilles, cœurs tout grands ouverts, m'ouvre à moi aussi l'esprit et le cœur, libérant la parole qui jaillit comme un torrent. Mais j'éprouve bien vite le besoin de préciser à l'auditoire : Ce que je vous dis, je le crois de toutes mes forces, mais je ne le vis pas assez. Ce n'est pas parce que je crie, hurle, gesticule sur cette scène, que je le vis pleinement.

Lorsqu'ensuite, les gens se précipitent pour me dire que, par ma bouche, ils ont entendu la parole du Christ, j'ai mal, et quelquefois honte. Je m'interroge : Ils sont venus si nombreux ! J'ai parlé, parlé, parlé ; mais mes mots, sont-ils écorces creuses, ou semences qui vont germer dans leurs cœurs ?

Jean-Paul II vous a raconté avoir lu tous vos livres. Pensez-vous être un maître spirituel ?

– Voilà encore une question que je ne me pose jamais. On m'a pourtant assuré, dans certains pays, que toute une génération de chrétiens avait lu mes livres. Dans les pays de l'Est, avant leur libération, des militants m'ont dit qu'ils avaient tenu le coup grâce à eux. Michel Fiévet raconte, dans les dernières pages d'*Itinéraires*[9] qu'il a vu, dans une arrière-boutique de Lodz (Pologne), des hommes et des femmes recopier à la main le livre *Prières,* et un compagnon de séminaire du Père Jerzy Popieluszko m'a rapporté qu'à l'époque où ils étudiaient ensemble ils ne possédaient qu'un exemplaire du livre qu'ils avaient découpé par chapitre, pour le faire circuler parmi les séminaristes, etc.

---

8. *Prières*, Éditions de l'Atelier/Éditions Ouvrières, p. 121.
Cf. aussi la prière « J'ai pris la parole Seigneur », p. 77.
9. *Itinéraires*, Éditions de l'Atelier/Éditions Ouvrières.

Mes livres ont donc aidé certains, c'est une évidence. Mais de là à dire que je suis un maître, non et non ! Je vous répète que d'autres prêtres ont dit et disent les mêmes choses que moi. J'ai seulement trouvé la manière de le dire et de l'écrire. Je suis mal à l'aise quand on m'encense injustement.

Souhaiteriez-vous que soit analysée la composition de vos prières ?

– Ce serait du temps perdu. J'ai seulement essayé de parler ou d'écrire très simplement. Ainsi, des peintres sont-ils arrivés à simplifier leur œuvre jusqu'à ne retenir que quelques traits ou quelques couleurs. Je les admire, ils vont à l'essentiel. C'est un peu ma démarche. Je me dis que plus je serai simple, plus j'aurai des chances d'être compris par tous, mais aussi plus facilement le Seigneur pourra passer.

Quand j'écris, je corrige jusqu'à ce que le texte soit limpide. Je me fais aussi aider de jeunes. Je dois beaucoup à ces jeunes de seize/dix-huit ans à qui j'ai demandé de lire et de critiquer mes manuscrits.

Cherchez-vous à être concret ?

– Les images concrètes me viennent spontanément.

Êtes-vous poète ?

– On l'a prétendu. On m'a dit qu'en Allemagne, aux États-Unis et ailleurs, des extraits de mes livres figurent dans des recueils de poésie pour les écoles. On m'a décrit comme un poète moderne. Vraiment ? Je ne le savais pas (Éclat de rire) ... Il n'y a que dans *Parle-moi d'Amour*[10] où j'ai essayé volontairement de mettre un peu de poésie, parce que les jeunes me l'ont demandé. Ils en avaient assez d'entendre parler de l'amour uniquement sur le plan physique. Redonne-nous, m'ont-ils dit, le sens du mystère avec un peu de poésie. J'ai essayé. Mais il aurait fallu beaucoup de temps pour travailler et réaliser un projet plus abouti. J'ai été frustré de ne pas pouvoir peaufiner davan-

---

10. Toujours aux Éditions de l'Atelier/Éditions Ouvrières.

tage ce livre. J'aurais voulu qu'il soit très beau. Mais encore une fois, je n'ai jamais voulu écrire pour écrire.

De temps en temps j'en ai la tentation. Je me dis : Si j'avais le temps, j'aimerais écrire ! Mais je ne l'ai jamais fait. Et ne le ferai jamais.

Pourquoi dire que c'est une tentation ?

– Parce que ce n'est pas mon travail. Ce serait me faire plaisir, et non plus répondre à un appel. J'ai seulement pensé que j'avais quelque chose à dire, qu'il fallait le dire le mieux possible pour me faire comprendre et faire comprendre le message. Mais ne pas rêver et passer mon temps à tenter de vouloir créer une œuvre d'art.

Dieu et le langage de l'amour

Comment simplifiez-vous ?

– Je fuis les mots qui ne sont plus utilisés ou qui sont dévalués, ceux qui ont perdu leur sens, ou qui non seulement ne disent plus rien aux jeunes d'aujourd'hui, mais qu'ils ne connaissent même plus. C'est valable d'une façon générale, mais plus encore en ce qui concerne le vocabulaire chrétien. J'écarte alors systématiquement tous les termes techniques.

Je ne comprends pas que des gens intelligents semblent ne pas avoir encore mesuré les conséquences de l'ignorance religieuse des jeunes. La petite minorité de ceux qui ont été catéchisés – malgré les efforts remarquables des spécialistes et le travail des catéchistes – n'ont retenu que quelques bribes de connaissances qui très souvent ne mordent pas sur leur vie. Quant aux autres – la majorité – ils ne savent plus rien. Absolument rien. Il faut tout reprendre à zéro. Et ce n'est pas seulement une question de vocabulaire, mais de présentation générale du message. Ils sont totalement étrangers à nos catégories. Il y a vingt ans, par exemple, je pouvais encore parler de la grâce à des jeunes étudiants chrétiens ; aujourd'hui, quand je prononce le mot devant eux, ils écarquillent les yeux et demandent : qu'est-ce que cela veut dire ? Il n'empêche d'ailleurs que certains de ceux-ci lisent régulièrement l'Évangile et entretiennent une relation profonde avec Jésus-Christ.

Les artistes savent pourtant ce qu'est la grâce ...

– Oui, mais pas la grâce au sens chrétien. L'état de grâce ... Encore moins toutes les catégories de grâces que l'on a inventées. Car on l'a chosifiée. On en a fait « quelque chose que l'on reçoit » et non « quelqu'un que l'on rencontre ».

A force d'abandonner ce que vous appelez le langage technique chrétien, le christianisme ne risque-t-il pas de se faire voler les mots qui le décrivent ?

– Peu importe, pourvu qu'il trouve d'autres mots.

Comment expliquer alors la grâce aux étudiants dont vous parlez ?

– Toujours la même démarche. A partir de leur vie. Je leur dis : Si un gars (ou une fille) vient te déclarer son amour – un véritable amour, authentique – tu peux envoyer promener l'amoureux ou l'accueillir les bras ouverts. Dans le premier cas, tu te fermes et demeure seule. La même. Dans le deuxième cas, « touchée » par son amour, tu t'ouvres à ce garçon. Tu le reçois. Il te donne un peu, beaucoup, de sa vie. Tu es enrichie par cette vie nouvelle qui fait irruption en toi. Ce que les chrétiens appellent la grâce, c'est cela. Dieu est amoureux de l'homme, il a envoyé son Fils le lui dire. Ceux qui l'accueillent, le reçoivent, se laissent aimer par Lui, sont totalement transformés. Re-créés au plus profond de leur être par cette Vie de Jésus qui jaillit en eux. Ils peuvent avec Lui, dire à Dieu : « Notre Père ... », etc.

En prenant le langage de l'amour pour parler de Dieu, on est sûr de ne pas se tromper ... et on a de grandes chances de se faire comprendre.

Pouvez-vous rendre grâce pour le succès de vos livres ?

– Pour mes livres, pas tellement. Encore une fois, je n'y pense pas. Pour ma vie, oui. Je dis merci, c'est-à-dire que je tâche de rendre tout l'amour que j'ai reçu. Aimer, c'est toujours donner de sa vie, un peu ou beaucoup, et recevoir la vie de l'autre. Dieu me donne toute sa Vie, j'essaie de lui rendre la mienne. Mais la différence entre ce que je donne et ce que je reçois est infinie. C'est quand enfin on expérimente cette vertigineuse différence, au-delà des mots et des belles idées, qu'on demande sincèrement à Jésus et son Esprit de prendre notre relais, et de prier en nous et par nous. Seuls ils peuvent combler le déficit d'amour qui nous sépare du Père.

Vos livres sont-ils une manifestation de l'amour de Dieu pour vous ?

– Ils sont d'abord une manifestation de l'amour que j'ai pour les autres. Ils sont ensuite des canaux que j'offre au Seigneur pour qu'il passe vers eux. Et à ma grande stupéfaction, il s'en sert ! Il s'en sert même beaucoup. Voilà pourquoi je cherche la simplicité. Jésus sur terre a parlé si simplement. Je sens bien que si j'interviens trop, le Seigneur discrètement se retire. Il ne faut pas que je prenne trop de place, pour qu'il prenne la sienne. Mais je suis comme tout le monde, il y a des moments où j'ai envie de me montrer. Je vous l'ai dit : de temps en temps ... j'aimerais écrire !

Tenez-vous un journal personnel ?

– Non. Je griffonne des réflexions sur un carnet ou des bouts de papier. Ce n'est pas dans l'intention de les publier par la suite, quoique j'aie accepté de le faire pour les textes parus sous le titre *A cœur ouvert*. Si j'ai cédé, c'était justement pour échapper à l'épreuve que vous m'infligez. D'autres, avant vous, avaient demandé de m'interroger. Je préférais sélectionner moi-même ce que je livrerais aux lecteurs. C'est raté !

Je n'écris pas régulièrement, mais n'importe où, n'importe quand, pendant une lecture, dans le train, dans l'avion ... Un déclic suffit. Un événement qui s'impose. Une pensée qui surgit. Je n'ai pas beaucoup de mémoire et je veux garder ce qui m'a enrichi. En fait, ce que je note, c'est souvent plus profond qu'une simple réflexion. C'est ce que je considère comme un clin d'œil, voire une parole du Seigneur, qui me fait comprendre quelque chose, non seulement avec mon intelligence, mais avec tout mon être. J'appelle cela mes « petites visions ». Ce sont des moments privilégiés très forts, qui me font avancer. Des lumières et des étapes sur ma route.

Naissance des prières

Comment sont nées vos Prières ?

– Le livre *Prières* a été prié avant d'être écrit. Je venais d'être nommé à mon premier poste. Humainement, je ne comprenais pas. On m'avait en effet demandé de faire des études de sciences sociales, puis désigné un grand quartier populaire de Rouen comme sujet d'enquête pour ma thèse ; enfin, l'Assemblée des Cardinaux et Archevêques me réclamait pour mettre en place la Sociologie Religieuse Urbaine en France[11] et mon évêque (à Rouen à ce moment-là) m'envoyait ... à Sainte-Marie du Havre, où j'étais paraît-il indispensable comme quatrième vicaire. C'était idiot ! Mais j'étais heureux. Tellement impatient, après avoir ingurgité une dizaine d'années d'études, de pouvoir enfin rejoindre la vie de tous, surtout dans un quartier populaire, pour annoncer la bonne nouvelle de Jésus-Christ.

J'ai commencé à recevoir des gens de tous âges, qui venaient me parler de leur vie chrétienne. Je ne sais pourquoi, mais il en venait beaucoup. Peut-être au début par simple curiosité. Parce que j'étais le petit dernier des prêtres de la paroisse. Parce que j'avais travaillé avant de rentrer au séminaire, ce qui était très rare à ce moment-là. Je me suis rendu compte ensuite que les gens venaient parce qu'on ne parlait pas uniquement de « religion », mais de toute leur vie. Ça non plus ce n'était pas tellement l'habitude ! Et certes, pas de la faute des prêtres. On les avait tellement coupés de la vie pendant des années. Ils s'y trouvaient plongés du jour au lendemain ! Il fallait qu'ils apprennent cette vie des gens, avant de pouvoir en parler et même de la comprendre.

---

11. Le Père Boulard était le spécialiste pour le monde rural.

Seuls les aumôniers d'Action Catholique y étaient parvenus. Mais les habitudes étaient telles, que ceux-ci étaient regardés avec méfiance par certains. Horreur ! Ils parlaient quelquefois davantage de la vie des gens que de la « religion ».

Tout cela ne me dit pas comment sont nées les Prières.

– J'y arrive. A partir d'un cas précis. Celui de Pierre. Un jociste que j'aimais beaucoup et qui plus tard devait mourir accidentellement au travail, après m'avoir dit quinze jours auparavant qu'il était prêt à offrir sa vie pour ses camarades, si l'occasion s'en présentait.

Un soir donc, Pierre vient me dire qu'il s'ennuyait à la messe (le phénomène n'est donc pas nouveau, surtout qu'à ce moment-là, on célébrait en latin). Il venait chercher des conseils. C'était le premier vrai contact que j'avais avec lui. Je ne lui ai pas d'abord parlé de la messe. J'ai pris une feuille de papier et des crayons de couleurs, puis j'ai commencé à poser mes questions :

Travailles-tu ? Ou es-tu encore au lycée ? Au travail, quelles sont les personnes que tu rencontres ? Celles que tu connais un peu plus profondément ? Est-ce que tu parles avec toutes ? Et tes loisirs : joues-tu au foot, au basket ? Avec qui ? Quels sont les amis avec qui tu sors ? Où loges-tu ? Connais-tu tes voisins ? Etc.

Je notais au fur et à mesure ses réponses dans des cercles de couleurs différentes. C'était la « carte de relations » que faisaient les plus sérieux des militants jocistes.

Pierre m'arrête.

– Je ne suis pas venu pour cela, mais pour la messe ...

– Attends. Nous en parlerons, mais continuons encore. Le matin, comment te déplaces-tu ? A vélo ? En autobus ? Toujours le même bus ? Retrouves-tu les mêmes passagers ? Et ta famille ? Ton père ? Ta mère ? Tes frères et sœurs, etc., etc.

Une fois inscrits tous ces renseignements, je lui dis :

– Maintenant, nous pouvons parler de la messe. Regarde mon dessin. Il résume les détails que tu m'as donnés. Il représente ta vie, celle que tu m'as décrite. Ta messe, elle part d'ici et elle y revient. C'est toute cette vie qu'il faut apporter à l'Eucharistie. Tu le peux, si tu la vis vraiment. Tu la portes avec toi. Le Christ attend que tu la lui donnes. Il va l'offrir à son Père avec sa propre vie et le Père va Lui redonner. Vie ressuscitée. Vie nouvelle. Et toi, tu vas repartir avec le Christ et sa Vie, là où tu chemines tous les jours, dans ton travail, dans ton immeuble, dans la rue avec tes copains, dans ta famille ... Regarde mon dessin. C'est ta vie. Le Christ la regarde avec nous ... Et tout haut, nous avons parlé de cette vie à Jésus.

A ceux qui, comme Pierre, venaient ainsi me voir, j'ai donc très vite fini par proposer que nous priions ensemble. Alors, certains se levaient. Puisque je les invitais à prier, ils s'apprêtaient à « réciter une prière ».

Non ! leur disais-je, restez assis. Le Seigneur était déjà là, tandis que nous parlions ensemble et que nous étions assis. Eh ! bien, maintenant parlons-lui directement : Bonjour ou bonsoir, Seigneur. Nous sommes contents que tu sois présent parmi nous. Tu nous as écoutés. Nous te confions cette vie ...

C'était une prière avec des mots simples et quotidiens, comme nous en faisons maintenant couramment à la fin d'une réunion.

Il m'est arrivé alors, quand la ou les personnes étaient parties, d'écrire ce que nous avions dit au Seigneur. J'arrangeais un peu, pour que le texte soit présentable. Puis, avec un mot d'accompagnement, je l'envoyais à mes visiteurs : Nous avons prié ainsi à partir de votre vie. Continuez de vous adresser à Dieu avec vos mots à vous. Il aime que vous vous confiez à Lui. Vous verrez qu'il se confiera à vous ...

A cette époque, j'allais encore donner quelques conférences de sociologie, ici ou là. Un jour, en Belgique où je me trouvais invité pour un colloque de sociologie religieuse, j'attendais dans un vestibule l'organisateur de la rencontre. Sur une table, au milieu de revues, se trouvait un paquet de feuilles polycopiées. Je jette un coup d'œil. C'était le texte d'une de mes prières ! La même semaine, je fis le même constat en France. J'ai été impressionné. Ainsi, des gens recopiaient mes textes, les envoyaient à un ami. Un prêtre les tapait à la machine, les polycopiait, les distribuait. C'était alors l'Église polycopiante, comme on disait.

J'ai donc rassemblé ces prières. Je les ai évidemment retravaillées. Certaines d'entre elles, comme la série « Étapes sur la route du Christ et des hommes » à la fin du livre, étaient un condensé de la prière de plusieurs, voire de nombreux militants ; certaines autres, des prières plus personnelles, comme celle d'un prêtre le dimanche soir. Et j'ai porté le paquet aux responsables des Éditions Ouvrières (ce sont eux qui avaient édité ma thèse de doctorat, en 1952). Devant mon manuscrit, ils ont hésité. C'était tellement nouveau : une prière sur le foot, une autre sur le bar et la prostituée, une autre devant un billet de cent francs ... N'allaient-elles pas faire scandale ? Les membres du comité de lecture ne savaient pas quoi penser. Quoi faire. Pour en finir, l'un d'entre eux[12] qui avait été immédiatement conquis, a emporté l'adhésion de tous. Il s'en montrera très fier plus tard. En trois semaines, le premier tirage du livre a été épuisé. Et cela dure depuis quarante ans ... et dans tous les continents.

Toutes les *Prières* ont une histoire. Mais ensuite, beaucoup d'histoires viennent se greffer sur chacune d'elles, comme de nouvelles branches sur un arbre et de nombreux fruits sur les branches. Elles sont vivantes, ces prières. Priées par plusieurs millions de personnes.

C'est prodigieux !

Comment ou quand estimez-vous avoir achevé d'écrire une Prière ?

– C'est instinctif. Lorsque je sens qu'elle va être comprise entièrement. Et puis, je vous l'ai dit, je me fais contrôler par des jeunes. Ce sont eux qui me font les meilleures remarques. Quelquefois aussi des non-chrétiens.

Vous arrive-t-il d'être content de vous ?

– Oui, quand quelqu'un me dit qu'il comprend tout, tout de suite. S'il me dit qu'il ne saisit pas tels passages ou telles expressions, je les reprends et traduis à nouveau. Je n'ai pas de grandes difficultés en ce

12. André Villette, aujourd'hui décédé.

qui concerne plus spécialement les jeunes. Avant eux, je me suis tellement posé toutes les questions qu'ils se posent ! J'ai longuement cherché les réponses et la façon de m'exprimer, avec eux et avec Dieu.

Lorsque j'avais quinze ou seize ans, au travail, je réfléchissais beaucoup. Je me disais : ce que j'ai appris au catéchisme, ce qu'on raconte à l'église, ce que j'essaie de lire sur la religion, c'est ridicule. Je n'y comprends rien. Puis au fur et à mesure de mes recherches, je commençais à en saisir vaguement le sens, mais je pensais déjà qu'il faudrait parler ou écrire autrement, pour que tous mes copains puissent comprendre. Plus tard, encore très souvent, combien de fois lisant des livres excellents, avec lesquels je suis intellectuellement d'accord, je me dis : Il faudrait réécrire ce bouquin. On pourrait dire la même chose beaucoup plus simplement et surtout d'une tout autre manière. C'est à nous d'apprendre la langue des hommes de notre temps et non pas d'obliger ceux-ci à apprendre la nôtre. C'est la première marque de respect que nous leur devons.

La soif de la Samaritaine

Voudriez-vous traduire l'Évangile ?

– Non. D'autres l'ont très bien fait et je ne suis pas un spécialiste.

Pensez-vous que le texte de l'Évangile soit immédiatement compréhensible aujourd'hui ?

– Certaines traductions sont encore trop obscures. Une ermite belge m'a écrit ces jours-ci : Dans *Chemins de Prières,* vous citez des passages de l'Évangile. Est-ce vous qui les avez traduits aussi bien ? Ils me semblent tellement clairs, que l'Évangile retrouve pour nous toute sa force.

Je lui ai répondu que j'avais utilisé la traduction de Gérard et Marie Séverin : *Le Christ en direct*[13]. Elle est en effet claire comme de l'eau de source.

---

13. Aux Éditions de l'Atelier/Éditions Ouvrières.

Avez-vous cherché à parler, comme le Christ, avec les images et les symboles de votre temps ?

– Une fois de plus je vous répète qu'il n'y a rien de calculé dans ma démarche. Je n'ai pas pris de décision. C'est venu naturellement. Et ça continue. J'écoute, je regarde beaucoup. J'emmagasine dans ma tête et dans mon cœur. La vie prend racine en moi. Elle pousse et les mots qui me viennent sont les fruits de cette vie. Je n'ai jamais écrit tout ce que j'ai pu dire dans mes conférences. Vous ne pourrez pas en voir le texte[14].

Voudriez-vous avoir l'art et la manière du Christ ?

– C'est évident. Mais la question ne se pose même pas. L'Évangile est tellement pur. Parole de Dieu à travers des paroles d'hommes. Hommes qui ont laissé l'Esprit s'exprimer en respectant les particularités de chacun des évangélistes, et leurs démarches au service des premières communautés chrétiennes.

Je sais que pour parler comme parle l'Évangile, il faut se nourrir d'Évangile. J'essaie. Très tôt, alors que j'étais encore au travail, j'ai été marqué par certains épisodes ou certaines paroles de l'Évangile. Je m'aperçois que j'en vis encore aujourd'hui. La rencontre de Jésus et de la Samaritaine entre autres, m'a bouleversé[15]. Je sacrifierais tout le reste pour le récit de ce face à face extraordinaire. Moi aussi j'avais soif et cherchais où puiser l'eau qui m'apaiserait. J'ai rencontré Jésus qui m'a offert « une source d'eau jaillissante en vie éternelle ». Pendant mon premier trimestre au Séminaire de vocations tardives, je n'ai pas pu méditer chaque matin autre chose que cet épisode. Et puis, j'ai attendu. Attendu pendant près de dix ans le moment où enfin je pourrai, à plein temps, aller dire à mes frères que j'avais rencontré le Seigneur !

---

14. Seules les homélies à la télévision, à l'émission « Le Jour du Seigneur », sont rédigées, car tout est minuté et nous devons donner le texte. Cf. *L'Évangile à la télévision*, Éditions de l'Atelier/Éditions Ouvrières.

15. Jean 4, 1-42.

Les gens que vous côtoyez vous demandent-ils, comme la Samaritaine à Jésus : Donne-moi à boire ?

– C'est exactement mon impression quand je les vois me regarder, m'écouter. Soit en tête-à-tête, soit dans un petit ou grand groupe. Leur regard semble me dire : J'ai soif !

De quoi ont-ils soif ?

– De trouver un sens à leur vie. De pouvoir aimer et être aimés authentiquement. La quête d'amour des hommes est impressionnante. Universelle.

Beaucoup de chrétiens, eux, viennent aux conférences pour chercher à comprendre ce qu'ils vivent. Ils respectent une certaine morale. Accomplissent des gestes religieux. Gardent quelques connaissances religieuses ou en ont acquis quelques nouvelles. Mais ils ne comprennent pas le lien qui existe entre tout cela et leur vie. On ne leur a pas expliqué avec des mots simples qu'ils sont embarqués, eux et tous leurs frères humains, dans une extraordinaire histoire d'amour ... Quelques interventions de « spécialistes » approfondissant un point précis ne peuvent pas le leur révéler. C'est difficile à dire, mais beaucoup de personnes, comme ce Général – homme pourtant très cultivé – me disent à la sortie des conférences : « J'ai compris en une heure, ce que je n'avais pas compris pendant des années auparavant !»

Et vous, quel est votre désir ?

– Personnellement ? J'ai toujours eu et j'ai de plus en plus soif de me retirer près du puits de la Samaritaine, pour demander au Christ : Donne-moi à boire.

Avez-vous aussi soif du succès ?

– Jamais ! Je vous l'ai dit, je ne le refuse pas quand il s'impose. Ce serait idiot. Mais je ne cours pas après. Je ne l'ai jamais organisé. Et quand il est là, il ne me tourne pas la tête.

A force de me parler de ce fameux succès, vous m'obligez à me re-mémorer certaines scènes. Il est vrai que j'ai vécu des moments éton-nants qui auraient pu me bouleverser. Peut-être même me déstabiliser : lors de mon premier séjour au Canada, à Montréal, j'ar-rive devant la cathédrale. Il y a un remue-ménage dans la foule. La salle où je devais parler, au sous-sol, est comble. On ouvre l'immense cathédrale qui est envahie. Il y a du monde partout. Dans les allées, dans le chœur, jusque dans les confessionnaux ! A Bruxelles, la moi-tié des personnes ne peuvent rentrer. Elles s'en prennent aux organisa-teurs « qui auraient dû prévoir ... » En Espagne, à Barcelone, des centaines et des centaines de personnes, en rangs serrés, font la queue autour d'un pâté de maisons. Je demande : Qu'est-ce qui se passe ? Une manifestation ?

– Non, elles viennent vous entendre.

A Curitiba, dans le sud du Brésil, c'est un immense parking qui est plein d'autocars. Ils ont amené des jeunes de tout l'État. Ils repartiront dans la nuit. Et dans les Universités, les étudiants, à Tokyo, à Salaman-que, à Madrid ... Et dans les lieux marqués par l'Histoire : à Hiroshi-ma, en Rhodésie avant qu'elle ne soit le Zimbabwe, à Belfast, une nuit entière de réflexions et de prières avec les deux communautés de jeu-nes réunies, catholiques et protestants, etc. Que de souvenirs affluent, dont certains sont encore tout récents !

Eh ! bien, vous me croirez si vous voulez, c'est curieux, mais je suis capable de regarder tout cela en spectateur, me disant : c'est formida-ble ce succès de Michel Quoist ! Sans vraiment penser qu'il s'agit de moi. Inquiétant dédoublement de la personnalité, n'est-ce pas ? (Rire)

En fait, sans aucune réserve, je crois que le véritable succès ne se mesure absolument pas au nombre de livres diffusés ni au nombre de personnes rassemblées.

Quel serait le vrai succès ?

– Pour moi, ne plus penser aux résultats, dire seulement ce que j'ai à dire, le plus simplement possible pour que Jésus puisse passer.

Au-delà de l'écorce des hommes

Vous avez écrit, dans A cœur ouvert, *que vous souhaitiez que, vous voyant, les gens voient au-delà de vous-même.*

– C'est vrai. Et ça, ce serait aussi le succès. Un jour, j'ai été remué en lisant le récit des apparitions de la Vierge à Lourdes. L'auteur disait que des foules de plus en plus nombreuses se rassemblaient derrière Bernadette. Les gens regardaient la grotte. Mais eux ne voyaient rien. Alors, ils regardaient Bernadette. Et ils voyaient qu'elle voyait. Je me suis dit : Ce serait bien si les gens pouvaient voir ce que je vois quelquefois.

Est-ce toujours si beau ?

– C'est souvent noir. Toute la vie avec le Seigneur est plus souvent nuit que lumière. Pourtant, une fois aperçue, la lumière est inoubliable. Le reste pâlit. Et plus la lumière a été forte, plus la nuit est profonde, car on a été ébloui et on ne voit plus rien.

Seriez-vous contemplatif ?

– Je voudrais l'être, partout et toujours. A travers toute la vie. Être contemplatif, ce n'est pas en effet se mettre en dehors du monde. C'est voir au-delà. Au-delà des événements et des personnes. Au-delà de leurs joies, de leurs souffrances, de leurs luttes, de leurs péchés ...

N'est-ce pas accorder trop peu d'intérêt aux personnes telles qu'elles sont ?

– Au contraire, c'est les voir dans leur entière vérité, sans rester à la surface de leur être en promenant notre regard sur leur chemin de ronde. Si vous ne voyez de l'arbre que le tronc, vous ne le connaissez pas dans toute sa vérité. Il faut voir ses branches, certes, mais aussi ses racines de terre. Le milieu dans lequel elles plongent et qui leur donne la vie. Or, ces racines de terre, elles sont au-delà du regard. Dans la nuit.

Beaucoup de gens se sentent prisonniers de leur propre image, de leur écorce. Si vous les rencontrez, vous essayez d'aller au-delà. Pourquoi ?

– Aller au-delà, c'est toujours trouver quelque chose de beaucoup plus beau : l'être. Tellement plus beau – parce que seul vrai – que le paraître ! Tous les hommes, plus ou moins consciemment, jouent la comédie sur la scène du monde. Il faut les aider à se dépouiller de leurs déguisements.

Vous leur révélez le meilleur d'eux-mêmes ?

– Oui, je crois y avoir réussi dans nombre de cas.

Vous ne voulez pas alors culpabiliser ceux ou celles qui viennent vous voir ?

– Oh ! non. Ils peuvent avoir fait les quatre cents coups ; des choses humainement très graves. Je regrette et souffre pour ceux qu'ils ont sûrement blessés, mais mon regard sur eux reste bienveillant. Et si je les accueille authentiquement – c'est pour moi un critère –, il devient même affectueux, car je sais alors que je les atteins au niveau où ils sont aimés inconditionnellement par leur Père. Attention, il ne s'agit pas de nier ce qu'ils ont fait. Je les aide au contraire à le regarder en face, à le re-connaître, à demander pardon, s'ils ont quelqu'un, ou s'ils croient en Quelqu'un, à qui adresser ce pardon, mais je les aide à ne pas rester le nez sur leur mal. Encore moins à s'identifier à celui-ci. Le mal est à rejeter, mais jamais la personne, car elle reste toujours aimable et aimée.

Parmi les *Prières*, celle intitulée « Le bar et la prostituée » est tirée d'une telle rencontre. J'accompagnais des jeunes pour un camp, à l'étranger. Entre autres adolescents, Dany, celui qui m'a demandé et inspiré *Le Journal de Dany*. Il devait avoir environ seize ans, à l'époque. Nous nous trouvions à la gare de Liège, attendant une correspondance pour Hambourg. C'était au début des échanges franco-allemands, après la guerre (dans les années cinquante et un-cinquante deux).

Les garçons, comme toujours, avaient soif. Ils décident d'aller boire un verre, en attendant le train. Près de la gare étaient ouverts des bistrots. Des filles tapinaient là. L'une d'elles s'approche et tourne autour de Dany. J'observais, inquiet, et le bar et la scène. De plus en plus gêné, je presse les garçons de terminer leurs verres, avant de les renvoyer vers la gare. Puis, je reste à l'arrière, pour parler à cette fille :

– Vous l'auriez voulu ce garçon, n'est-ce pas ?

– Oui, je l'aurais même fait gratuitement : il est si beau !

Nous avons parlé. Trop rapidement, hélas ! D'abord sur la défensive, presque agressive, elle s'est détendue, voyant que je ne la condamnais pas. En partant, je lui ai serré la main. Si j'avais osé, je l'aurais embrassée. Je crois que je l'avais retrouvée, elle, en vérité, au-delà, bien au-delà de son comportement.

L'apparence, je m'en fiche. Je tâche d'atteindre la personne, tout au fond. Hélas, je n'y arrive pas toujours. Trop impatient et distrait. Pas assez pur aussi. Je pense souvent au regard de Jésus dans l'Évangile : « Il le regarda et il l'aima » ...[16]

Le soir, nous avons reparlé de cette histoire avec les gars. Certains ne s'étaient aperçus de rien. Nous avons échangé sérieusement, puis prié. C'est à cause de cette prière, publiée dans *Prières*, à cause du titre de l'ouvrage et de quelques autres passages (sur le corps !! ...), que j'ai été admonesté par le Saint Office[17]. Un jour que le Cardinal Martin (archevêque de Rouen, dont je dépendais à ce moment-là) était de passage à la Centrale des œuvres, où j'habitais, il me fit signe de venir le voir dans son bureau.

– Il faut que je vous parle, Michel. Fermez la porte.

---

16. Marc 10, 17-22.

17. Depuis le Concile, appelé « La Congrégation pour la Doctrine de la Foi ». « Compétente pour toutes les questions de foi et de morale », elle suit le mouvement des idées et des recherches théologiques, elle suscite études et rencontres de spécialistes. Après avoir consulté les évêques concernés et donné aux auteurs, dont les écrits sont mis en cause, la possibilité de se défendre, elle se prononce sur les doctrines qui, en tout ou partie, peuvent se révéler contraires aux principes de la foi ou de la morale... » *Théo*, p. 1 030, Droguet-Ardant-Fayard.

Il était très gêné et, j'en suis sûr, peiné pour moi. Il hésitait, puis finit par me dire avec d'infinies précautions, qu'il avait reçu de Rome des remontrances au sujet de mes *Prières*. Qu'il fallait en tenir compte, et que je devais signer un texte de soumission. J'éclatais de rire !

– C'est ainsi que vous le prenez ! (Me connaissant, il croyait que j'allais bondir d'indignation.)

– Oui, ça me fait rire, car j'ai reçu cette semaine une lettre d'une carmélite s'excusant de ne pas m'avoir écrit plus tôt pour me remercier, car dit-elle : C'est après avoir lu la prière sur « Le bar et la prostituée », que j'ai définitivement décidé d'entrer au Carmel. Alors, cher Père, il faudrait savoir : le Saint-Esprit, où est-il ? Se contredirait-il ?

C'est vrai que je riais. Ce qui me scandalisait, ce n'est pas la bêtise de ces Messieurs du Saint Office et de ceux qui m'avaient « dénoncé », mais le fait qu'un grand Cardinal de la Sainte Église, responsable d'une Sacrée Congrégation à Rome, n'ose pas répondre aux censeurs en les envoyant promener purement et simplement. Il écrivit certes, pour dire tout le bien qu'il pensait de moi ... mais envoya le texte de soumission. Les passages du livre mis en cause furent supprimés dans l'édition suivante. Et remis aussitôt après le Concile.

Peu de temps après, nous nous sommes retrouvés, le Cardinal et moi, lors d'une session d'Action Catholique, à Lisieux. Entre deux réunions nous bavardions seul à seul, arpentant une allée dans un grand jardin. Il me tenait le bras, à sa façon si paternelle.

– Mon pauvre Michel, me dit-il, en baissant le ton et en faisant signe de regarder autour de lui, c'est terrible ! Qui sait si, demain à Rome, quelqu'un n'aura pas déjà rapporté tout ce que nous venons de nous dire ? Les lettres de dénonciation pleuvent au Saint Office.

Les temps ont-ils changé ?

– Après le Concile, oui. Mais aujourd'hui, il semble que l'on refait peu à peu le chemin en sens inverse. C'est infiniment triste. Je crois que le peuple chrétien supportera de moins en moins que dans l'Église, le monopole de l'intelligence, de la sûreté de jugement et surtout du Saint-Esprit, soient réservés à quelques-uns, fussent-ils les membres d'une Congrégation Romaine. Que ceux-ci donnent leur avis et signifient leur désaccord quand il y a lieu, c'est normal, mais qu'ils laissent vivre, penser, parler, écrire. En attendant la moisson où se fera le tri. Ils éviteront de se tromper lourdement et de faire souffrir inutilement. Je vois encore le Père Chenu, pendant le Concile, me dire dans la voiture où il m'avait fait monter pour me déposer au Séminaire français de Rome où je résidais :

– Tu te rends compte, regarde-moi, me disait-il en se redressant, je suis ici, expert au Concile, conseiller de plusieurs évêques ... moi qui étais en pénitence, interdit de parole et d'écrit !

Lui aussi riait. Il n'était pas le seul dans son cas.

Avez-vous dit à vos confrères que vous étiez admonesté par le Saint Office ?

– Non, jamais. Sauf tout récemment à deux ou trois bons amis. Sur le moment je me suis dit que ce n'était vraiment pas la peine d'humilier mon Église.

Le péché, l'humilité, la jalousie

Vous m'avez dit que vos succès ne vous faisaient pas perdre la tête. Mais cultivez-vous la vertu d'humilité ?

– (Rires) J'essaie de ne pas me regarder. C'est la meilleure solution que j'ai trouvée. Depuis longtemps.

L'humilité, aussi bizarre que cela puisse paraître, dans la pratique, je ne sais pas trop ce que c'est. Il y a tellement de fausses humilités ! Si c'est être persuadé que je suis un pauvre type lamentable alors je ne suis pas humble. Les mystiques qui s'affligent de leur médiocrité, de leurs bassesses, qui se considèrent comme de misérables vers de terre, etc., ce n'est pas mon genre. Je comprends qu'à la lumière fulgurante de l'Amour infini, ils prennent conscience de la petitesse de leur réponse d'amour, mais je ne comprends pas qu'ils paraissent se mépriser eux-mêmes. Il me semble que c'est une indélicatesse envers leur Père.

Ce que je crois de toutes mes forces, c'est que nous sommes petits. Tout petits devant Dieu, parce que créatures qui reçoivent tout de leur Père, mais aussi doués d'une grande valeur, puisqu'il nous regarde depuis toujours comme ses fils. Tout petits et tout grands, il faut avouer que ce n'est pas facile à tenir les deux bouts de la chaîne.

Allez voir si je cultive la vertu d'humilité dans tout ça ! Je n'en sais rien. Ça m'a tracassé. C'est pour cela que j'ai décidé il y a lontemps comme je vous l'ai dit, d'essayer de ne plus me regarder, mais de regarder mon Seigneur et les autres. Ça ne me réussit pas trop mal. Je suis moins préoccupé de moi et de mes vertus. Et quand je me surprends à y penser, je me moque de moi. Il y a de quoi rire, quand on se regarde !

Ne pas reconnaître sa valeur humaine serait de la fausse humilité, mais nous ne pouvons tout de même pas être fiers de nos péchés.

– En être fiers, non, mais leur donner de l'importance, c'est encore une façon de « se » donner de l'importance. Je n'arrive pas à croire qu'aux yeux de Dieu nos fautes soient si énormes. Un père qui voit son petit dernier faucher un morceau de sucre – et c'est énorme pour un gamin de faucher un morceau de sucre – qu'est-ce qu'il pense ? Que c'est une pécadille. C'est quand nous passons dans la cour des grands et que nous voulons jouer comme les grands, que nous commençons à faire de gros péchés. Et si on se prend pour Dieu, alors là, ça devient énorme. Il vaut mieux rester chez les petits.

De tout sens, Dieu, pourquoi lui casser la tête avec nos regrets. Trop de chrétiens remâchent sans cesse leurs péchés, comme un chewing-gum. Il me semble que le Père du ciel doit dire à chacun : Fiche-moi la paix avec tes remords. Crache ton chewing-gum et viens m'embrasser. Pourquoi se mettre à plat ventre devant lui, en lui serinant notre indignité, alors qu'il nous tend ses deux mains et attend impatiemment que nous nous jetions dans ses bras ?

Que lui dire ?

– Je t'aime. En premier. Et ensuite : Pardon, oui, j'ai fait des bêtises, mais je ne vais pas passer mon temps à les compter, mesurer et

37

contempler. Certains disent que les prêtres ne parlent plus du péché. Tant mieux. Ils en ont trop parlé. Et surtout hélas, brandi les menaces de châtiments de toutes sortes. Ce n'est pas en faisant peur, qu'on fait naître l'amour.

Il y a longtemps que je pense tout cela. Quand j'étais au séminaire, tous les midis, à la chapelle, nous devions procéder à un exercice spirituel qu'on appelait « examen particulier ». Pendant un quart d'heure, il fallait ausculter sa conscience – je disais : se regarder le nombril –. Très vite je me suis dit : C'est ridicule, Dieu est là, présent, et je suis en train de me regarder au lieu de le regarder. Alors je me laissais tomber, moi et mes petites histoires, et je récupérais un petit temps de contemplation. Une demi-heure le matin ne me suffisait pas. J'avais du mal à comprendre ceux de mes copains qui trouvaient ce temps long.

A ceux qui viennent me dire leurs misères, je raconte – ou nous lisons ensemble – le merveilleux épisode évangélique de l'Enfant prodigue : le Père ne fait même pas allusion à toutes les bêtises de son fils, il ne lui demande pas ce qu'il a fait, comment il a dépensé son argent, s'il a été voir les filles et ... combien de fois (comme les confesseurs jadis, en confession). Il lui ouvre simplement ses bras, et l'accueille : Ton retour, mon fils, c'est formidable ! Il faut fêter ça !

Il suffit de se laisser aimer par Dieu. Certes, il est juste et nécessaire de reconnaître loyalement ses erreurs, mais de grâce, ne pas donner d'importance, ni à soi-même, ni à ses succès, ni à ses insuffisances et même ses chutes. Nous sommes des petits. C'est tout !

Avez-vous rencontré autour de vous, des méfiances, des jalousies, des rejets ?

– Très peu, à ma connaissance. Mais je l'ai craint. Peut-être n'ai-je pas eu assez confiance envers mon entourage. J'ai imaginé que je pouvais gêner, agacer. J'ai préféré, par conséquent, m'écraser, éviter de me mettre en avant. C'était pour moi difficile et même très frustrant de ne pas raconter à mes proches ma vie à l'extérieur, en-dehors du diocèse.

J'ai vécu – et je vis encore – des moments très forts, exceptionnels ; rencontré et dialogué avec des personnalités hors du commun ; participé à des événements importants dans l'Église ; parcouru de nombreux pays dans tous les continents, etc. ; et je n'ai pas pu partager les trésors amassés.

Pendant dix-sept ans, j'ai habité à la Centrale d'Action Catholique du Havre. Nous étions là cinq prêtres, puis quatre, différents par le tempérament, les options ou les activités. L'entente entre nous était excellente. Lorsque je rentrais de voyage à l'étranger, ils m'accueillaient :

— Bonsoir, Michel ! Pas trop crevé ? Ça s'est bien passé ?

C'est tout ce que nous pouvions dire. Car je n'osais leur décrire, à eux qui étaient restés ici, ce que j'avais vécu là-bas, d'où je venais. J'avais, par exemple, vu venir à moi des foules. Mais eux ? J'avais peur de porter une insulte au travail quotidien, aussi important, sinon plus, de mes copains plus discrets. Peur de me mettre en valeur, à leurs dépens.

Vous pouviez mettre en valeur ce qu'ils faisaient et que vous connaissiez.

— Je crois que je l'ai fait le plus possible. Et ce n'est pas une tactique de ma part. J'admire très sincèrement mes confrères, sous un aspect ou l'autre de leur personnalité ou de leur action. Mais ils ne sont pas idiots : ils savent bien, par exemple, que malheureusement ils ne mobilisent pas les foules.

Pourquoi ?

— Parce que – j'ai honte de le dire – ils ne s'appellent pas Michel Quoist. Parce qu'ils parlent chez eux, dans leur paroisse, leur mouvement, tandis que moi, je viens de loin et plus on vient de loin plus on est attirant et plus on est écouté. Parce que aussi, j'ai écrit des livres qui sont lus par beaucoup de gens et que ceux-ci pensent que les prêtres qui écrivent des livres sont plus savants ou meilleurs que les autres.

Combien de fois, avant de parler loin du Havre où j'habite, à la radio, à la télévision, ou devant une grande foule, je me suis dit : Il y a ici dans cette ville, ou là-bas dans mon diocèse, beaucoup de prêtres qui pourraient parler aussi bien que moi. Qui suis-je ? Ni un savant, ni un théologien, ni un exégète. D'autres sont plus qualifiés que moi, et c'est moi qu'on applaudit, avant même que je n'aie ouvert la bouche.

Dans votre diocèse, vos confrères ne sont donc pas jaloux de vous ?

– Non, je ne crois pas. Du moins, pas visiblement. Mais ils ont du mérite. Ce doit être dur d'accepter le succès d'un copain quand, tout en étant conscient de ses qualités, on reste soi-même dans l'ombre. Je crois d'ailleurs que c'est une preuve d'amitié authentique, car il est sûrement plus facile de pardonner de grandes fautes à son ami, que de lui pardonner de grands succès. Je pense, heureusement, que beaucoup de mes confrères n'imaginent même pas ce que j'ai vécu et ce que je vis hors du diocèse. Une seule fois, un jeune prêtre m'a reproché publiquement, dans un journal, d'avoir laissé publier dans la presse locale un article me concernant. Le journaliste avait résumé plus ou moins bien, un face à face passionnant de deux heures, avec une dizaine de ses confrères. J'ai été moins blessé par ce reproche, que déçu pour celui qui me l'avait adressé.

Les générations et le succès

Avez-vous moins de succès qu'il y a trente ans ?

– La vente de tous mes livres continue. Ils sont régulièrement réédités, mais pas au même rythme, c'est évident. Les prêtres, religieux, séminaristes, chrétiens engagés dans les mouvements, sont moins nombreux. Ils fournissaient un fonds de lecteurs fidèles. De plus, des régions entières sont maintenant dépourvues de librairies religieuses. Beaucoup de personnes m'ont dit : si l'on désire acheter un livre religieux, il faut vraiment le vouloir !

Aux conférences, le public est moins dense. Ce ne sont plus les foules du début. Mais j'ai toujours plus de monde que les autres ! (Rires)

Les mentalités ont-elles changé ?

– Oui, mais mes livres restent adaptés : c'est étonnant. Quand j'ai écrit les premiers, je m'exprimais avec des mots et des images du moment. Je pensais donc qu'ils seraient périmés en cinq ans et qu'il faudrait les réécrire.

Donc, depuis quarante ans, vous êtes lu. On constate pourtant aujourd'hui la rupture entre les générations, et les petits-enfants lisent encore Michel Quoist comme leurs grands-parents. Pourquoi cette continuité ?

– Quand l'essentiel de l'homme est atteint, peu importe l'évolution extérieure du monde. Les habitudes, les modes de vie, les problèmes pratiques changent, mais les questions profondes demeurent : Qui suis-je ? Qui m'a mis là ? Pour quoi faire ? Suis-je aimé ? Qu'est-ce que cette mystérieuse attirance de l'homme et de la femme ?...

Depuis vingt siècles l'Église a ainsi essayé de répondre à ces questions sur le sens, l'amour, la vie ...

– Souvent, malheureusement, avec des mots qui n'atteignent pas les gens parce qu'ils ne les rejoignent pas au cœur de leur vie. Nous nous situons trop souvent en enseignants, brandissant de grands principes et traçant des routes idéales devant des personnes qui, elles, cheminent péniblement sur les sentiers du quotidien.

Dans une période où, dit-on, les changements sont si rapides et les ruptures si profondes, vous paraissez échapper aux modes successives.

– Peut-être un peu, en effet. C'est, je crois, parce que je ne m'en tiens pas à mes livres. Loin de là. Je rencontre toujours beaucoup de personnes, dans mon ministère courant. Et faute de pouvoir vivre la vie des gens, je tâche d'y communier au maximum. En 1994, je suis encore aumônier de ... jeunes ! Eh bien ! les jeunes sont toujours les jeunes : ils changent si peu, qu'ils me prennent toujours pour un jeune. Je suis obligé de leur montrer que, physiquement, je ne peux plus toujours suivre.

Vous ne croyez donc pas à la rupture des générations ?

– Non.

Même le sociologue que vous êtes, n'y croit pas ?

– Non. Pas aujourd'hui plus qu'hier. Depuis quarante ans, j'entends les mêmes propos : les jeunes d'aujourd'hui ne ressemblent pas à ceux d'hier ; nous sommes à un tournant ... Et je vois des jeunes parents qui font avec leurs enfants exactement ce que faisaient leurs parents avec eux.

Certes, il y a des évolutions, mais elles sont secondaires. Par exemple, les jeunes, au moins dans les pays dits développés, sont plus précoces. Formés physiquement plus tôt, ils sont affrontés à des situations auxquelles ils sont moins aptes à répondre, parce qu'ils n'ont pas eu le temps de se construire psychologiquement. Parallèlement, la mixité s'est répandue, ce qui accentue les difficultés. Mais il s'agit du même problème de fond. Les garçons regardent toujours les filles et vice versa. Ils ont envie de s'approcher, de s'embrasser. Aujourd'hui, c'est plus facile de dépasser l'imagination et de passer à l'acte. Il y a décalage dans le temps et risque de conséquences différentes, mais le désir est le même : la découverte de la féminité ou de la masculinité ; la recherche de la complémentarité et de l'unité ; la tentative d'expérimenter ce qu'est l'amour ...

La transmission des savoirs et des traditions se maintient-elle ?

– Peu, en raison de la mobilité. Dans l'Aveyron, que je connais bien, un paysan vous racontera que sa famille habite la même maison depuis Henri IV. Mais, des ingénieurs que je rencontre à l'ACI (Action Catholique des milieux indépendants), en sont à leur huit ou neuvième déménagement en vingt ans : ils n'ont pas eu le temps de s'enraciner quelque part et ils n'en sont pas gênés. Ils s'adaptent.

Les parents transmettent-ils vos livres à leurs enfants ?

– Ils y pensent peu. Ils s'imaginent que, si tel de mes livres les a intéressés il y a vingt ou trente ans, il ne pourra pas intéresser leur fils ou leur fille aujourd'hui. Quand, par hasard, le jeune découvre ce livre, il dit : Mais, voilà ce qui m'intéresse ! Les parents en sont tout étonnés.

Ainsi, au Canada, un professeur d'université m'a raconté qu'il venait, en compagnie de sa fille, de ranger des livres dans sa cave. Parmi eux, cette fille a trouvé *Le Journal d'Anne-Marie*. Elle l'a monté dans sa chambre et a passé la nuit à le lire. Le lendemain, elle a dit à son père :

– Voilà le livre que tu aurais dû me donner à lire !

Le père lui avait pourtant déjà proposé des ouvrages plus modernes sur la sexualité. Sa fille ne les avait jamais lus entièrement.

Il est bien clair cependant que *Le Journal de Dany* et *Le Journal d'Anne-Marie* auraient besoin d'être totalement mis à jour. Si les jeunes s'y retrouvent, c'est qu'ils font eux-mêmes les adaptations nécessaires (modes, chanteurs du moment, façon de parler ...) et les lisent à douze, treize ans, alors que dans les années soixante, ils les lisaient à quinze ou seize ans.

Ces deux journaux sont d'ailleurs moins innocents qu'on ne le pense. Ils viennent de vrais journaux, mais avant de les réécrire, j'ai réalisé une enquête dans plusieurs lycées pour connaître les questions que se posaient les jeunes. Dans le livre, je réponds à toutes, sous forme d'une lettre, d'une rencontre, d'une discussion. Aujourd'hui, c'est évident, j'introduirais des réponses à leurs questions sur la pilule, l'avortement, le sida ...

On ne se transmet donc pas vos livres, on les redécouvre.

– Oui, d'une certaine manière, car des gens pensent que je suis mort. En effet, ça fait longtemps que j'ai commencé à publier des livres. Ma thèse de doctorat a été éditée en 1952[18] ; le premier livre de spiritualité, *Prières,* date de 1954 : j'avais trente-trois ans ; et trente-huit, quand a paru *Réussir.*

Peu de temps après, lorsque j'arrivais pour une conférence, les gens qui m'attendaient s'imaginaient avoir affaire à un vieux sage. J'avais l'air d'un jeune premier, ça ne faisait pas sérieux !

---

18. *La Ville et l'Homme,* Éditions de l'Atelier/Éditions Ouvrières, Économie et Humanisme (épuisé).

En relisant des passages de vos livres, vous redécouvrez-vous vous-même ?

– Je ne me relis pas, sauf quand j'y suis obligé, pour une réimpression des livres sous une forme nouvelle. Je suis alors assez content de moi (Rires) :

– C'est moi qui ai écrit ça ? Je n'en reviens pas !

Moi-même, je n'ai guère changé. C'est en même temps rassurant et décourageant, sous certains aspects. L'essentiel, le fondement, est toujours le même. Je n'ai découvert que trois ou quatre grandes vérités, qui m'ont bouleversées, guidées, et qui reviennent toujours, comme le souvenir d'un rendez-vous d'amour qui oriente une vie.

Quelle est la première ?

– Celle qu'a découvert la Samaritaine, dans sa rencontre de Jésus. Derrière les faims, les soifs des hommes – les miennes, celles des autres – il y a une autre faim, une autre soif. Nous sommes en manque. En manque d'amour. Et Jésus est venu nous dire que DIEU EST AMOUR. Et il nous a offert de boire à cet AMOUR. Si nous le voulons, nous n'aurons plus jamais soif et nous serons forts pour faire l'homme et le monde, jusqu'en éternité.

Jésus et la souffrance

Avez-vous découvert l'amertume ?

– Non, mais la souffrance des autres.

Comme Dieu partage-t-il la souffrance humaine ?

– La souffrance de Jésus, en effet, n'est pas d'abord sa propre souffrance d'homme crucifié, même si elle est bien réelle sous les coups, les épines et les clous. Il y a longtemps que je me suis dit : beaucoup de torturés, avant lui et après lui, ont souffert plus que lui. Enfant, je le pensais déjà, quand avec ma mère et ma sœur, je devais subir l'interminable Chemin de Croix du Vendredi Saint. Plus tard, jeune vicaire, lorsque pour la première fois mon curé me demanda de diriger ce même Chemin de Croix, rentrant à la sacristie, j'éclatais, fou de rage, d'avoir été obligé de lire le texte pieux qu'il m'avait donné. Les larmes et le sang y coulaient en abondance, à cause de nos monstrueux péchés. Pauvre curé, qui ne comprenait rien à ma réaction. J'avais été si sage, jusqu'à présent ! C'est à ce moment-là que je décidai d'écrire un Chemin de Croix[19], réalisant, honteux, que ça ne servait à rien de démolir, mais qu'il fallait construire.

Ce ne sont pas nos péchés en eux-mêmes qui blessent affreusement Jésus, faisant « saigner son cœur sacré ». On nous l'a dit et redit jadis, cultivant en nous des remords tenaces et malsains, nous invitant à « faire pénitence » pour « réparer nos fautes » et « mériter » son pardon. Comme si Jésus passait son temps à se regarder lui-même : « Ils me font ça à moi », et se réjouissait de nous voir à ses pieds nous morfondre et nous punir nous-mêmes. Alors qu'il nous attend pour faire la fête comme on la fait chez son Père !

Quelle est donc la souffrance de Jésus ?

– Ce qui le fait souffrir atrocement, ce qui le « crucifie », ce sont nos souffrances, conséquences de nos bêtises :

– C'est « trop bête »[20] ces souffrances qu'ils se mettent sur le dos les uns les autres, par leurs intincts débridés, leurs égoïsmes, leur orgueil. Ils laissent leurs frères mourir de faim, ils se disputent, se bagarrent comme des chiens, se blessent et se tuent ...

Jésus souffre ces souffrances-là. Des plus petites aux plus grandes. Atroces, innommables. Toutes. Celles d'hier, d'aujourd'hui, de demain. Ça lui fait mal au cœur, mal au corps, parce qu'elles sont absurdes et qu'il ne peut rien contre elles, à cause de notre liberté. Alors,

---

19. C'est celui qui est édité à la fin du livre *Prières*. Né d'une colère (une sainte colère ?), il a servi à beaucoup de prêtres, pour beaucoup de Vendredis Saints.

20. Au sens premier du mot, c'est-à-dire non encore « humanisé ».

parce qu'il ne peut ni les supprimer, ni les repousser, et parce qu'il nous aime infiniment, il les épouse en nous épousant. Quand on aime, *on souffre la souffrance de ceux qu'on aime.*

C'est cela la vraie passion de Jésus. Non sa passion de coups, mais sa passion d'amour pour nous. Elle dépasse infiniment le chemin de sa Croix, d'il y a deux mille ans. Elle traverse le temps et l'humanité entière.

L'abbé Pierre est allé très loin dans la compréhension de Dieu, prisonnier de la liberté qu'il nous a donnée. Dieu le « tout impuissant » devant cette liberté. Dieu humble au-delà de tout ce que nous pouvons imaginer, risquant aux yeux de tous et sa gloire et la foi en son amour. Devant son terrible silence, c'est en effet le même cri qui résonne depuis le calvaire : « Si tu es le Fils de Dieu, descend de la Croix » – « Si Dieu est bon et s'il existe, pourquoi la souffrance ? »

A nous de venger Dieu de cet affreux soupçon, en nous battant libres et riches de son seul amour, contre toutes souffrances et toutes les causes de ces souffrances.

Et vous, partagez-vous la souffrance des hommes ?

– Si peu. En tout cas, pas en m'inventant des pénitences. Dès le séminaire, je me suis très vite aperçu, que j'étais capable – passionné comme je suis – de m'embarquer dans cette voie, et de m'en glorifier. C'est ridicule. Il s'agit non pas de s'inventer et de se fabriquer des petites croix sur mesure, mais de ne pas échapper à celles qui se présentent à nous.

En fait, je n'ai pas souffert beaucoup personnellement, mais en découvrant la souffrance des autres, j'ai découvert qu'on pouvait souffrir de leur souffrance.

Comme Jésus ?

– Oui, mais à notre mesure. Si petite ... !

Quant à moi, je suis sûr maintenant qu'il n'y a qu'un seul moyen authentique de participer à la souffrance de Jésus en croix, c'est de participer à la souffrance de nos frères, au-delà, bien au-delà de l'émotion sensible, en ce lieu mystérieux où le Seigneur souffre leur souffrance avec eux.

Dans l'une de vos prières, vous parlez de vos gouttes de sang[21].

– Il s'agit là d'un poème, à partir du problème particulier du célibat. Il est vrai que pour moi, c'est un bonheur immense, une admiration sans borne, que de voir des jeunes se remarquer, se rencontrer et s'aimer authentiquement. C'est aussi une souffrance, celle du sacrifice consenti. Mais cette souffrance-là, je l'accueille volontiers comme une joie d'avoir essayé de me donner totalement, authentiquement. Je dis bien : essayé ...

Pourquoi, malgré votre pudeur naturelle, laissez-vous percer votre souffrance intime, dans vos livres ?

– Surtout dans le livre *A cœur ouvert*. J'ai d'ailleurs hésité à y mettre ce poème : « Enfants de mon cœur je vous ai vus aimer ». Il est en effet très personnel. Pour le reste, je n'ai pas tout dit. Le vrai titre du livre serait : A cœur entrouvert !

Vous voulez crier votre bonheur d'aimer et d'être aimé par Dieu. Vous criez aussi là votre souffrance ?

– Pour faire comprendre ce qu'est le célibat du prêtre. On a tellement les oreilles rebattues de stupidités sur le sujet. Disons que le célibat est vraiment difficile. Pour moi comme pour les autres. C'est un chemin de crête périlleux. Surtout quand on ne veut pas marcher les yeux baissés, mais au contraire les relever pour regarder le monde ; quand on ne veut pas refuser de saisir les mains qui se tendent, ni tuer les désirs du cœur et du corps, mais les orienter pour qu'ils fleurissent et portent du fruit à un autre niveau.

Le célibat devrait être réservé à des volontaires. Certains prêtres ne l'ont pas été. Je le sais. J'ai prêché suffisamment de retraites sacerdota-

---

21. *A Cœur Ouvert*, p. 88-90, aux Éditions de l'Atelier/Éditions Ouvrières.

les, pour pouvoir en témoigner. Ils voulaient donner leur vie au Seigneur. On les a appelés, mais à la condition qu'ils acceptent « l'obligation » du célibat. Ce fut – et c'est – pour eux une charge, et non un don d'amour.

Vos livres sont un mélange de contrastes : beauté de l'amour, des regards, des corps, des cœurs ; en même temps, maladie, souffrance, solitude. Pourquoi ce mélange ?

– Parce que l'homme est comme ça. Il est beau et, en même temps, terreux.

L'homme vient seulement de naître, de lentement se dégager de l'argile. Il est encore plein de terre, comme un nouveau-né qui, sortant du ventre de sa mère, n'a pas encore été lavé.

Est-ce que la beauté finira par l'emporter ?

– Ah ! Oui, l'homme va grandir ! Encore et encore. Il n'est pas achevé. Il n'a pas atteint sa taille adulte. Devant les millions, les milliards d'années qui l'attendent, quel sera son avenir ? Nul ne le sait. Je crois pour ma part, qu'il deviendra très grand, car le Père du ciel ne peut pas ne pas désirer de beaux et grands enfants. Et c'est son regard d'amour posé sur eux qui sans cesse les invite à grandir, à « s'élever », comme le regard des parents de la terre sur leur petit bébé le fait peu à peu se redresser, marcher, parler, puis aimer à son tour.

L'amour de Dieu, infini, tire l'homme en avant jusqu'à l'infini.

Comment comprendre « Tu es poussière et tu retourneras en poussière » ?

– Retournera à la poussière, seulement ce qui est resté terreux en nous. Ce qui n'a pas été lavé, ou pour parler plus savamment, ce qui n'a pas été assumé, humanisé et divinisé en Jésus-Christ. C'est la tâche magnifique de l'homme, de saisir l'argile dont il est fait, et avec tous ses frères, l'univers entier, pour les conduire jusqu'à la résurrection. Ainsi sera achevé le dessein du Père dont parle saint Paul : « Saisir l'univers entier, ce qui est au ciel et ce qui est sur la terre, en réunissant tout sous un seul chef, le Christ »[22].

Vos livres sont-ils promis à la poussière ?

– C'est évident. Et d'autres écriront d'autres livres ... jusqu'au jour où ils seront inutiles. Les mots et les phrases ne sont que des supports pour exprimer et transporter vers les autres ce qui naît en nous de l'esprit et du cœur. Le support est secondaire. L'essentiel est ce qu'il porte. Ainsi, ce n'est pas le violon qui est important. Un jour ou l'autre, il disparaîtra, mais restera la musique.

C'est notre imperfection qui nous oblige à nous servir de beaucoup de mots pour communiquer entre nous, comme avec Dieu d'ailleurs. Il faudrait que nous en ayons de moins en moins besoin. Ainsi l'amour, quand il s'approfondit, a besoin de moins en moins de gestes et de paroles, pour s'exprimer. Je le dis aux jeunes : ne jugez pas sommairement vos parents qui vous paraissent moins affectueux entre eux. Ne croyez pas qu'ils ne s'aiment plus. C'est faux ! S'ils ont grandi leur amour, ils savent se regarder tels qu'ils sont et s'unir dans un simple regard.

Les cadeaux, les gestes, les honneurs

Pardonnez-moi de vous agacer, mais je reviens à votre succès. Vous a-t-il donné une respectabilité qui tiendrait à distance des gens qui s'estiment peu respectables ? Des petites gens peuvent vous considérer comme un grand personnage.

– C'est peut-être vrai pour ceux qui me voient de loin, en dehors de mon diocèse et plus encore en dehors de France. Parce que vous écrivez des livres et des livres qui sont beaucoup vendus ; parce que vous « passez à la télévision », on vous perche sur un piédestal. On vous reçoit différemment, on vous photographie ... Quand j'étais curé de pa-

---

22. Éphésiens 1, 9-11.

roisse au Havre, ou dans les mouvements où je suis aumônier, il n'y avait pas ou il n'y a pas de distance, et s'il y en a, elle est vite oubliée.

La notoriété n'est donc pas un handicap ?

– Non, surtout chez les jeunes. Ils me tapent sur l'épaule :

– Comment ça va, Michel ?

Ils ouvrent des yeux comme des soucoupes volantes, quand ils se rendent compte qu'il en est autrement ailleurs.

Je voyageais un jour avec des jeunes en Pologne, pour un camp de découverte et de réflexion. Ils étaient stupéfaits de voir l'accueil que je recevais là-bas :

– Mais, dis donc, t'es une vedette ! C'est inimaginable de voir les gens se bousculer pour avoir une signature de toi !

Pour les jeunes qui me connaissent, je suis Michel. Rien de plus. Et c'est très bien ainsi. Ce sont eux qui ont raison.

Beaucoup de gens viennent également vous parler aussitôt après vos conférences.

– Oui, souvent. Et souvent aussi ils me trouvent merveilleux, parce qu'ils me voient en passant. Sur la scène, j'ai parlé, crié, avec une telle passion qu'ils se disent :

– Jamais, nous n'avons entendu parler comme ça !

Et ils se précipitent pour dire merci, poser une question plus personnelle et faire signer leur livre. C'est ridicule, mais c'est comme ça.

Certains vous offrent même des cadeaux. Vous racontez dans A cœur ouvert[23] *qu'une Japonaise vous a ainsi offert une calligraphie.*

– Elle avait parcouru plus de sept cents kilomètres, d'Hiroshima à Tokyo, pour écouter à nouveau une conférence puis me remercier de

---

23. P. 120, n° 168.

mes livres. Elle venait, me dit-elle, de sa part et de celle de ses camarades, qui m'avaient entendu parler quelques jours auparavant dans la ville martyre. J'étais entouré de beaucoup de monde, elle est repartie aussi discrètement qu'elle était venue. Je regrette encore de ne pas l'avoir assez remerciée, elle et ses amis. Et je n'ai pas son adresse.

Est-ce un geste fréquent ?

– Tout dépend des pays et des publics. Certains sont plus démonstratifs. Je reçois beaucoup de petits souvenirs, des médailles gravées, des fanions, des diplômes d'honneur ... Au début j'étais gêné, déconcerté. Puis j'ai suivi l'exemple de l'abbé Pierre et son conseil :

– Laisse-les faire et remercie le Seigneur pour leur délicatesse.

Et votre courrier ?

– Il est maintenant moins abondant, mais il ne se tarit pas. Beaucoup de jeunes m'exposent leurs problèmes. Eux osent écrire ; les adultes beaucoup moins. Les jeunes sont plus hardis. Ils remercient, me racontent leurs histoires d'amour ou de famille, leurs aventures de jeunes, posent beaucoup de questions. Je réponds à tous, même brièvement. Je ne crois pas avoir laissé une seule lettre sans réponse. Si je l'ai pu, c'est grâce à ma secrétaire (ma sœur), qui prend en sténo tout mon courrier et le tape à la machine.

Que leur répondez-vous ?

– Souvent, je leur conseille de s'adresser à un prêtre près de chez eux.

Pourquoi vous écrire, plutôt que d'aller tout de suite se confier à un prêtre proche ?

– Toujours à cause du même phénomène. Les gens pensent que mes réponses seront meilleures, parce que j'ai écrit des livres. De plus, les jeunes sont fiers d'avoir reçu une lettre de quelqu'un qui écrit et publie. Ils ont ainsi et le livre et la lettre, qu'ils doivent montrer aux copains.

Leur curé pourrait dire la même chose que moi, mais ils font plus attention à ma réponse. Dix ans après, certains viennent me dire :

– Voilà ce que vous m'avez écrit ; je ne l'ai jamais oublié !

L'Église et la loi

Vous, l'hôte de passage, le conférencier d'un soir, l'ami à travers un livre, les gens viennent vous consulter. Serait-ce parce que la société et l'Église manquent de relais pour se faire comprendre ?

– Je vous l'ai dit, l'Église ne manque pas « d'enseignants », de maîtres qui « possèdent la vérité » et disent aux autres ce qu'il faut penser et comment il faut vivre. Mais on manque de gens qui humblement, avec tous leurs frères, cherchent les chemins de l'Évangile dans la vie quotidienne et partagent leurs découvertes avec des mots de tous les jours.

Nous les prêtres, encore plus les évêques, et encore plus les prélats de la Curie romaine, nous sommes des séparés. Nous ne vivons pas la vie des personnes auxquelles nous nous adressons. Ce n'est pas nous qui travaillons sur les chantiers ou dans les usines, ou dirigeons une entreprise. Ce n'est pas nous qui sommes mêlés aux luttes ouvrières, qui sommes directement engagés dans les problèmes économiques et politique ... qui rentrons le soir à la maison dans une famille où les jeunes eux aussi « posent des problèmes » ; et retrouvons au lit une femme, que de tout notre être nous désirons, ou au contraire que nous ne pouvons plus supporter ! Plus largement encore, ce n'est pas nous qui vivons dans les pays dits pudiquement « en voie de développement », qui croupissons dans des taudis, sommes expulsés de nos terres, mourons de faim ou du sida, etc., etc.

Ceux qui parlent ne sont pas ceux qui vivent. C'est pour cela que nous ne rejoignons pas les gens, et pire, que souvent nous les blessons quand nous leur proclamons de beaux principes que nous serions incapables de respecter nous-mêmes.

Il faudrait vivre en proximité plus grande – voir même totale pour quelques-uns – avec les gens auxquels nous nous adressons. Il faudrait laisser la parole aux laïcs chrétiens. Ce qu'ils ont à nous dire est aussi important que ce que nous avons à leur dire. Certes, on commence à les « consulter », mais en leur rappelant qu'il y a des sujets réservés qu'ils ne doivent pas aborder et que de tout sens les conclusions et les décisions ne leur appartiennent pas.

J'en veux souvent à l'Église : elle devrait prendre au sérieux la vie des gens, les écouter et surtout croire davantage, oh oui ! croire davantage, que *le Saint-Esprit parle aussi par son peuple de croyants*. Il n'y a pas besoin de tendre l'oreille pour l'entendre, car il parle assez fort ! Le discours de l'Église serait alors différent. Quelquefois sur le fond même, et en tout cas sur la forme. Il perdrait entre autres, sûrement, de sa rigueur !

L'Église, dites-vous. Mais qui ?

— L'institution, les gens d'Église.

Mais, vous êtes un homme d'Église !

— Oui, et je suis solidaire de l'Église.

Encore amour et souffrance ?

— Beaucoup estiment que l'Église les a fait souffrir. Moi, non. En tout cas, pas directement. Par contre, j'ai souffert en effet, et je souffre encore beaucoup d'entendre ou de lire certains discours et certaines déclarations. C'est triste, mais quand l'Église parle de la façon dont elle parle, on n'a pas toujours l'impression d'entendre un écho de l'Évangile. Ce n'est pas étonnant alors, que beaucoup de gens, y compris des chrétiens et même des chrétiens pratiquants, ne réagissent même plus :

— Parles toujours, ça ne nous fera pas changer d'idées, ou de comportement !

Je souffre aussi, au point d'en être scandalisé depuis longtemps, de la peur de s'exprimer de certains hommes d'Église, lorsqu'ils ne sont pas d'accord avec Rome. Je ne connais pas la plupart des « jeunes évêques », mais je connaissais ceux qui les ont précédés. Je les ai rencontrés pour préparer le départ d'un de leurs prêtres en Amérique latine, ou au moment du Concile, ou à leur Assemblée de Lourdes. J'ai parlé personnellement à beaucoup d'entre eux, demandant leur avis sur quelques sujets brûlants : contraception, attitude de l'Église face aux divorcés remariés, à l'ordination d'hommes mariés, etc. Ce qu'ils disaient tout bas, ne correspondait pas à ce qu'ils disaient tout haut.

Ce n'est pas obligatoirement une vraie preuve de foi, que de s'aligner automatiquement et sans aucune nuance sur Rome !

Ne vous attribuez-vous pas un rôle plus facile que Rome, les évêques et l'institution ?

– C'est vrai qu'il ne doit pas être facile d'être évêque. Mais s'ils le sont, c'est qu'ils en ont accepté la charge. D'autres l'ont refusée. Et puis leur rôle est différent du nôtre. Mais de tout sens, pour les uns comme pour les autres, notre mission commence par l'annonce de la Bonne Nouvelle de Jésus : nous avons un Père qui nous aime inconditionnellement, depuis toujours, et Jésus nous donne sa vie. Avant d'enseigner une doctrine, de brandir des commandements et d'ausculter indéfiniment les structures de l'Église, nous avons à *aider nos frères à rencontrer Quelqu'un*. Mettre les lois en premier, c'est tout massacrer !

Cela peut-il se faire et se dire ailleurs que dans une rencontre personnelle ?

– Pourquoi pas ? Qui nous empêche de répercuter la déclaration d'amour de Dieu aux hommes et de dire qu'il attend de nous une réponse d'amour à la mesure de cet amour ? Matthieu, Zachée, Marie-Madeleine, Nicodème, la Samaritaine, n'étaient pas fidèles aux commandements et ils ont suivi Jésus. Le jeune homme riche, lui, les respectait scrupuleusement, mais il est parti tout triste, sourd à l'invitation de son Seigneur. Oui, il faut le dire et le redire : être chrétien ce n'est pas être fidèle à des lois, mais c'est d'abord être fidèle à Jésus, le Christ. Or, cette fidélité ne s'inscrit pas, la plupart du temps, dans des règlements immuables, mais pas, à pas dans une humble recherche des désirs du Père dans nos cheminements quotidiens.

Quand les jeunes taisent leurs blessures

Dans vos activités de prêtre, les livres ont-ils été plus ou moins importants que les rencontres ?

– Les livres ont une grande importance, puisqu'ils sont diffusés auprès de millions de lecteurs. Mais ils ne le seraient peut-être pas autant si je ne rencontrais pas beaucoup de personnes et spécialement des jeunes qui me partagent leur vie. Je vous l'ai dit, c'est cette vie qui me nourrit et donne tout leur poids aux mots. Je sacrifierais dix sessions sur le « problème des jeunes » pour ne pas manquer le rendez-vous d'un seul de ces jeunes qui frappe à ma porte. Ils viennent moins souvent qu'auparavant. Ont-ils acquis une certaine maturité ? Peut-être aussi se sont-ils libérés du sentiment de culpabilité entretenu par le spectre du péché, dont il fallait se débarrasser par la confession. Pauvre sacrement tellement déformé dans la pratique, que beaucoup de « fidèles » en ont à jamais été dégoûtés !

Les jeunes s'emprisonnent-ils dans leur solitude ?

– S'ils s'adressent de moins en moins à quelqu'un en particulier, ils parlent de plus en plus entre eux et ils vont parfois très loin dans leurs échanges. Ils sont capables de se dire les uns aux autres, en équipe, ce qu'ils ne disaient auparavant qu'à une seule personne, par exemple à un prêtre.

Et pourtant beaucoup de jeunes ont besoin de se libérer : il leur arrive de porter seuls des poids énormes : des souffrances dans leurs familles, des déchirures dans le couple de leurs parents ; ou encore de sombres histoires sexuelles depuis longtemps cachées, etc. Ils taisent leurs blessures. Quelquefois, de simples petites égratignures, qui enfermées, se sont infectées, mais d'autres fois de véritables drames qui les atteignent et les destructurent au plus profond de leur être. Il faut les libérer de ces silences écrasants. Je suis malheureux quand j'en vois s'embarquer dans la vie en portant des poids trop lourds qui, un jour ou l'autre, les feront trébucher.

Je vois de loin, et quelquefois d'un seul regard, ceux qui portent trop lourd.

Pourquoi ? Est-ce l'expérience ?

– J'ai, paraît-il, une très grande intuition. Un examen psychologique me l'a révélé. Je n'y suis pour rien. C'est comme ça. S'y ajoute l'acquis de longues observations et une recherche psychologique personnelle. Si c'était à refaire et si j'avais le choix, je ferais des études de psychologie.

Être devant équivaut à passer une radiographie ?

– Il ne faut rien exagérer, mais il est vrai que je peux dire beaucoup de choses sur quelqu'un après un moment de rencontre, si j'ai vraiment été attentif et si j'ai regardé l'autre, au lieu de me regarder. Des gens sont parfois stupéfaits lorsqu'après un entretien, ils me demandent (surtout les jeunes) quel est leur tempérament, quelles sont leurs richesses, leurs manques ...

– Tu es comme ci, comme ça ; tu as telle réaction ... à cause de ..., etc.

– C'est exact ! Comment l'as-tu deviné ?

Je ne l'ai pas deviné, je l'ai lu sur leur visage, comme en un livre ouvert. Et si le livre est fermé, sur le dos de l'ouvrage ; car quelques phrases en résument le contenu. Mais le livre de chacun est sien, je ne l'ouvre jamais, si l'autre ne m'invite à en lire quelques pages.

J'ai toujours été fasciné par les visages des hommes. Je l'ai été tellement, que j'ai souvent prié devant l'un ou l'autre, y cherchant avidement un reflet de celui de Jésus[24]. Je crois en effet de toutes mes forces que chaque visage humain porte mystérieusement une authentique res-

---

24. Cf. la prière « J'ai longtemps contemplé Seigneur les visages de hommes » dans *Chemins de Prières*, p. 151, Éditions de l'Atelier/Éditions Ouvrières.

semblance avec Lui. Nous sommes faits « à l'image de Dieu » et Dieu s'est fait « à l'image de l'homme ». Nous sommes de la même famille. Nous nous ressemblons. C'est extraordinaire !

Pourquoi attachez-vous tant d'importance à la rencontre personnelle ?

– Toute rencontre est un événement unique à ne pas manquer, puisque chaque être est unique. Parmi les milliards d'hommes ou de femmes sur la terre, pas un n'est comme vous. Connaître un peu de vous, et vous, connaître un peu de moi, c'est une chance inespérée. Au contraire, si je manque une rencontre, et ne fais que croiser quelqu'un, c'est très grave car je ne m'enrichis pas de lui et lui ne s'enrichit pas de moi.

Beaucoup plus profondément, j'ai besoin des autres pour connaître vraiment Jésus-Christ. Chacun d'eux est l'un de ses membres. Je sais très bien que lorsque je me plains de l'absence de Jésus en ma vie, c'est parce que je me ferme à mes frères. Reprenant l'image dont je me servais à l'instant, ce sont leurs visages qui, peu à peu, dessinent en mon cœur son Visage.

Éprouvez-vous parfois comme une impossibilité à communiquer avec autrui, autant que vous le souhaiteriez ?

– Communiquer en profondeur, oui, à certains moments. Encore faut-il savoir aussi dans quel sens va la communication : de l'autre à moi, ou de moi à l'autre ? Je me livre très peu. Vous le savez, j'ai accepté votre interview parce qu'on me l'a conseillé, me disant qu'il pourra servir. Et je joue le jeu. Loyalement. Mais je vous l'ai dit également, j'ai souffert de certaines personnes, des jeunes surtout : ils venaient me voir ou je les côtoyais, et je savais qu'ils avaient des choses à dire et à me dire. Il aurait été important qu'ils les disent pour s'en libérer[25]. Cependant, j'ai toujours été vigilant : je n'ai aucun droit à leur arracher leur secret. « Ouvrir leur livre », comme je le disais.

_____

25. Cf. la prière « Le délinquant » dans *Prières, op. cit.*, p. 67.

Je me méfie de moi : je suis sensible, capable de créer très vite un lien affectif fort. Il faut être prudent, spécialement avec les jeunes ! Je ne veux pas les faire prisonniers, mais je ne veux pas non plus refuser de leur tendre la main ou de prendre celle qu'ils me tendent. Certains ont tellement été privés de tendresse, qu'une partie importante d'eux-mêmes n'a pu se développer.

La sensibilité est une richesse quand elle est correctement assumée, un trésor quand elle est habitée par l'Esprit du Seigneur. Certains prêtres en ont peur ou honte. Ils la cachent ou la répriment. Ils se mutilent. Elle est en effet une dimension capitale pour l'équilibre de la personnalité et la fécondité de la communication.

Jésus était sensible. J'aime le contempler traduisant en gestes d'homme – « incarnant » – l'amour infini de son Père. Il laisse les enfants sauter sur ses genoux. Les embrasse. Il regarde les passants sur sa route. Il a des coups de cœur pour celui-ci : il le regarde et il l'aime. Pour celle-là : qui m'a touché ? Il laisse Marie-Madeleine lui embrasser les pieds. Il pleure à l'annonce de la mort de son ami et récidive devant son tombeau, etc.

J'ai toujours rêvé d'être suffisamment disponible au Seigneur, pour qu'il puisse entrer en contact avec les gens que je côtoie, non seulement par ma tête et mes belles idées, mais par tout mon être.

Et la communication avec votre public, dans les conférences ?

– C'est le même problème. Je ne veux pas seulement d'un contact qui se situe d'intelligence à intelligence. Je voudrais également de toutes mes forces dire Jésus-Christ avec tout mon être. Mais le danger est aussi très grand de manipuler mon auditoire. J'ai quelquefois l'impression d'en abuser. Et j'ai honte. Je sais que j'ai le pouvoir de faire rire ou pleurer, quand je veux ; de faire taire celui qui me gêne parce qu'il parle à son voisin ; de m'adresser aussi à tel ou tel que je ne connais pas, mais que j'ai remarqué, deviné, senti en attente ... C'est étonnant que dans une foule on puisse regarder une seule personne, et qu'elle se sache regardée, interpellée. Il m'est arrivé plus d'une fois que quelqu'un vienne me trouver à la fin d'une conférence pour me dire : vous avez dit cela pour moi. Et c'était vrai.

Un jour au Canada, je parlais à des jeunes. Très vite j'ai remarqué une petite jeune fille ravissante qui, immobile, écoutait. J'expliquais que Dieu n'était pas le tout-puissant qu'on imagine souvent, à la façon des hommes, un super dictateur qui détient tous les pouvoirs, mais le tout-puissant de l'amour, un Amour infini qui s'adresse à chacun d'entre nous, personnellement. Elle buvait ces paroles avec une telle intensité, que j'ajoutais – pour elle – : C'est à cause de cela que certains donnent toute leur vie en réponse d'amour à cet amour gratuit. A la fin de la conférence, je signalais quelques bouquins. Elle est venue vers moi, m'a tendu ... une feuille de papier-toilette – c'est tout ce qu'elle avait trouvé –, elle y avait écrit : « Depuis que je suis toute jeune, j'ai décidé de donner ma vie à Jésus. C'est un secret. Vous êtes le premier à qui je le dis ... »

Vous êtes-vous parfois heurté à des portes fermées, des incompréhensions ?

– Rarement, sauf avec des gens qui se placent uniquement au plan intellectuel, sans engager leur vie. Je refuse alors le combat parce que je ne suis pas toujours assez armé pour le soutenir, mais surtout parce que je le crois inutile. En tout cas, au niveau où je me place. La rencontre du Seigneur et la décision de le suivre, n'est pas au bout d'une démonstration. Quand des discussions s'enlisent ou plutôt s'envolent, j'essaie de piquer sur la vie des personnes, ou je fais une galipette pour échapper. Ce n'est pas très honorable et après je me le reproche, surtout si j'ai conscience d'avoir blessé quelqu'un.

Tenez ! A la fin d'une conférence, au moment de la période des questions, une personne un jour m'a interpellé vivement :

– Vous avez parlé de l'amour de Dieu, mais pas du démon !

J'ai répondu aussi vivement :

– J'avais une petite heure pour vous parler de Jésus-Christ. Je n'allais quand même pas accorder cinq ou dix minutes au démon : il aurait été tellement content que je parle de lui plutôt que du Seigneur !

Tonnerre d'applaudissements ! Je n'ai pas osé dire – voyez, je suis comme les évêques, je ne dis pas tout haut ce que je pense – que je ne croyais sûrement pas au démon, comme ce monsieur y croyait, même si je crois au mal, et si je crois très fort qu'on peut être « possédé ». Heureusement, le Seigneur, comme il le faisait jadis, nous libère de toutes ces possessions qui nous chosifient, nous ligotent, et nous retiennent captifs : une ambition, un pouvoir, une passion ; ou des choses : sa voiture, son argent, etc.

Les livres, l'argent, la censure

Justement ! Après avoir vendu tant et tant de livres, vous devez avoir reçu une coquette somme en droits d'auteur. Comment avez-vous utilisé une telle somme ?

– Si j'avais gardé les droits d'auteur pour moi, je serais probablement le prêtre le plus riche de France. Mais je ne les ai jamais considérés comme mon bien personnel. Je trouverais injuste de gagner de l'argent sur du spirituel. Après m'être assuré une part pour payer ma secrétaire et changer une voiture sans demander l'aide du diocèse, j'ai réglé immédiatement le problème en créant une association : « L'Association Havraise pour le soutien des œuvres de jeunesse », qui a tout distribué, entre autres, en réglant le salaire de permanents d'Action Catholique. Maintenant, c'est purement et simplement le diocèse qui signe les contrats d'édition.

Personnellement, j'ai toujours vécu comme un prêtre de base, avec le même salaire, et même pendant longtemps un demi-salaire, puisque en principe, je travaillais à mi-temps dans le diocèse.

Avez-vous eu envie de garder un peu d'argent pour vous ?

– Non, jamais. Bien sûr, une fois ou l'autre je me suis dit : Tu es peut-être idiot de te priver de tout. Tu pourrais prévoir tes vieux jours, t'acheter un petit appartement, une voiture plus confortable et plus rapide ! Mais il ne s'agit pas de vraies tentations. Je n'ai rien, et très sincèrement, je n'ai besoin de rien. Mes préoccupations et mes envies sont ailleurs. D'un tout autre ordre.

Qui paye vos voyages à travers le monde ?

– Ceux qui m'invitent. Je ne vais jamais à un endroit selon ma décision ou mon bon plaisir, sauf pour mon temps de vacances où je file en Aveyron, afin de travailler aux bouquins et accompagner comme aumônier des jeunes et des adultes.

En Amérique du Sud, j'ai circulé en raison de ma responsabilité de Secrétaire général du Comité Épiscopal France-Amérique latine. Nous en reparlerons, je pense.

Combien représentent en tout vos droits d'auteur ?

– Vous êtes plus curieux que je ne le suis moi-même, car sur quarante ans, je ne les ai jamais calculés. D'ailleurs il faudrait maintenant établir une somme en francs constants. Je n'ai pas attaché d'importance à l'argent. Pas assez probablement. Je pense aujourd'hui que j'aurais dû me préoccuper de gérer ces sommes pour en faire profiter les autres davantage encore. Mais en ce qui me concerne, j'aurais voulu vivre plus pauvrement. Je n'ai aucun mérite. Je suis sûr de ne jamais mourir de faim ou de finir SDF[26]. Des laïcs, eux, connaissent la faim, et certains meurent dans la rue.

Avez-vous demandé l'autorisation de votre évêque avant de publier vos livres ?[27]

– Oui, au début. On m'avait dit qu'il le fallait. Ensuite, comme beaucoup d'auteurs, je m'en suis dispensé.

Vous préfériez vous passer d'autorisation et savoir que Jean-Paul II a lu tous vos livres ?

– Vous m'avez déjà fait remarquer qu'il les avait lus (tous ??). C'est vrai. Il me l'a dit. Il m'a même cité dans son premier discours au

---

26. Sans domicile fixe.
27. C'est ce qu'on appelle l'*imprimatur* : droit d'imprimer délivré par l'évêque ou le supérieur religieux, après lecture du manuscrit, par un censeur.

clergé de Rome[28] ... et tenez-vous bien, une citation tirée du livre *Priè-res,* qui a eu droit aux remontrances du Saint Office, comme je vous l'ai raconté. Il ne le savait sûrement pas ! De même que Paul VI, qui a dit également avoir lu et cité souvent mes livres quand il était archevê-que de Milan.

Voyez, si je suis condamné, j'aurai de bons défenseurs ! ... J'espère pouvoir ainsi éviter le bûcher (Rires).

Il reste que – comme beaucoup – je pense que ce règlement de l'*im-primatur* est vraiment dépassé. Je connais un prêtre très sérieux, mais riche d'humour, qui possède un « bêtisier » religieux : images pieuses, objets, textes, etc. Un jour, à la Centrale d'Action Catholique où je ré-sidais avec plusieurs aumôniers, il nous montre triomphant sa dernière trouvaille : un ouvrage, imprimé vers les années 1930-1935, si je me souviens bien, où l'auteur démontrait très sérieusement que le purga-toire était situé au centre de la terre (à cause du feu bien sûr ! ...). Ce li-vre avait été relu par un censeur et possédait l'*imprimatur* de l'évêque du lieu. A peu près à la même époque, on refusait systématiquement au Père Teilhard de Chardin la permission de publier ces textes ! Et il n'était pas le seul.

Rassurez-vous, toutes ces bêtises ne mettent pas ma foi en danger, mais je souffre de l'image de l'Église que nous donnons.

Si vous n'aviez pas été prêtre, auriez-vous pu devenir écrivain ?

– Peut-être, puisque j'ai découvert que je pouvais écrire. J'ai aussi découvert plus récemment, que je pouvais sculpter sur bois. Si j'avais appris, j'aurais peut-être pu devenir sculpteur ! Nous avons tous des possibilités que nous n'avons pas exploitées. Je repère, chez beaucoup, de véritables mines qu'ils ignorent eux-mêmes. Tout homme est un homme sous-développé. Nous avons un travail immense à faire pour que tous les fils de Dieu atteignent un jour le plein développement rêvé par leur Père.

---

28. Actes de S.S. Jean-Paul II « Discours du clergé de Rome », 9 novembre 1978, *Do-cumentation Catholique*, n°1753, p. 1002.

Quel genre littéraire auriez-vous préféré ?

– Par la force des choses, j'ai touché à plusieurs genres. J'ai voulu que ma thèse puisse être lue par tous. J'ai donc cherché un style qui dépasse, sans le méconnaître, l'aspect scientifique. *Le Journal de Dany* et *Le Journal d'Anne-Marie*, eux, sont bâtis comme des romans. La vie de Dany et celle d'Anne-Marie sont racontées sur trois années. J'ai donc fait un tableau avec colonnes où j'ai inscrit, au fur et à mesure, les mois, les années. Je devais penser à faire grandir ensemble les nombreux personnages. *Réussir* est une série de réflexions, chacune condensée en quelques phrases pour permettre une lecture fragmentée.

Y a-t-il un livre dont vous vous direz : ce sera le dernier ?

– Je le souhaite. A mon âge, j'espère ne plus durer très longtemps. Mais j'ai encore en chantier un livre plus complet que *Réussir*. Il porte sur la construction de l'homme total, c'est-à-dire dans toutes ses dimensions : relations à l'intérieur de lui-même, relations avec la nature, avec ses frères et avec Dieu. Il y a peu d'hommes qui utilisent toutes leurs forces, physiques, sensibles et spirituelles. Elles éclatent souvent dans tous les sens ou sont plus ou moins refoulées. Il leur faut les récupérer et les unifier pour pouvoir les mettre tout entières dans chacun de leurs actes, et aller vers les autres et vers Dieu, riches de tout leur être.

Depuis de nombreuses années, j'essaie ainsi d'aider des jeunes à comprendre leur « fonctionnement » et à se « construire » sainement au cours de session/retraite d'une semaine. Une fois de plus, ce sont certains d'entre eux qui me demandent d'écrire l'essentiel de ce que je leur dis. J'aurais aussi voulu écrire un autre livre : « Mes réponses à vos questions ». Tant et tant m'ont été posées à la fin des conférences, ou par les jeunes, traînant avec eux une multitude de points d'interrogations sur « la religion ». J'ai commencé, puis abandonné. Beaucoup de livres du même genre ont parus ces temps-ci, à commencer bien sûr par ceux des évêques de France, de Belgique, d'Allemagne ... et celui du pape. Il m'aurait fallu beaucoup de temps. Et puis mes réponses seraient parfois si différentes, sur le fond et plus encore sur la forme !

Par contre, je voudrais pouvoir mettre noir sur blanc quelques-unes de mes notes sur la rencontre du Seigneur au cœur de la vie. La nôtre, celle des autres, celle du monde. Je suis certain maintenant qu'il existe sur ces chemins des étapes très semblables à celles que décrivent les mystiques dans leurs approches contemplatives. Mais en aurai-je le temps, les moyens ... et le courage. Je suis quelquefois fatigué d'avoir à me battre, comme je vous l'ai dit, pour arracher des moments pour écrire.

Ce qui est difficile, c'est de savoir ce que l'on doit faire. Je suis persuadé que le Seigneur n'a pas besoin de mes bouquins pour faire avancer le Royaume du Père. Mais je suis également persuadé que nous avons le devoir absolu de nous servir des outils qu'il a mis entre nos mains. Alors ? ...

Chaque chose en son temps. Vous avez beaucoup de questions à me poser. Continuez !

L'homme et la vocation

Vous êtes prêtre. On ne l'est pas du jour au lendemain. D'abord, avez-vous été élevé chrétiennement ?

– Oui, par ma mère qui avait une foi viscérale.

Durant mon enfance, je n'ai jamais manqué une messe du dimanche, en sa compagnie et celle de ma sœur. Mon père n'était pas croyant, sans se montrer hostile à la religion. Il nous laissait libre. Ma mère nous demandait de prier pour papa. Pour qu'il croie.

J'ai donc pratiqué la religion : messe, catéchisme, communion solennelle (dont je me souviens à cause des récréations pendant la retraite où je me suis bien amusé), confirmation. J'ai été aussi enfant de chœur à Châtillon-sous-Bagneux[1], où nous avons habité quelque temps. Mais je ne garde pas un beau souvenir de cette religion.

Quand je suis entré au Grand séminaire, je me suis trouvé avec des jeunes dont certains avaient découvert Dieu à travers les cérémonies liturgiques : ils avaient désiré devenir prêtre, en voyant un prêtre célébrer la messe. Ce ne fut pas mon cas. Loin de là. Et je crois que j'en suis resté marqué. La liturgie me révulsait plutôt. Je ne comprenais rien à cette messe en latin. Le prêtre à l'autel tournait le dos aux fidèles, ce qui m'apparaissait impoli. L'odeur de l'encens m'écœurait. Et puis, la longueur des offices ... ! J'appréhendais spécialement l'arrivée de la Semaine Sainte qui n'en finissait pas de passer ... et pendant cette semaine, le chemin de croix.

---

1. Banlieue parisienne.

La religion de mon enfance

Vous étiez quand même docile, puisque vous n'avez pas claqué la porte !

– Je réagissais très peu extérieurement, à cause de ma mère que j'aimais et qui avait une foi profonde. Inconditionnelle. Si j'avais donné un coup de canif dans la fidélité à la pratique religieuse, je lui aurais infligé une peine immense. Je ne le voulais pas. De tout sens, j'étais petit, il fallait obéir. Mais intérieurement, le problème était différent. Tout gamin, je me posais déjà les questions essentielles. Je me revois un jour, lové dans un fauteuil – je devais avoir huit ou neuf ans – interpellant ma mère qui préparait le repas dans la pièce à côté :

– Si le bon Dieu voit tout et sait tout d'avance, nous ne sommes pas libres. Pourquoi donc me casser la tête à être sage ou pas ? (En fait, je ne l'étais pas. Ma mère me trouvait « dur » et s'inquiétait pour mon avenir.)

Je me souviens de la question, mais pas de la réponse. Et pour cause, ma pauvre mère ne savait trop quoi dire. Elle s'embrouillait et me trouvait « raisonneur ». Même réaction quand j'enfourchais mon cheval de bataille : les souffrances de Jésus. Je prétendais que sur la croix il n'avait pas souffert plus que d'autres hommes. Elle essayait de me convaincre que Jésus étant Dieu, sa souffrance avait été infinie. Ça ne me satisfaisait pas. Elle s'énervait. Je me butais. Elle s'inquiétait. Qu'est-ce que j'allais devenir ?

L'éternité, tout de même, me tourmentait vaguement. Et le « péché mortel » qui risquait de nous fourrer en enfer pour toujours. Heureusement que, ce fameux « péché mortel », je ne voyais pas trop comment je pourrais en faire puisque, à part manquer la messe le dimanche, manger de la viande le vendredi ... ou tuer, je n'en connaissais pas d'autres. Voler ne me semblait pas important ! Il restait un domaine mystérieux qui m'inquiétait. Il tournait autour de cette expression que ma mère employait souvent : ce monsieur, cette femme (surtout ! ...) « n'est pas sérieux » ? Je ne le découvrirai que peu à peu par mes recherches personnelles. Mais à cette époque, quand on avait sept, huit ou neuf ans et qu'en certains domaines on ne posait aucune question, sous peine de se faire renvoyer à plus tard, il fallait du temps pour trouver.

Rassurez-vous, j'y suis parvenu. Assez vite tout de même. Comme beaucoup j'avais des éléments pour me guider : le « Je vous salue Marie » (avec « le fruit de vos entrailles ») ; le dictionnaire de ma sœur (elle en avait eu un gros à Noël) ; les copains d'école (en récréation). Et ça ne m'a pas beaucoup perturbé. Pourtant, impressionné de sentir ma mère tellement anxieuse sur mon avenir (elle avait fait « des sacrifices » pour me mettre à « l'école libre » ; ma sœur, deux ans et demi plus âgée que moi – et plus sage – pouvait sans crainte aller à « l'école laïque »), à certains moments je décidais que « plus tard je serai sérieux ». A d'autres, plus nombreux je l'avoue, je concluais : il suffit de bien se débrouiller. On peut faire tout ce qu'on veut pendant sa vie, et au dernier moment se repentir ... et se confesser. Ça ne me semblait pas très juste, mais pratique. Puisqu'on pouvait le faire, autant en profiter ... Mais il ne fallait pas louper ce fameux dernier moment !

Aviez-vous peur d'aller en enfer ?

– L'enfer tel que le représentait le « Catéchisme en images » trouvé dans le grenier de ma grande-mère, absolument pas. Il m'avait impressionné, mais très vite je m'étais débarrassé de ces horribles images où des démons poilus, grimaçants et aux griffes acérées, entraînaient hommes et femmes à moitié nus, vers des salles de tortures les plus cruellement variées. Les images avaient disparu de mon horizon intérieur, mais tout jeune encore il me restait profondément enterrée une violente fureur contre ces bêtises qui lentement sapaient ce que je croyais être « la foi ». Demeurait aussi, hélas, une vague peur de ce qui nous attendait ... en cas de péché !

Dans votre expérience de la religion de votre enfance il n'y avait donc pas de place pour l'amour ?

– Non, absolument pas. Du moins pour moi, tel que je l'ai vécu. Mais j'ai conscience qu'au même moment, et dans les mêmes circonstances, malgré les déficiences de ce qu'on pouvait vivre et raconter à l'époque, d'autres enfants de mon âge, rencontraient authentiquement Jésus, comprenaient l'essentiel de son message, et à leur niveau, tentaient de le suivre. Ma sœur était sûrement de ceux-là. Il est vrai qu'elle était mon aînée de plus de deux ans. Pour moi, RIEN. Très loyalement, je n'ai aucun souvenir d'un événement ou d'un sentiment qui puisse s'apparenter à la rencontre de « Quelqu'un » ; ni tout jeune enfant dans ma prière, ni à ma première communion, ni même ma confirmation. La « religion » m'apparaissait comme un ensemble de gestes à accomplir et de règles morales qu'il fallait essayer de respecter, au moins de loin ... au cas où !! Mais tout cela laissait sans vraies réponses les questions que je commençais à me poser de plus en plus sur l'existence, le sens de la vie, l'amour, la souffrance, etc. et qui allaient surgir avec force et me harceler sans cesse, quelques mois après mon entrée au travail.

Dans votre enfance, étiez-vous aimé de vos proches ?

– Oui, beaucoup par ma mère et ma sœur. Quant à mon père, je ne l'ai pas assez connu. Après notre séjour à Châtillon-sous-Bagneux, nous n'avons pas beaucoup vécu ensemble. Il était expert-comptable et son travail l'éloignait de nous. De tout sens, très pris, il était peu présent.

Le seul souvenir très fort que je garde de mon père est celui de sa mort. Il venait de prendre quarante-trois ans. J'en avais treize. Ma mère et moi, nous l'avions rejoint à Paris où il travaillait alors, ma sœur étant restée en pension à Rouen. Une méningite l'avait terrassé. Il était très mal. Déjà dans le coma. Maman était partie d'urgence chercher le médecin. J'étais seul avec lui. Je fixais ses traits ravagés. De son front coulait, à travers la barbe mal rasée, une sueur abondante qui trempait peu à peu l'oreiller. J'essayais d'essuyer son visage, mais quand je l'approchais un long râle sortait de sa bouche entrouverte. Je sursautais. J'avais peur !

Réfléchissant plus tard, je me suis rendu compte que ce qui me paralysait sur le moment, ce n'était pas la peine de voir mourir mon père, mais la peur de me retrouver seul face à face avec un mort. Je n'en avais jamais vu. Je crois qu'à cause de ce que je considérais comme un manque d'affection pour papa, j'ai traîné quelque temps un vague sentiment inconscient de culpabilité.

Ma mère est revenue accompagnée d'un médecin. En pleine nuit, mon père a été transporté à l'hôpital Lariboisière. Je vois encore la longue et lugubre salle commune, seulement éclairée de veilleuses, et ma mère s'activant pour trouver l'infirmière responsable, afin de lui demander que soit prévenu l'aumônier.

Dehors, le dernier métro était parti. Maman et moi, nous sommes revenus à pied. Dans la nuit.

Le lendemain, on nous a dit que papa « avait vu le prêtre avant de mourir ». Ma pauvre maman était rassurée. J'admirai sa foi. Moi je pensais – sans le dire et en me le reprochant – à quoi ça sert, il était sans connaissance !

Je n'ai pas pleuré papa, mais je ne me sentais plus du tout un gamin.

J'avais vieilli en une nuit.

Quand avez-vous pris contact avec la Bible ?

– Plus tard ... Je vous raconterai. Quand j'étais tout jeune, il n'y avait pas de Bible à la maison. Je me souviens avoir demandé un jour à maman quel était ce livre dont j'avais entendu parler.

– Je ne sais pas trop, dit-elle, je crois qu'il s'agit d'un livre protestant. Nous n'avons pas le droit de le lire[2] ...

Pauvre mère, elle s'est rattrapée par la suite, s'ouvrant remarquablement à la modernité, et bien avant le Concile ; entre autres, grâce à ma sœur, qui s'était engagée profondément dans l'Église et la société. Mais je ris maintenant quand j'entends quelquefois décréter sans appel qu'il est impossible de comprendre et vivre de Jésus-Christ, sans être un familier de l'Ancien Testament. Je pense à ma mère et tous ceux des générations précédentes, qui l'ont rencontré authentiquement, en

---

2. C'était exact. A l'époque où ma mère avait été instruite, il fallait demander l'autorisation à son curé ou son confesseur, pour pouvoir lire la Bible dans le texte.

n'ayant pour toute connaissance que « l'Histoire Sainte » racontée le plus sérieusement du monde comme des événements réellement vécus dans le détail, prouvant l'existence de Dieu, et plus tard, la divinité de Jésus-Christ.

Moi, je n'y croyais pas. Mais je ne le disais pas.

Coursier à quatorze ans

A quel moment êtes-vous entré au travail ?

– Un an après la mort de mon père. J'avais à peine quatorze ans. Nous étions revenus au Havre. Nous habitions temporairement chez ma grand-mère maternelle. Ma mère n'avait jamais travaillé. Elle cherchait mais ne trouvait rien. Ma sœur, et moi par la suite, nous avons été embauchés. Elle dans une maison d'assurances, moi dans une maison de transit.

J'étais coursier. On s'amusait bien. Nous nous donnions rendez-vous sur la place de la Bourse pour des parties de foot improvisées. Les papiers et les chèques pour les banques attendaient, posés par terre, sous un gros caillou, pour qu'ils ne s'envolent pas. L'un de nous montait la garde pour voir si les patrons ne sortaient pas des bureaux. Le soir on se retrouvait coursiers et coursières (hélas, il y en avait peu !), à la Grande poste, pour déposer le courrier. C'était sympa ... mais ça ne devait pas durer.

Pourquoi ?

– Parce que mon entourage me poussait à devenir « quelqu'un » dans l'entreprise. J'avais été recommandé. J'étais repéré. Beaucoup avaient des espoirs sur moi. Très vite on me retint au bureau « pour me former » ... !

Devenir « quelqu'un » qu'est-ce à dire ?

– On me donnait en exemple plusieurs directeurs de banques, de maisons de transit, qui avaient débuté comme coursiers. Si je travaillais, « je monterais » : employé, sous-chef de service, chef ...

N'aviez-vous pas cette ambition ?

– Je ne me préoccupais absolument pas de devenir « quelqu'un ». C'était un but trop lointain et surtout, totalement extérieur à mes préoccupations du moment. Cloué sur ma chaise, au bureau, je m'ennuyais mortellement. Qu'est-ce que je faisais là à remplir chaque jour les mêmes formulaires, taper à la machine – avec deux doigts – les mêmes notes ? Et que faisaient ces cent vingt personnes, affairées, débordées, travaillant aux trois étages de l'immeuble ?

C'était cela la vie ? J'allais donc enfiler ainsi les heures, les journées, les années ? Pourquoi faire ? A quoi je servais ?

Je regardais mes ustensiles de travail, posés sur mon bureau : règles, gommes, crayons ... De temps en temps, je poussais l'un ou l'autre, pour le faire tomber. Je me levais, faisais le tour de ma chaise pour le ramasser. Ça me dégourdissait les jambes. Puis je me disais, si mon crayon est fichu, il ne sert plus à rien. Je le jette. Si ma vie ne sert à rien ... faudra-t-il la jeter ?

Je voulais à tout prix *trouver des raisons de vivre.*

Mais on ne trouve pas toujours des raisons de vivre ...

– Non. Mais moi, je cherchais. Je n'admettais pas de vivre sans savoir pour quoi je vivais.

Par la fenêtre de mon bureau j'apercevais les passants aller et venir le long du jardin de la Bourse. Je me disais : *et eux, où vont-ils ?* Que font-ils ? A quoi pensent-ils ? Je voulais trouver à cette vie grouillante, un sens. Un fil conducteur.

J'ai d'abord pensé que pour toute personne, la raison de vivre était le désir de vivre. Cette volonté farouche, inexplicable, ancrée au plus profond de chacun. Si je menaçais de tuer un homme, même dégoûté de la vie, au dernier moment il tenterait de sauver sa peau. Même les plus miséreux des hommes cherchent à survivre à tout prix.

Mais d'où venait cette vie ? Et ce désir indéracinable ?

J'avais bricolé un vieux vélo, avec des pièces ramassées ici ou là. Avec les copains, on allait se promener le long de la Seine. Le fin du fin, c'était de la traverser sur le bac, à Tancarville. Il n'y avait pas encore le pont, encore moins le pont de Normandie ! On chahutait. On rigolait. Moi aussi. Mais sans rien dire à personne – j'étais très renfermé – je réfléchissais. Je me disais en voyant couler l'eau sous l'étrave du navire : il est impossible qu'elle ne vienne de nulle part et qu'elle n'aille nulle part. Au fleuve il faut une source pour naître et une mer pour se jeter.

Peu à peu s'est alors imposée à moi cette idée : ma vie, cette vie qui bouillonne en moi, dans mon corps, mon cœur, mon esprit[3], cette vie qui anime tous les hommes que je rencontre, comme le fleuve, elle possède forcément une source d'où elle jaillit, et une mer dans laquelle elle se jette. Et cette Source et cette Mer ne peuvent être que ce Dieu dont j'avais depuis toujours entendu parler, auquel je croyais tout de même vaguement, mais qui cessait alors d'être une idée, un principe, je ne sais quoi ... et devenait pour moi, un VIVANT, QUELQU'UN.

Beaucoup plus tard j'étais heureux de lire dans une des grandes Odes de Paul Claudel, comment il exprimait sa conversion (je cite de mémoire !) : Me voici devant Vous comme un lutteur qui plie ... et voici tout à coup *que vous êtes QUELQU'UN.*

Vous étiez alors converti ?

– Oh non, c'est un trop grand mot ! En fait, les racines étaient en moi mais il fallait me débarrasser de toutes les idées fausses, les images, les décors, qui m'avaient – et qui continuaient – de me rebuter. Je devais laisser pousser la vie et marcher à la rencontre de ce mysérieux QUELQU'UN ... auquel je croyais maintenant, mais que je ne connaissais pas. Plusieurs chemins s'ouvraient devant moi. Je regrette de ne pouvoir décrire, dans le détail, la façon dont je les ai parcourus. Car je me rends compte désormais que toutes les études et mes réflexions de

---

3. Dès le début de mes découvertes – et c'est très important pour la suite de mon cheminement – j'ai pressenti que si, pour en parler, il fallait distinguer en nous la vie physique, sensible, spirituelle ... nous n'avions en fait qu'*une seule vie*. Et plus tard, que c'est cette vie tout entière qu'il fallait laisser pénétrer de l'amour infini du Seigneur.

plus tard n'ont fait pratiquement qu'expliciter ce qu'en grande partie j'avais découvert pendant cette période, intérieurement merveilleuse.

Extérieurement, je continuais au bureau d'amuser la galerie et de désespérer ceux qui s'étaient mis en tête de « me faire monter ».

Découvrir Jésus dans la rue

Dites-moi tout de même les grandes lignes de votre cheminement ?

– En fait, elles sont claires, et s'enchaînent. Mais je tiens à préciser que si je me transformais, il y avait une différence entre ce que je voyais et comprenais, et ce que je vivais. Hélas ! Ça continue ...

D'abord j'ai réalisé très vite que le désir de vivre que j'avais repéré en moi et en tous, ne devait pas être ce qu'il y avait de plus profond au cœur de l'homme, puisque certains étaient capables de sacrifier leur vie par amour. Des époux l'un pour l'autre. Des parents pour leurs enfants. Des hommes pour leur idéal ... Je concluais alors que la force la plus puissante en chacun de nous était l'amour, avant même le désir de vivre.

Il me fallait vérifier cette découverte. Sur moi d'abord. Rêvassant, je m'imaginais totalement privé d'amour. Chez moi. Avec les copains. Partout. Incapable aussi de sortir de moi-même pour aimer les autres. C'était tragique. Je me voyais me dessécher, mourir. Et puis j'observais autour de moi, dans le quartier, au bureau ... Je n'entendais que des histoires d'amour, à tous les niveaux. J'écoutais les chansons, que des chansons d'amour. Dehors, le soir, déambulant dans les rues, je regardais les lumières allumées aux fenêtres des maisons et je me disais : Il y a là des gens qui passent leur temps à essayer d'aimer ou à souffrir de ne pas arriver à aimer[4].

Oui, pour en finir, j'en étais persuadé, l'histoire humaine n'était qu'une longue histoire d'amour, plus ou moins réussie. Mais d'où ve-

---

4. Il est évident que si le livre *Parle-moi d'Amour* tente de traduire tout ce que les jeunes m'ont confié de leurs recherches et de leurs aspirations, il est aussi lourd de tous les souvenirs de ma propre jeunesse.

nait ce besoin d'amour fou, en moi, partout ? Cette Énergie capable de soulever le monde ?

Je n'avais pas encore découvert que Dieu était AMOUR.

Justement, désormais vous croyiez en Dieu, mais comment avez-vous noué des relations avec lui ?

– Aussitôt que j'ai eu découvert que Dieu était un VIVANT, QUELQU'UN, j'ai voulu en effet le rencontrer. Un jour que je passais devant une librairie religieuse, au Havre[5], je remarquai un livre exposé. Son titre, en grosses lettres, me fascina : « Je veux voir Dieu ». Ce fut une de mes petites « visions » comme je les appelle aujourd'hui[6]. Une parole, une réflexion, un événement, qui me mobilisent tout entier, bien au-delà de la simple attention, et à travers lesquels je réalise que le Seigneur est là et qu'il me fait signe. Devant ce livre donc, je me disais : non seulement je veux voir Dieu, mais je veux dialoguer avec Lui. Je ne veux pas d'un Dieu qui me regarde du haut de son balcon (« le ciel »), mais un Dieu tout proche, assez proche pour que je puisse lui parler et qu'il puisse m'entendre. Oui, il ne s'agissait plus pour moi de « réciter des prières », comme j'y avais été entraîné, mais bel et bien cette fois de *parler à Dieu*. Mais je ne savais pas comment m'y prendre, car malgré tout, ce Dieu me paraissait inaccessible.

Vous n'aviez pas encore découvert qu'il était venu au-devant de nous en Jésus-Christ ?

– Non. Jésus-Christ, je l'ai rencontré peu de temps après. Dans la rue.

Dans la rue ? Comment ?

– Par un copain et par la JOC.

---

5. La librairie Saint-Jean qui n'existe plus aujourd'hui. Le livre, aux Éditions Carmélitaines.

6. Cf. *A cœur ouvert*, Éditions de l'Atelier/Éditions Ouvrières, p. 45, où j'exprime au début de la réflexion n° 25, ce que représente pour moi ces profondes prises de conscience qui jalonnent mon cheminement.

Jean, c'était mon copain. Du moins, il le devint. Son bureau, au Havre, était situé à deux pas du mien. Il avait repéré que nous partions tous les deux le matin à la même heure, et que nous suivions le même trajet. Lui sur un trottoir, moi sur l'autre.

Un matin, il m'a fait « bonjour ! » Le lendemain également. Je répondais. Puis il a traversé :

– Je te vois passer tous les matins. Où travailles-tu ? On fait route ensemble ?

Je me dis : Et s'il n'avait pas traversé ? ... Et quelquefois le soir : Michel, toi, aujourd'hui, as-tu traversé ? ... Et je dis aux gens à qui je parle : est-ce que vous, vous traversez ? Ils restent si souvent dans leur Église ou même leur sacristie : entre eux, dans leur communauté, leur mouvement, leur équipe. A se former, s'ausculter, approfondir leur foi, s'organiser ... Oh, cette Église, qui passe les trois-quarts de son temps à se regarder ! Et les autres, sur la route, attendent ... sur l'autre trottoir ! C'est ma hantise. Je sais que maintenant Jésus a besoin de nous pour inviter à le suivre, et j'ai peur qu'à cause de moi, parce que je me suis quelquefois personnellement dérobé, et surtout parce que je n'ai pas su aider les autres à regarder autour d'eux, beaucoup de mes frères, un jour, interpellés par le Seigneur qui leur dira : que faites-vous là, à attendre ? Répondront : personne ne nous a embauchés ! (Matthieu 20, 7)

C'est donc votre camarade qui vous a fait connaître Jésus-Christ ?

– Non. Pas encore. Heureusement. Si j'avais senti en lui un « représentant en religion », je crois que malgré mes recherches, je me serais sauvé. Il m'a d'abord – comme j'essaierai à mon tour de le faire plus tard – peu à peu ouvert les yeux sur les autres, et discrètement entraîné à me mettre à leur service :

– Y a-t-il beaucoup de jeunes dans ta boîte ? L'ambiance est-elle bonne ? Est-ce que tu parles avec tout le monde ? ...

– Non. On se marche sur les pieds. C'est chacun pour soi.

– Fais-tu quelque chose pour que ça change ?

– Qu'est-ce que tu veux que je fasse ! ...

– Il y a toujours quelque chose à faire. Et tes loisirs ?

– Je m'ennuie ...

– Il n'y en a pas d'autres qui s'ennuient ? Pourquoi pas faire quelque chose avec eux ?

Etc. Je me suis rendu compte après que je changeais lentement d'attitude. Je ne regardais plus les autres comme des problèmes, mais comme des personnes. C'était un pas énorme. Les problèmes, on réfléchit pour les résoudre. Les personnes, on se mobilise pour les servir.

Ma première action concrète : une vente de calendriers de la JOC, dans mon quartier[7]. J'accompagnais Jean. Il m'avait dit quelques mots sur son mouvement. Pour aider les jeunes, j'étais partant. A fond, dès le début.

Me voyant disponible, au bout de quelque temps, Jean m'expliqua :

– Nous sommes plusieurs à nous réunir régulièrement. Des « militants » décidés à faire quelque chose pour les autres. Mais il faut que je sois franc : nous sommes des chrétiens. Alors nous regardons l'Évangile, puis notre vie. Nous cherchons si l'un et l'autre correspondent. Un prêtre vient à nos réunions.

Comme je faisais la grimace à cause du prêtre, Jean reprit :

– Tu verras : il est sympa. Puis il nous offre des cigarettes.

Des cigarettes ! Je n'avais pas tellement les moyens de m'en payer ; et ma mère, je crois, ne savait pas encore que je fumais (à cette époque, c'était souvent plus tard !). Bref, le fruit défendu, ça a quelquefois du bon.

Je suis allé à ma première réunion de JOC. Puis aux suivantes. Je rencontrais là des gars enthousiastes qui eux, avaient trouvé un sens à leur vie : le don aux autres. Ils étaient contagieux.

Dès ce moment, j'ai pressenti, mais sans encore bien sûr l'expliciter, que Dieu n'avait pas besoin d'abord de savants pour le « démon-

---

7. Quartier Sainte-Anne du Havre, où Jean était responsable, à la paroisse, de la « section » de JOC, comme on disait.

trer », mais de témoins pour l'annoncer, et que le plus sûr moyen d'aider nos frères à rencontrer le Seigneur, c'était de les mettre sur le chemin des autres.

J'étais passé en quelques semaines, du stade de sympathisant, au stade de militant. J'en étais fier, et décidé de me donner à fond. J'avais quinze ans.

L'Évangile, une nourriture

C'est donc aux réunions de la JOC que vous avez découvert l'Évangile ?

– Oui, d'abord. Tous les huit jours nous en lisions un passage. Mais ce n'était plus pour moi l'Évangile de la messe, et le sermon barbant. Dans l'Évangile, on mêlait notre vie et dans notre vie l'Évangile. Peu à peu ça ne faisait qu'un. J'étais passionné !

Lisiez-vous l'Évangile de A à Z, ou alliez-vous au hasard ?

– Non, nous suivions les bulletins du mouvement où certaines lectures du Nouveau Testament étaient programmées, avec quelques explications et commentaires.

Après les réunions, je reconduisais Jean. Puis je lui disais : Je t'ai reconduit, tu me reconduis. Arrivé chez moi il me disait : Tu ne vas pas me laisser rentrer tout seul ... Et nous causions, nous discutions ... Je crois que ma mère se faisait de la bile. Elle se demandait ce que je faisais et ne pouvait guère dormir avant de m'avoir entendu rentrer.

Un soir, je dis à Jean :

– J'ai une question à te poser.

– Eh bien ! vas-y.

– Tu ne vas pas te moquer de moi ?

– Tu es fou ! Tu sais bien que nous deux, on peut tout se dire.

– Pour toi, qui est Jésus-Christ ?

A vrai dire, je ne me souviens plus exactement de ce qu'il m'a répondu. En y réfléchissant, j'en suis heureux, car j'y vois la preuve que bien au-delà des mots, ce soir-là, j'ai fait une RENCONTRE. Car ça je m'en souviens, j'étais COMBLÉ.

Y a-t-il pendant cette période des passages d'Évangile qui vous ont spécialement marqué ?

– Ah oui ! D'abord, disons que l'Évangile était devenu ma nourriture. A la JOC, personnellement et avec Jean.

Avec lui je crois que je peux dire que nous avons lu et discuté presque tout le Nouveau Testament (sauf l'Apocalypse ! aucun souvenir !) : à la plage, en balade, sous la tente ... partout. Je ne comprends pas que la plupart des jeunes chrétiens que je rencontre aujourd'hui dans les mouvements, me disent que les Épîtres de saint Paul sont pour eux du chinois. Nous les aimions, et il me semble que nous comprenions l'essentiel. Il est vrai que plus tard, nous étions aidés par de petits bouquins édités par la JOC. Je vois encore la couverture de *Paul apôtre du Christ,* du chanoine Glorieux, et une autre brochure sur *Le Corps Mystique.* Le langage était simple, à notre portée, sans rien sacrifier sur le fond.

Pour moi, quels sont les passages d'Écriture Sainte qui ont fait tilt ? Il y en a trois principaux, entraînant un véritable bouleversement dans ma vie. C'est impressionnant de relire ces événements après coup et de réaliser pleinement comment, à travers les découvertes successives, la route se dessinait devant moi.

Le premier texte, c'est la première Épître de saint Jean. Pas tout, mais de longs passages. Et puis, un éclair. Un coup de foudre. Est-ce à la première lecture, la deuxième ? Je ne sais plus ! Ces trois mots : « *Dieu est Amour* », enchâssés pour moi comme un diamant dans le chapitre quatrième, entre le verset sept et le verset treize. Il faut que je vous lise ce passage, c'est trop important :

« Bien-aimés, aimons-nous les uns les autres, car l'amour vient de Dieu et quiconque aime, est né de Dieu et connaît Dieu. Qui n'aime pas, ne connaît pas Dieu, car *Dieu est amour.* C'est en ceci que s'est manifesté l'amour de Dieu à notre égard, que Dieu a envoyé son Fils unique dans le monde, pour que nous vivions par lui. C'est en ceci que consiste l'amour : ce n'est pas nous qui avons aimé Dieu. C'est lui qui nous a aimés en envoyant son Fils pour que par lui nos péchés soient pardonnés.

Mes bien-aimés, puisque Dieu nous a aimés à ce point, nous devons nous aussi nous aimer les uns les autres. Personne n'a jamais vu Dieu. Mais si nous nous aimons les uns les autres, Dieu demeure en nous, et son amour en nous est parfait ... »

C'est merveilleux ! Tout y est ! ... Mais le sommet, encore une fois, ce fut pour moi « *Dieu est Amour* ». C'était un coup de projecteur qui illuminait brusquement tout ce qui était ombre ou nuit sur mon chemin.

Je n'avais pas fait de philo, mais j'ai tout de suite compris que saint Jean ne nous disait pas que Dieu aimait plus que tous, et même infiniment, mais que son « *être* » même n'était qu'*AMOUR*. Je n'avais pas non plus encore fait de théologie, ni lu des livres savants de spiritualité, je n'aurais donc pas su expliquer que les trois personnes de la Trinité étaient perpétuellement en relation d'amour, se donnant et se recevant sans cesse l'une l'autre, et que c'est ce don et cet accueil parfait – c'est-à-dire l'exercice même de l'amour – qui les faisaient être. Relations subsistantes, disent les savants. Moi je me disais : Elles (les personnes de la Trinité) passent leur temps à aimer, depuis toujours, et cet amour déborde comme une Source de vie intarissable. Et c'est cette vie qui m'anime et anime les autres. Je ne m'embarrassais pas à distinguer vie naturelle, vie surnaturelle ... On ne m'en avait pas encore parlé, heureusement. Je pensais simplement que j'étais aimé par ce Dieu-Amour, et puisque sans cesse de lui je recevais la vie, il fallait à mon tour que je la donne à mes frères.

Toutes les réponses à mes questions étaient là. J'avais trouvé ces raisons de vivre que, tout en m'amusant et chahutant, sans qu'il n'y paraisse, je cherchais souvent avec angoisse.

Vos raisons ont-elles changé depuis cette époque ?

– Ah non ! Les raisons qui me sont apparues avec une telle intensité au début, sont les mêmes aujourd'hui : aimer, donner et se donner.

D'ailleurs c'est bizarre, mais j'ai découvert, longtemps après, que j'avais choisi pour titre au *Journal de Dany* : AIMER ; et pour *le Journal d'Anne-Marie* : DONNER. Depuis l'âge de quinze ou seize ans, jusqu'à maintenant, ces deux mots me sont restés chevillés au cœur. Le sens de tout, c'est l'amour ; le sens de ma vie, c'est donner. Ce qui ne veut pas dire que j'y suis parvenu. Loin de là !

Dieu est Amour

Pour aimer autrui, faut-il s'aimer soi-même ?

– Oui. Jésus nous a dit qu'il fallait aimer les autres comme nous-même. Mais je ne l'ai pas découvert très tôt. Ce qui m'est apparu en premier, c'est l'importance d'aimer les autres et de se donner à eux.

Je crois que je ne m'aimais pas vraiment. Pourquoi ? Je ne sais pas trop. Le vague sentiment que je n'en valais pas la peine. Peut-être à cause de tout ce qu'on nous avait rabâché : que nous étions pécheurs ..., marqués avant même de naître ..., et pas digne de ceci et pas digne de cela. On finit par y croire !

Je vous ai déjà dit combien j'ai réagi ensuite. Les hommes ont davantage besoin d'être encouragés que découragés. Je suis frappé de constater que beaucoup de jeunes (et d'adultes) que je rencontre, même quand ils font les malins et paraissent très sûrs d'eux-mêmes et de leur valeur, au fond, doutent beaucoup d'eux-mêmes et ne s'aiment pas vraiment. C'est en partie pour cela qu'ils ont du mal à croire qu'on les aime. Et quand ils rencontrent un garçon ou une fille qui déclarent que par amour, pour eux, ils sont prêts à donner toute leur vie, ils pensent que ce n'est pas possible, qu'il faut des preuves, qu'il vaut mieux essayer ...

Ils ne sont pas sûrs d'être aimés, entre autres, parce qu'ils ne sont pas sûrs d'être aimables.

Bref, moi non plus je ne m'aimais pas beaucoup. J'y suis parvenu en découvrant que Dieu m'aimait, infiniment. J'avais du prix à ses yeux, je pouvais donc en avoir aux miens.

Qu'est-ce alors que s'aimer soi-même ?

– C'est aimer la vie que nous avons en nous-même, oser regarder et aimer les richesses qui nous ont été données gratuitement.

Vous aimez-vous donc vous-même ?

– Maintenant, oui. Sans crainte.

Quelle preuve avez-vous reçue de l'amour de Dieu pour vous ?

– La vie.

Si Dieu arrêtait de m'aimer, j'arrêterais d'être. C'est pour cela que ma prière souvent, c'est tout simplement me mettre devant Dieu et me laisser aimer. Me laisser créer. C'est formidable ! Le Père m'engendre sans cesse sous le souffle de son amour.

J'espère que nous en reparlerons.

Mais ce n'est pas une preuve. Comment pouviez-vous croire sans preuve ?

– Comme un amoureux croit en son amour. Il dit : Mon chéri, ma chérie, je te fais confiance. Je crois en toi, sur parole. J'ai foi en toi.

C'est cela la foi. Pas seulement croire que Dieu existe, mais croire que nous sommes aimés par lui ... Et le croire sur parole. La Parole de Dieu, c'est Jésus : « Et le VERBE s'est fait chair ».

Bien sûr, j'ai réfléchi. Beaucoup même. Non pas parce que je doutais, mais pour m'expliciter à moi-même, mes raisons de croire. En résumé je me suis dit : Jésus n'est pas un farceur, un menteur ou un fou, étant donné l'équilibre qu'il a manifesté toute sa vie, et le don qu'il nous a fait de cette vie. Donc, je le crois.

Et puis, comment vous dire, c'est une évidence qui s'est enracinée en moi, tellement profondément que je me disais : Je ne pourrais plus ne pas croire à l'amour de Dieu. S'il n'est pas Amour, il n'est pas. Et cette création entière qui devant moi me posait question, ne pouvait être qu'une œuvre d'amour. Comment l'expliquer autrement ?

L'amour porte en lui le désir, l'impérieux besoin de se donner (plus tard, j'ai appris l'expression des philosophes : l'amour est « diffusif de soi »). L'amour ne peut garder la vie pour soi. Il la donne. Aimer, c'est toujours donner la vie. Plus on aime, plus on donne. Et si l'on aime totalement, on donne sa vie tout entière. C'est d'ailleurs pour cela qu'aujourd'hui, à certains moments, je me demande si le Père ne désirera pas des enfants, éternellement. Pourra-t-il dire un jour : ça suffit. Il a assez d'amour puisqu'il est infini, pour pouvoir désirer et élever des enfants à l'infini ! ... Mais il y a l'homme. Libre. Et Dieu s'est fait dépendant de lui ! C'est lui qui fait les enfants .... s'il le désire.

Il n'y a d'enfant que si le désir de Dieu rencontre le libre désir de l'homme.

L'homme peut s'autodétruire, Dieu ne pourrait-il pas vouloir supprimer l'homme ?

– Ah non ! Ce serait se détruire lui-même. Il ne serait plus ce qu'il est : l'amour.

L'amour ne peut jamais détruire ?

– Non, jamais ! C'est le non-amour qui est destructeur. En n'aimant pas, nous nous détruisons nous-mêmes. Et les autres. Et le monde. C'est la destruction en chaîne. Pire que la désintégration atomique. Nous sommes faits par amour et pour l'amour. C'est de cette origine que vient notre désir insatiable d'aimer et d'être aimé, bien au-delà des frémissements du corps et des battements du cœur. Et nous ne nous développons que si nous sommes dans l'axe de ce désir de Dieu sur nous.

Mais comment le Dieu d'amour que vous avez découvert, peut-il correspondre au Dieu présenté dans l'Ancien Testament comme un « tout-puissant » ?

– D'abord il faudrait compléter ; un tout-puissant « à la façon des hommes ». Ensuite préciser qu'à ce moment-là, je ne me suis absolument pas posé cette question. C'est plus tard, au séminaire, qu'il m'a fallu résoudre ce problème.

Dieu s'est révélé dans l'histoire, et les hommes ne l'ont découvert que peu à peu. Au début ils lui attribuaient, en les poussant à l'infini, les valeurs qu'ils admiraient chez leurs semblables : la force, le pouvoir, la richesse, etc. C'était à leurs yeux sa façon d'être puissant. Il était plus puissant que tous les dieux païens : « le Tout-puissant ».

Il ne faut pas s'en étonner. Quand l'enfant est très jeune, il estime, aime et ... craint son père, parce que, à ses yeux, il est le plus fort (plus fort que les autres papas). Il est capable de tout faire, tout réparer. Il sait tout, commande tout. Il faut lui obéir sous peine d'être puni ...

Au fur et à mesure de sa croissance, le petit prend conscience que son père n'est pas capable de régler tous les problèmes, qu'il ne sait pas tout, qu'il n'a pas tous les pouvoirs, etc. Bref, il n'est pas le « tout-puissant » qu'il admirait. Il se met à douter de lui. Il va lui falloir dépasser cette « crise de foi », pour découvrir en quoi son père est pour lui aimable par-dessus tout : à savoir, qu'il est celui qui lui a donné la vie et qui l'aime sans condition, puisqu'il est son enfant.

Ainsi pour Dieu. Jésus nous a révélé qu'il était « notre Père ». C'est pourquoi, quand nous récitons le *Je crois en Dieu*, nous ne disons pas « Je crois en Dieu tout-puissant », mais « Je crois en Dieu le Père tout-puissant ».

Malheureusement, certains chrétiens en sont restés au Dieu de l'Ancien Testament. Ils lui attribuent des pouvoirs qu'il n'a pas. Ils le regardent comme celui qui commande et à qui il faut obéir, car il va jusqu'à punir éternellement ceux qui l'offensent gravement. Ils lui font des demandes qu'il ne peut satisfaire.

Parallèlement, ils percent chaque jour les secrets de la matière et de la vie, soigneusement cachés depuis le début des temps, et découvrent, peu à peu, qu'ils sont capables de faire eux-mêmes ce qu'ils croyaient que Dieu seul pouvait faire. Ne sont-ils pas capables de faire naître des enfants dans une éprouvette ? ... Leur pouvoir grandit, tandis qu'à leurs yeux, celui de Dieu diminue. Enfin, ils finissent par douter de sa puissance, puisqu'il est souvent incapable d'exaucer leurs prières, et ce qui est plus grave, doutent de sa bonté, puisqu'il reste insensible aux horribles souffrances du monde.

Ils se trompent de Dieu. Celui qu'ils adorent et dont ils se détachent, est un dieu païen. Ils n'ont pas découvert que *la toute-puissance de Dieu c'est son amour de Père.* Il est le tout-puissant de l'amour. Tous les autres « pouvoirs », il nous les a donnés. C'est à nous de les exercer. Dans la famille, nous sommes des grands, des adultes.

Mais vous avez dit précédemment que nous restions des gamins aux yeux de Dieu. Vous contrediriez-vous en présentant une découverte adulte de Dieu ?

– Il faut être un adulte au cœur d'enfant.

Un père qui a donné son héritage à son fils et qui le laisse le gérer n'en reste pas moins son père, et lui son enfant. Si Dieu nous fait totalement confiance, au point de ne pas intervenir pour nous dire : Fais ceci, fais cela ; et encore moins : Puisque tu me le demandes, je vais le faire à ta place (c'est-à-dire exaucer nos fausses prières), nous devons nous souvenir que c'est de lui, que sans cesse nous recevons la vie par Jésus-Christ qui nous « vivifie », et que nous avons besoin pour remplir notre tâche, de la Toute-puissance de son amour de Père. A nous, dans toutes nos décisions, d'essayer de rester dans le droit fil de ses désirs, et de demander à l'Esprit Saint de nous « inspirer » pour rester fidèles à « l'esprit de famille ». Mais encore une fois, tout cela je ne l'ai découvert que beaucoup plus tard.

Revenons à vos premières découvertes. Vous m'avez parlé de trois passages de l'Écriture Sainte qui vous ont spécialement marqués à cette époque ... Le premier est donc cette révélation que « Dieu est Amour ». Et les autres ?

– D'abord cette autre « révélation » – le mot n'est pas trop fort – que si je le voulais, Dieu venait *habiter en moi.*

Je vous ai dit qu'aussitôt que j'ai cru en Dieu comme en une personne vivante, je voulais à tout prix le rencontrer. Mais il était tellement loin ! Je découvris ensuite qu'il était venu au-devant de nous en Jésus-Christ et que si nous ne pouvions plus le VOIR, le TOUCHER comme saint Jean le disait dans cette fameuse épître (« Ce que nous avons *touché* de nos mains du Verbe de vie » – 1ère épître de Jean 1, 1), il était tout de même présent parmi nous, puisqu'il nous l'avait dit ; J'étais sûr qu'il m'accompagnait. Qu'il était auprès de moi.

Or, un jour j'ai lu, une fois encore dans saint Jean, que j'aimais par-dessus tout : « Si quelqu'un m'aime, il gardera ma parole, et mon Père l'aimera et nous viendrons à lui et nous ferons *en lui notre demeure* » (Jean 14-23). Nouveau coup de tonnerre ! Dieu n'était pas simplement à côté de moi, mais *en moi*, puisque maintenant, même si je n'y arrivais pas toujours, j'essayais de « garder sa parole ».

Ça m'a paru tellement ÉNORME que je me trouvais lamentable de ne pas y penser davantage et de ne pas plonger plus souvent au cœur de mon cœur pour rejoindre mon Seigneur et me « brancher » sur son amour. Alors – tant pis, je vous livre mes secrets de jeune – j'ai pris avec moi un minuscule carnet, et pendant la journée, au bureau, à cha-que fois que j'étais fidèle à ce merveilleux rendez-vous, je notais l'évé-nement d'une petite croix. Le soir je comptais le nombre de ces croix pour voir si j'avais progressé.

A la JOC, on chantait « Nous referons chrétiens nos frères » ... « Marchons à la conquête » ... « Il faut porter témoignage » ... ! Com-ment, me disais-je alors, sinon d'abord en permettant à Dieu de venir en moi et en étant assez transparent (on disait « pur »), pour qu'il puisse paraître, et à travers moi, faire signe.

... Mais pour vous montrer que ma « conversion » n'allait pas en-core très loin, j'avoue que j'avais peur que les copains me demandent ce que je mettais sur ce fameux carnet. Qu'aurais-je répondu ? Je n'osais pas y penser[8].

Le troisième passage d'Évangile à travers lequel le Seigneur m'a interpellé si fort, qu'il résonne encore en moi après tant d'années, je vous en ai parlé. Il s'agit de la rencontre de Jésus avec la Samaritaine

---

8. Plus tard, au Grand Séminaire, je me plongeais avec délice dans les écrits de Sœur Élisabeth de la Trinité. Elle avait découvert qu'elle était « habitée » et pendant sa courte vie elle vécut de cette Présence.

(Jean 4 - 1, 42). Prêchant le Carême à la télévision[9], une année B, où la liturgie propose cet évangile à notre méditation, je me souviens qu'en préparant mon homélie, je me disais que parmi les deux ou trois millions de personnes qui allaient entendre ce merveilleux dialogue, il ne se pouvait pas qu'un certain nombre d'entre elles ne fut comme moi bouleversées par la réponse de Jésus à leurs soifs humaines :

« Quiconque boit de cette eau aura soif à nouveau ; mais qui boira de l'eau que je lui donnerai *n'aura plus jamais soif ; l'eau que je lui donnerai deviendra en lui source d'eau jaillissante en vie éternelle* ».

Je suis persuadé que sous tous les désirs qui animent les hommes, qu'ils soient beaux et clairs ou par nous troublés et pollués, il y a une racine unique profonde, tellement profonde qu'elle naît de l'infini. C'est le désir de rencontrer Dieu[10].

L'homme est en manque, tant qu'il n'a pas trouvé Jésus. Et nous végétons quand nous n'allons pas boire à la Source.

Pour un jeune de votre âge vous étiez très avancé dans vos réflexions !

– C'est entre quinze et seize ans que j'ai découvert l'essentiel de ce que je vous ai dit. Ensuite, ce ne fut que le développement. A cette époque, nous étions « adultes » beaucoup plus tôt. Après le certificat d'études, à douze ans, bon nombre de jeunes entraient au travail. A partir de cette étape, ils mûrissaient très rapidement. Aujourd'hui, je rencontre en Terminale, des jeunes de dix-huit, dix-neuf ans, qui sont encore de vrais gamins.

Pour moi, il est vrai que j'avais évolué très vite, humainement à cause des événements dans ma famille, et spirituellement à cause du Seigneur. Je ne doutais pas un seul instant que c'était Lui qui m'em-

---

9. Le texte est édité, ainsi que celui d'autres homélies, sous le titre *L'Évangile à la télévision, op. cit.*
10. Une vingtaine d'années plus tard, réfléchissant encore sur toutes mes faims humaines, j'ai écrit un soir : « Je n'ai plus peur du désir Seigneur ... » (n° 18, dans *A cœur ouvert, op. cit.*). Ce soir-là, je sais que j'ai franchi une étape importante sur la route de la paix intérieure.

menait au pas de course. Il m'avait séduit. Je le suivais. Car attention, il ne s'agissait pas simplement de découvertes spirituelles merveilleuses, *mais d'action*. Dès le début de mon cheminement je n'ai *jamais distingué la rencontre du Christ et la rencontre des autres*. Le découvrir, lui, c'était pour moi immédiatement, essayer de travailler avec lui. De toutes mes forces. Je donnais tout mon temps à la JOC. Je vous le disais, je m'étais retrouvé du jour au lendemain « militant ». Nous faisions notre « carte de relations », c'est-à-dire que nous notions les gars avec qui nous étions en contact, les ayant repérés au travail, dans le quartier, pendant nos loisirs, et nous les invitions à des « Assemblées Générales » de « sympathisants », tous les mois. C'est l'équipe de militants qui préparait et animait ces réunions. Il y avait une partie sérieuse – l'un de nous faisait un topo – et une partie récréative. Beaucoup de chants. Il fallait préparer les convocations, la décoration de la salle, etc. L'aumônier ne faisait que passer. Certains jeunes n'étaient pas « croyants », il ne fallait pas les effrayer dès le début ! ... Nous rassemblions entre vingt-cinq et quarante-cinq gars. Je me souviens que malgré nos efforts, nous n'avons jamais pu atteindre la barre des cinquante. C'était déjà pas mal pour un seul quartier.

Sur un lit de mourant

Votre mère était-elle satisfaite de vous voir en si bon chemin ?

– Elle savait que j'allais aux réunions de la JOC et que j'étais toujours parti pour la JOC, mais pas davantage. Je ne lui racontais pas mes découvertes personnelles. A personne d'ailleurs, sauf à Jean avec qui nous partagions tout. Mais comme la plupart des mamans, je suis sûr qu'elle devait se douter qu'il se passait en moi un vrai remue-ménage. Heureusement elle était très discrète. Ma sœur également.

Et la messe, avait-elle changé pour vous ?

– Totalement. Non pas l'extérieur bien sûr. Je ne crochais toujours pas. Au contraire ! Dans ma paroisse, je faisais une fixation sur les grands « enfants » (!) de chœur dont certains, nettement plus vieux que moi, habillés en aube avec une grande ceinture bleu ciel (!) autour des reins, balançaient l'encensoir à qui mieux mieux ... Je me disais – peut-être à tort, car qui peut juger ? – que cette mise en scène n'avait rien à voir avec ce que j'avais découvert. Et j'avais découvert en premier : la communion. Je désirais aimer les autres au maximum, comme mon Seigneur me le demandait, puis un jour aimer une jeune fille pour de bon. Et je voulais réussir cet amour. Parfaitement. Mais comment ? Avec tout ce que je voyais et entendais autour de moi, ça ne me semblait pas évident. Et puis un jour (lequel ?) une fois de plus un coup de projecteur du Seigneur : « Michel, si tu veux réussir tes amours, *communie à l'AMOUR* ». A partir de ce moment-là, l'Eucharistie est devenue pour moi une nourriture.

Plus tard, j'ai découvert d'autres aspects. Spécialement lors d'une récollection JOC. Mais je ne vais pas vous raconter tous mes coups de projecteurs, on en finirait pas. D'autant plus que l'Eucharistie est un mystère tellement grand, qu'on n'a jamais fini d'en sonder la richesse. Je me demande si on ne l'a pas trop banalisé dans la pratique. En multipliant les Eucharisties, les prêtres ont-ils toujours rendu service aux communautés chrétiennes ? Personnellement, j'aimerais de temps en temps célébrer moins, et beaucoup mieux me préparer. Si les gestes de l'amour sans l'amour sont une horrible comédie, combien plus les gestes religieux sans une foi vivante ! Il ne s'agit pas de priver nos frères de nourriture, loin de là – je souffre qu'on écarte certains du repas offert par Jésus –, mais de tenter de mieux réaliser son infinie richesse.

En 1937, vous avez participé au grand rassemblement jociste du dixième anniversaire, à Paris.

– Oui, j'étais devenu responsable de la JOC sur ma paroisse.

Vous étiez vite monté en grade !

– (Sourire) Très vite ! Quand Jean est devenu responsable fédéral pour le Havre et sa région (l'actuel diocèse), je l'ai remplacé à la tête de l'équipe sur la paroisse Sainte-Anne. J'avais seize ans.

Au rassemblement de Paris, avez-vous vu le Père Guérin, le fondateur de la JOC française ?

– Comme tout le monde, je l'ai aperçu ... de loin. Mais plus tard, jeune prêtre, et cette fois comme aumônier jociste, je l'ai rencontré dans des sessions et au Secrétariat Général, à Paris. Ce qui me frappait en lui c'était son humilité. Il écoutait beaucoup, questionnait, notait et me demandait ... conseil !

Au Parc des Princes, nous avions également été harangués par le Père Cardijn. Il était pour nous un personnage quasi-mystique. Pour en finir, c'était grâce à lui que nous étions là.

Je l'ai revu beaucoup plus tard, à Rome, au Concile. Il venait d'être nommé cardinal. Nous avons bavardé quelques minutes seulement. J'étais stupéfait de constater qu'il me connaissait. Il est vrai que j'avais eu l'occasion de me rendre deux ou trois fois au Secrétariat international de la JOC, à Bruxelles, au moment où il y résidait.

Le Congrès fut une extraordinaire aventure. Rassemblement entièrement pensé, préparé, animé, par les dirigeants nationaux. Des jeunes, dont certains n'avaient pas beaucoup plus de vingt ans et qui n'avaient pour toute formation que celle reçue dans et par l'action. Et pourtant, deux ou trois devinrent ministres ! Il avait été préparé également à la base par chaque groupe (section comme on disait), chaque fédération. De véritables tours de force pour économiser pendant un an, et trouver l'argent nécessaire.

Trains spéciaux. Gigantesques tentes dortoirs. Montagnes de boîtes de ravitaillement ... et quatre-vingt-cinq mille jeunes, envahissant le métro, déambulant dans Paris par grappes denses, avec drapeaux et fanions. Les filles reconnaissables à leurs jupes bleues, les garçons à leurs foulards. Trois journées absolument exceptionnelles. J'y étais !

Mais au retour, dans la nuit ...

A la « section Sainte-Anne », nous avions emmené avec nous un garçon épileptique. Malheureusement, il avait été victime d'une crise pendant le séjour à Paris. Au retour, comme j'étais responsable, je me devais de veiller sur lui et donc de ne pas dormir. Pour empêcher le sommeil de me gagner, j'ai baissé la vitre du compartiment et penché la tête à l'extérieur. Maladroitement, j'avais gratté un mauvais bouton qui me poussait entre la lèvre supérieure et le bord du nez. Il s'est infecté avec la fumée de la locomotive (à vapeur dans ce temps-là !).

Le lendemain matin je suis allé à mon travail. Mais le midi, impossible de partir : une fièvre terrible. J'ai été conduit d'urgence à la clinique des Ormeaux. Deux jours après j'étais mourant. Le visage gonflé d'infection, je ne pouvais plus ouvrir les yeux. Je n'ai rien vu pendant plusieurs jours. Un médecin décréta que je n'en avais plus que pour deux ou trois heures.

– Inutile de vous relever cette nuit, recommanda-t-il à la religieuse qui tentait de me soigner avec des vaporisations (il n'y avait pas encore de pénicilline).

A la porte de ma chambre, ma mère et ma tante chuchotaient avec la garde-malade :

– Est-ce vrai qu'il n'en a plus pour longtemps ? C'est triste, si jeune !

– Oui, le docteur pense qu'il ne passera pas la nuit.

J'avais tout entendu. J'ai appelé ma mère pour qu'elle me le confirme.

– Qu'est-ce qu'elle t'a dit, la garde-malade ?

– Oh ! rien. Elle demandait ton âge ...

– Et puis après ?

Elle bredouille je ne sais plus quoi ... Je sentais son angoisse.

– Ne te tracasse pas, j'ai tout entendu. Elle t'a dit que, demain, je serai mort ! Viens, embrasse-moi.

Elle n'en avait pas le droit, mais m'embrassa la main. Plus tard, elle qui ne se livrait pas beaucoup, me dit que ce baiser interdit avait été pour elle une souffrance atroce. Elle pensait que c'était le dernier, et il lui était refusé.

Mon visage était gonflé par l'infection. J'avais entendu dire que, lorsque l'enflure atteindrait la racine des cheveux, c'était la mort. Mes doigts sur le front, je tâtais donc régulièrement si j'allais bientôt mourir. Maman avait vu le geste. Elle me demanda ce que je faisais. A mon tour je mentis, pour ne pas la peiner.

Avez-vous eu peur de cette mort toute proche ?

– Non, absolument pas. J'étais fort du militantisme jociste et je revenais du Congrès ! Je voulais, comme d'autres jocistes avant moi, offrir toute ma vie pour les copains, la JOC ... J'avais envie de vivre, mais puisque je sentais ma fin prochaine, autant prendre cette vie à pleines mains et la donner d'un seul coup. Je n'avais pas le choix. Ça me paraissait logique, et je ne pensais absolument pas être un héros en le faisant.

Plusieurs brochures racontaient l'histoire de jocistes qui avaient ainsi donné leur vie pour l'Évangile et la JOC. J'avais lu, entre autres, un livre sur Charles Bouchard, qui m'avait emballé. Il était mort en offrant sa vie. C'était un exemple que je m'apprêtais à suivre. C'est tout.

Plus tard, j'ai réalisé que livrer sa vie en bloc quand on est jeune et qu'on a découvert ce que j'avais découvert, n'était pas vraiment difficile. En tout cas, pas pour moi. Mais, la donner toujours, généreusement, petit morceau par petit morceau, c'est quasi impossible. Évidemment, je pensais à ma propre expérience, lorsque j'ai écrit la prière « Je suis incapable Seigneur, de donner ma vie, morceaux par morceaux ... »[11]

Sur mon lit de mourant, je gardais toutefois l'esprit à plaisanter.

Je suis incorrigible. J'aime me moquer de moi et déjà je m'amusais à percer les sentiments profonds des personnes. Je comptais les couronnes de fleurs qu'il y aurait à mon enterrement. J'avais du mal. Je me trompais. Il me fallait recommencer. Mais surtout j'imaginais la tête des gens qui suivraient la cérémonie. Certains seraient vraiment tristes. D'autres joueraient la comédie ...

Bien sûr, je prévoyais que ma mère et ma sœur auraient vraiment de la peine. Mais en ce qui concernait ma mère, un petit quelque chose me choquait. Je ne sais à quels indices je me fiais, mais je me disais que la foi de maman devait la conduire à se « résigner à la volonté de Dieu », tandis que celle de ma sœur à se battre pour me tirer de là. Je n'étais pas en mesure de poursuivre très loin mes réflexions, mais je

___
11. Voir *Chemins de prières*, page 289, Éditions de l'Atelier/Éditions Ouvrières.

me souviens que cette « résignation » supposée fut pour moi un élément de remise en cause de « la volonté divine ».

Comment, mourant, vous êtes-vous sorti d'un si mauvais pas ?

– A la clinique des Ormeaux, les sœurs qui aimaient beaucoup notre famille, étaient toutes affolées qu'un jeune homme de mon âge meure « Notre petit Michel ! » comme elles m'appelaient. Les religieuses nous connaissaient depuis longtemps, parce que ma grand-mère avait sa maison près de cette clinique. Quand nous étions enfants, ma sœur et moi allions dire bonjour aux sœurs, et elles nous offraient des biscuits à la cuillère, qu'on donnait aux malades avec quelques gouttes de champagne.

Voyant mon état, ce soir-là, la sœur supérieure promit de m'envoyer à Lourdes si je survivais. Stupeur ! Le lendemain de cette promesse, contre toute attente, j'étais encore vivant !

Les médecins n'ont rien compris. Ils défilaient pour voir « le cas ». J'étais un phénomène.

Miracle ?

– Je n'aime pas le mot. Actuellement il est employé à tort et à travers. Je préfère celui de « signe » qui est la vraie traduction du mot « miracle » dans l'Évangile. Il est évident qu'à travers cet événement de ma guérison (qui n'a tout de même pas été totale immédiatement), le Seigneur m'a fait un signe très fort. A moi, comme à tous ceux qui m'aimaient et me connaissaient.

Dieu n'a-t-il donc rien voulu à ce moment-là ?

– Voulu ? Quoi ? Il ne voulait sûrement pas que je meure. Ni tout de suite, ni un peu plus tard, mais seulement au bout de ma vie ... naturelle. C'est ce qu'il désire pour tous les hommes. Comme le dit l'Écriture, notre Dieu « n'est pas le Dieu des morts, mais des vivants », et le Père du ciel n'a pas voulu des enfants pour leur « enlever » la vie prématurément. Toutes les expressions du genre « il a plu à Dieu de rappeler à Lui ... » sont fausses et révoltantes.

(Passionné). Ah ! non alors ! Dieu ne « rappelle » pas à lui tel ou tel de ses fils, en jugeant mystérieusement que celui-là a assez vécu, tandis que celui-ci a droit à une petite rallonge ... Ce n'est tout de même pas Dieu qui « rappelle à lui » avant terme les millions d'enfants qui meurent de faim alors qu'ils pourraient être sauvés si nous savions partager ; et ces millions de victimes de toutes les guerres qui seraient encore vivantes si nous avions su signer la paix ! Ce n'est pas Dieu qui « faisant naître » des bébés dans telle partie du monde, leur offre trente ans d'espérance de vie, tandis que s'ils naissaient dans telle autre, leur en offre soixante-dix. Et ce n'est pas lui qui « a voulu » (encore sa « volonté » ... !!) que la tuberculose tue des milliers d'hommes il y a cinquante ans, et décrété qu'elle n'en tuerait plus aujourd'hui ... Et le cancer ... Et le sida ... Et les accidents de la route ... et la pollution, etc., etc.

Dieu désire que nous mourions tous « de notre belle mort » , comme le dit la très jolie expression populaire, c'est-à-dire comme une lampe doucement s'éteint, quand elle a brûlé toute son huile. Toutes les autres morts sont des morts prématurées, conséquences douloureuses de notre liberté mal employée, du jeu de toutes les libertés de nos frères et des erreurs de la nature « sauvage » qui n'a pas encore été maîtrisée par l'homme. C'est la merveilleuse et effrayante grandeur de celui-ci d'être responsable de la vie, de son commencement jusqu'à sa fin. A nous de la respecter et de nous battre de toutes nos forces pour la défendre et la développer. Dieu l'a voulu ainsi. Il nous fait confiance. Je crois que c'est la plus grande preuve de son amour !

Comme je suis fier d'être homme !

Vous êtes donc révolté par la mort d'un jeune ?

– Oh oui ! Oh oui ! ... (silence). Il n'aurait pas dû mourir[12]. C'est toujours une imperfection ou une faute humaine dont, de près ou de loin, tous ensemble, nous partageons la responsabilité.

---

12. J'ai entre autres exprimé cette souffrance dans la prière « Enfants de mon cœur, je vous ai vus mourir » n° 374, *in A cœur ouvert* et « Mon ami est mort cette nuit Seigneur », p. 81, *in Chemins de Prières*.

Dieu souffre avec nous quand quelqu'un meurt « avant terme ». Car si ce n'est jamais sa volonté comme hélas on l'a trop dit, ce n'est pas non plus « parce qu'il le permet ». Il serait complice. En fait, *il le supporte*, car il ne peut pas faire autrement, prisonnier une fois de plus, de la liberté qu'il nous a donnée. Mais comme à nous, et plus qu'à nous, ça lui fait mal. Atrocement mal. De même que la communion à nos souffrances le crucifie, la communion à nos morts prématurées le cloue sur la croix pour une mort ... avant terme. A trente-trois ans, lui non plus, n'a pas été jusqu'au bout de sa vie d'homme !

Quel est donc le terme d'une vie ?

– Je ne sais pas, et personne ne le sait puisque cette échéance est de plus en plus repoussée par les progrès prodigieux de la science en général et de la médecine en particulier. Je vous ai dit que je crois très fort que nous ne sommes qu'au début de l'humanité. Nous avons un long chemin devant nous pour progresser sur tous les plans. Peut-être un jour arriverons-nous à ne plus dépenser des sommes folles pour inventer et fabriquer des armes qui tuent et mobiliserons-nous alors toutes nos énergies ainsi libérées, en temps, intelligence, argent ... pour le développement intégral de tout l'homme et de tous les hommes. Alors nous ferons un bond en avant extraordinaire ! S'il est atroce d'interrompre la vie de millions et millions de petits êtres en gestation, il est peut-être – s'il est possible – plus atroce encore de tuer ou de laisser mourir par centaines de millions des enfants et des hommes qui eux, sont nés et devraient vivre toutes les années de leur vie.

Mais alors, d'après vous, Dieu n'intervient jamais ? Et votre guérison ?

– Si, il intervient. Il intervient même sans cesse, mais jamais en passant par-dessus notre liberté ni en bousculant de fond en comble les « lois de la nature », méprisant ainsi la mystérieuse « autonomie » qu'il lui a laissée.

Dieu nous a confié la gérance de cette nature, ce n'est pas pour la reprendre. Comme je vous le disais précédemment, il nous a voulus pleinement responsables du développement de notre vie et de celle de nos frères, et nous le sommes. Mais cette vie, c'est lui qui nous la donne chaque jour. J'y crois de toutes mes forces, son Amour infini nous anime, et s'il cessait de nous atteindre nous cesserions d'être, comme l'humanité et la terre tout entière disparaîtraient si le soleil cessait de leur transmettre sa chaleur et ses rayons.

Bien sûr, Dieu peut aussi intervenir d'une façon toute spéciale à tel ou tel moment de nos vies ou pour telle ou telle personne, si nous lui demandons par la prière. Mais encore une fois, il ne va pas contredire les lois de la nature, mais peut-être rectifier certaines de ses erreurs ou faire porter à la vie des fruits que l'on n'attendait plus.

Regardez une fleur qui végète sans eau et sans lumière. Arrosez-la et exposez-la au soleil : en quelques heures elle revit. Et le lendemain nous disons : C'est un vrai miracle ! La prière, c'est se brancher librement et brancher nos frères sur Dieu, la Source de la Vie et nous exposer au soleil de son Amour. L'irruption de cet Amour infini dans une vie peut quelquefois transformer l'homme de fond en comble, et non seulement son cœur, mais aussi son corps, tellement l'un et l'autre sont liés. Ainsi, et j'insiste encore, Dieu ne remet pas en cause les « lois de la nature », ni les responsabilités qu'il nous a données, mais comme le rayon laser fait éclater en un instant le calcul qu'un long traitement ne parvenait qu'à peine à dissoudre, une « concentration d'Amour » demandée par la prière, peut quelquefois, en une nuit, réorienter ou réactiver une vie qui s'étiole ou se meurt[13].

Oui, je crois qu'à la prière de tous ceux qui m'aimaient et à celle de Marie, l'Amour infini du Seigneur m'a fait revivre et m'a fait « signe ».

---

13. J'aime beaucoup la manière dont Maurice Zundel, ami de Paul VI et prédicateur de la retraite au Vatican en février 1972, définit le « miracle » dans son livre *Recherche du Dieu inconnu*.
« Qu'est-ce qu'un miracle ? Le signe personnel de la divinité. Le triomphe de l'Esprit sur la matière ... Dans le miracle, il n'y a pas suppression mais élévation des lois de la nature, conformément à la nature des êtres créés, qui n'est au fond que d'exprimer le divin. Le miracle – éclair soudain de l'Esprit dans la matière – les élèves en les faisant servir immédiatement à traduire le surnaturel ».

Naissance d'une vocation

Après votre guérison, êtes-vous allé à Lourdes suivant le vœu de la sœur supérieure ?

– Oui, l'année suivante, en 1938, avec les brancardiers du diocèse, les « Cadets Normands », et deux ou trois Jocistes que j'avais débauchés pour venir avec moi. Pèlerinage passionnant par la découverte du don de nous-mêmes aux malades. Et pour moi, un nouveau petit événement sur ma route : la rencontre – dès le début orageuse – de l'aumônier des brancardiers. Nous avons sympathisé ; mais lui dans le diocèse, était aumônier des scouts (et surveillant général d'un collège, ce qui n'arrangeait rien) et moi Jociste. A ce moment-là, scoutisme et Action Catholique n'avaient pas des relations faciles, c'est le moins qu'on puisse dire. Les positions sur la formation et sur l'apostolat étaient tellement différentes !

Le pèlerinage terminé j'ai tout de même gardé contact avec ce prêtre. Je l'estimais, car je le sentais sincère. Il était généreux et il priait beaucoup. Mais il m'apparaissait comme un vrai « dictateur », et lui me trouvait orgueilleux, car j'osais discuter avec lui et lui tenir tête. Il voulait « me prendre en main » et me « former ». Je ne me suis jamais laissé faire. C'est curieux, mais je réalisais que malgré tout je le décontenançais et l'impressionnais.

J'étais devenu un des responsables fédéraux de la JOC sur Le Havre et la région (l'actuel diocèse du Havre). J'avais en charge plusieurs équipes. J'allais les visiter. Je me déplaçais avec mon vieux vélo (je me souviens des aller et retour, Le Havre-Étretat, le soir !). Il m'arrivait de passer dire bonsoir au Père quand je voyais encore la lumière allumée dans son bureau. A chacune de nos rencontres, les discussions recommençaient. Je défendais farouchement mes options :

– Ce n'est pas comme ça qu'il faut agir, me disait-il ; tu ferais mieux de te former ... On ne peut donner aux autres que ce que l'on a ...

De plus, je ne priais pas comme bon lui semblait. Il m'avait prêté un livre intitulé *L'âme de tout apostolat* et écrit par ... un trappiste, Dom Chottard. Selon ce religieux et le Père, il fallait d'abord prier ;

puis, riche de Dieu, on pouvait alors le porter valablement aux autres. Et moi de répondre :

– Mais non ! Dieu est déjà présent là où je suis. Je vais le retrouver parmi mes copains. C'est là qu'il m'attend et que je le rencontre ...

Un soir, je venais de visiter un aumônier de section, qui avait du mal à comprendre son rôle à la réunion de militants. Pour le Père, c'était une démarche d'une prétention quasi scandaleuse. Un jeune de dix-huit ans à peine, qui voulait apprendre son métier à un prêtre !... Nous nous sommes affrontés plus que jamais. A un moment, le Père, spécialement impressionné par ma fougue et, je crois, ne sachant plus trop quoi répondre à mon dernier argument, s'est écrié :

– Eh bien ! toi alors ! pourquoi tu ne te fais pas curé, pendant que tu y es ?

– Moi ? rétorquai-je dans un éclat de rire.

– Pourquoi pas ?

– Bah ! parce que ... parce que ...

Je bredouillais, incapable de trouver une réponse à son *pourquoi pas ?* Heureusement, un mot m'est revenu brusquement à l'esprit :

– Parce que ... je n'ai pas la vocation !

– Mais Michel, la vocation n'est pas un coup de téléphone de Dieu qui te dirait : « Tu es un jeune bien comme il faut ; je voudrais que tu me rendes le service d'être prêtre ! » Tu as sans doute les aptitudes nécessaires, et tu pourrais compléter tes études. Tu désires te donner aux autres. Alors si tu veux leur consacrer ta vie et la consacrer à Dieu, pourquoi pas ? ...Mais je te dis ça comme ça !

Plus tard, le Père m'a en effet confirmé qu'il n'avait pas prémédité ses paroles.

Après avoir encore fumé une cigarette avec lui, discuté, bagarré, je suis reparti à vélo. Tout en pédalant à travers la ville, je me répétais : Pourquoi pas ? Pourquoi pas ? En arrivant à la maison, j'ai dit au Seigneur :

– Si tu veux, moi aussi, je veux bien !

Terminé ! La décision était prise.

Quand j'y repense, ça me paraît inimaginable. *Jamais* je n'avais envisagé, ni de près ni de loin, l'idée d'être prêtre, et en un instant c'était devenu une évidence.

Restait à faire connaître la décision à ma mère. Je craignais qu'elle ne me prenne pas au sérieux. J'ai quand même fini par lui dire mon désir. Elle en fut heureuse : elle considérait comme une grande grâce et un grand honneur d'avoir un jour un fils prêtre. Mais les problèmes financiers ne manquaient pas puisque ma mère ne travaillait pas. Heureusement que ma sœur était là. Et bien là. A tous points de vue.

Êtes-vous entré aussitôt au séminaire ?

– Oui, en cours d'année. Dès le mois de février suivant, au « Séminaire de Vocations tardives ». Ça fait toujours sourire quand je le dis aujourd'hui. Mais à ce moment-là, c'était un parcours inhabituel : je n'avais pas « eu la vocation » enfant, et j'avais travaillé presque cinq ans. J'avais dix-huit ans.

Le choix du célibat

Aviez-vous auparavant été amoureux d'une fille ?

– (Rire) Amoureux ? Non. Mais je ne me privais pas de les regarder ... et d'en parler. Au bureau c'était évidemment un sujet de conversation habituel, dans des termes qui n'avaient rien du langage de séminaristes. Étant le plus jeune de mon service, j'étais chargé d'aller acheter régulièrement les revues porno. J'étais dispensé de payer ma quote-part, mais libre de regarder ces revues pendant le retour. Ça ne me troublait pas outre mesure. Je trouvais les photos belles et les corps magnifiques. Il y a longtemps (!) que malgré les « tentations » j'avais décidé d'essayer « d'être sérieux » comme disait ma mère. Et il est vrai que depuis mon entrée à la JOC, mon regard sur les filles changeait. Comme on nous le demandait, il se « purifiait ».

Aviez-vous songé à vous marier ?

– Évidemment ! De toute ma personne, et de plus en plus « sérieusement » je voulais avoir une femme et des enfants. Mais ces projets ont été balayés d'un seul coup.

Vous ! Renoncer ? voilà qui ne vous ressemble pas !

– Mais si ! Je ne renonçais pas à aimer, ni à donner la vie : ma vie. Au contraire, je donnais tout. En étant prêtre je pourrai faire pendant toute ma vie ce que je ne pouvais faire que le soir dans mes responsabilités jocistes. Je serai à plein temps, au service du Seigneur, pour mes frères.

Être prêtre, ce n'était donc pas seulement dire la messe ?

– Non. Absolument pas. La messe, les sacrements, c'est venu après, comme partie intégrante du service du prêtre pour la communauté. A ce moment-là, je n'y pensais même pas. Être prêtre pour moi c'était faire connaître aux autres ce que j'avais moi-même découvert : que Dieu était amour, qu'il était venu au-devant de nous en Jésus-Christ et qu'il fallait le rencontrer pour travailler avec lui, là où nous étions : travail, quartier, loisirs, disait-on à la JOC.

Dans cet élan d'amour qui vous amène vers la prêtrise, comment vous est apparu le célibat ?

– Je vous l'ai dit, comme un don complet : donner toutes ses forces physiques, affectives, spirituelles. Non pas à une fille seulement, mais à Jésus-Christ et en Lui à toute l'humanité. Exactement comme un homme qui rencontrant « la femme de sa vie », ne pense pas à toutes celles auxquelles il renonce, mais à celle qui l'a séduit et qui est devenue son unique. Tout son être est totalement aimanté vers elle. Il lui donne tout. Moi aussi je voulais donner tout.

Le célibat ne vous est donc pas apparu comme une loi ecclésiastique ?

– A ce moment-là, pas du tout, puisque c'était pour moi un don d'amour. Mais je dis bien, pour moi, et à ce moment-là. Car je persiste à croire avec beaucoup, beaucoup d'autres (ah, si tous les prêtres et les évêques osaient dire ce qu'ils pensent !), que le célibat n'est pas essentiel à la vocation sacerdotale. Par contre, en ce qui me concerne (et qui concerne également beaucoup de prêtres) il y avait sûrement dans ma « vocation » un bon bout de vocation religieuse.

Pour les communautés chrétiennes qui ont droit à un pasteur, l'évêque devrait pouvoir appeler (vocation) des chrétiens, mariés ou non, afin de l'aider dans son ministère. Les communautés elles-mêmes devraient pouvoir présenter des candidats auxquels l'évêque imposerait les mains s'il le jugeait à propos. Il est très grave de laisser se désagréger et peu à peu mourir des cellules d'Église (paroisses, mouvements ...) parce qu'on refuse d'ordonner des hommes mariés qui pourraient faire d'excellents prêtres. Il ne s'agit pas de foi, ni de pastorale mais de « discipline actuelle de l'Église », puisque ces prêtres mariés existent, bel et bien, dans la tradition de l'Église Orientale, chez les maronites par exemple[14].

Juste avant que se déclenche la guerre au Liban, Monseigneur Ziadé, archevêque maronite de Beyrouth[15] m'a fait venir pour prêcher des récollections et donner une série de conférences à travers le pays. Je rentrais presque tous les jours loger à l'archevêché. Le Père et moi nous avons passé quelques bonnes soirées à discuter en tête-à-tête. J'ai beaucoup appris de lui. Un soir je lui ai demandé ce qu'il pensait de l'ordination d'hommes mariés. Et ce bon vieillard, un sage, riche d'une longue expérience, a hoché la tête :

– Oh, me dit-il, j'ai des prêtres mariés qui sont excellents et d'autres qui le sont moins ... Et j'ai de bons prêtres célibataires tandis que d'autres laissent à désirer ...

– Et comme j'insistais :

– Dans la même proportion ?

– Oui, dit-il. Absolument.

---

14. Maronites : Nom de catholiques orientaux de Syrie et du Liban ayant conservé la liturgie syriaque, l'une des plus anciennes du christianisme. Les maronites ont un patriarche et sont unis à l'Église catholique romaine.
15. Il est décédé à Pâques 1994.

– Mais il ajouta : « Pour être franc je dois dire que pour moi, les prêtres célibataires sont plus faciles à déplacer. Je dois tenir compte de la famille des autres. Mais elles sont aussi quelquefois un vrai témoignage apostolique. »

J'ai eu l'occasion de le vérifier moi-même. J'avais remarqué à mes conférences une belle adolescente qui m'écoutait passionnément. Je l'ai abordée :

– Je te vois pour la troisième fois. Tu me suis pas à pas ?

– Oui, dit-elle, j'aime vous entendre parler, et puis je connais vos *Prières*, mon père s'en sert souvent dans ses homélies.

On a bavardé. Elle me dit que dans son village, elle n'était nullement gênée d'être la fille du curé.

– Au contraire, dit-elle, maman et mes frères et sœurs, aidons beaucoup papa ... !

J'aurais aimé avoir une fille comme elle ! Mon Dieu qu'elle était belle !

Rassurez-vous. Pour moi, si le choix était à refaire, je choisirais à nouveau le célibat. Tout en sachant davantage ce à quoi je m'engage[16].

C'est la même chose pour les gens mariés. Ils disent à certains moments : « C'est encore plus beau que nous le pensions » ; et à d'autres : « C'est beaucoup plus difficile que nous l'imaginions... » Il y a toujours un décalage entre ce que l'on a prévu en pensée et ce que l'on vit, mais c'est la grandeur de l'homme de pouvoir risquer sa vie, par amour.

Mais tous sont-ils fidèles ?

– Non, et alors ! ... Parmi les prêtres comme parmi les gens mariés, il y a des accrocs et même quelquefois des échecs. Ce n'est pas étonnant. Les uns et les autres ne sont pas parfaits. Ils ont vocation à le devenir. Il faut d'ailleurs se garder de juger. On est encore trop obsédé par quelques dérapages sexuels, alors qu'il y a dans certaines vies

---

16. Cf. « Prière du prêtre le dimanche soir » : *Prières*, p. 73.

d'époux ou de prêtres, toutes sortes d'attaches, de passions qui sont quelquefois une façon plus profonde d'être infidèle à son conjoint ou à ... ses paroissiens.

Un amour n'est pas donné tout fait. Il se construit. C'est l'œuvre d'une vie. Fut-il un grand amour, il n'ouvre pas devant ceux qui le vivent une autoroute parfaitement rectiligne, mais une départementale avec de bons passages, mais aussi des montées épuisantes, des voies étroites, des tournants dangereux et même des chemins de traverses qui ne mènent nulle part.

La fidélité, ce n'est pas de ne pas tomber ou de ne pas se tromper de route, c'est de toujours refuser de s'asseoir et toujours vouloir de toutes ses forces, continuer de marcher, par amour. Et cela, c'est beau. C'est même très beau.

Traitement de choc au séminaire

Vous êtes donc entré au séminaire des vocations tardives à Saint-Jean-les-Deux-Jumeaux, près de Meaux. Ce fut probablement pour vous un changement complet de vie.

– Pour moi et pour tous ceux qui y entraient. Humainement, il y avait de quoi déstabiliser les gars les plus solides.

Ce séminaire exceptionnel avait été fondé par le Père Mary, une espèce de curé d'Ars, qui lui-même avait été une vocation tardive. Ses vingt-cinq ans passés, il avait été obligé d'entreprendre des études dans un petit séminaire, au milieu de jeunes adolescents. Il en avait beaucoup souffert. Devenu prêtre et curé de Saint-Jean-les-Deux-Jumeaux (un petit village de deux à trois cents habitants, au bord de la Marne), il avait commencé par accueillir, dans son presbytère, trois ou quatre candidats adultes au sacerdoce. Il leur enseignait le latin et quelques autres matières, pour qu'ils puissent entrer au Grand Séminaire. Comme de plus en plus de candidats lui étaient présentés, il entreprit de bâtir un grand et magnifique séminaire, sans pourtant en avoir le premier sou. L'aventure fut ponctuée d'événements assez extraordinaires, comme on en lit dans la vie des saints. Ayant été nommé « doyen »[17] pendant mes deux dernières années de séminaire j'avais le privilège de pouvoir rencontrer le Père de temps en temps. Il me raconta, avec une simplicité déconcertante, comment il obtenait de ses saints préférés – surtout la Petite Thérèse – tout ce dont il avait besoin pour développer et achever son œuvre : un collège de garçons, un de filles, le séminaire ... et un couvent de clarisses pour prier pour l'ensemble.

Combien de jeunes se trouvaient avec vous dans ce séminaire ?

– Si je me souviens bien, en 1939, nous étions une bonne soixantaine, venant de toute la France et même de Suisse. Dans son organisation et son esprit, ce séminaire datait vraiment d'avant le Concile Vatican II. Le programme des études était sérieux, les prêtres, professeurs et « directeurs » de conscience remarquables dans leur fidélité aux règlements et à leur spiritualité. Mais, tout était conçu et se déroulait à cent lieues de ce que j'avais moi-même découvert et vécu auparavant.

Cette maison ressemblait à un noviciat pour vie religieuse très stricte. Le silence y était rigoureux, sauf en récréation où cependant, toute conversation devait être coupée net, même au milieu d'une phrase, dès le tintement de la cloche. Nous nous tournions alors vers la statue de la Vierge et récitions le *Sub Tuum praesidium*.

Il y avait là des gens de trente ans, quarante ans, voire plus. Vous rencontriez un ex-chef d'entreprise, un ancien premier pianiste du casino de Vittel ; un autre avait été décorateur aux Folies-Bergères à Paris. Certains arrivaient au séminaire après un vrai chemin de Damas. Mais nous ne pouvions guère échanger sur nous-même, car il fallait toujours être trois, par hantise des « amitiés particulières ».

Comment résister à un tel traitement de choc ?

– A cause de la séduction du Seigneur. Seul un grand amour permet de franchir des obstacles qu'on croyait insurmontables. Quand on

---

17. Doyen : celui qui est chargé de faire le lien entre les séminaristes, les professeurs et le supérieur.

aime, les choses difficiles deviennent faciles. A la limite, il y a même quelquefois une sorte de jubilation de l'amoureux, de pouvoir prouver à l'être qu'il aime, qu'il est capable pour lui, de faire ou d'endurer des choses qui paraissent extraordinaires. Je l'ai moi-même expérimenté.

Chacun avait sa cellule, une chambrette bien aménagée, qui ouvrait sur un couloir surveillé par un prêtre. Interdit de parler dans le couloir. Interdit d'aller sans permission dans la chambre d'un confrère : c'était un cas de renvoi. Si on obtenait l'autorisation d'aller lui demander un renseignement, il fallait rester sur le pas de la porte. Interdit de nous appeler par nos prénoms : nous devions nous dire Monsieur et nous vouvoyer. Futurs prêtres, nous devions en effet apprendre à nous respecter comme des personnages sacrés. D'ailleurs le supérieur, en lecture spirituelle (!), nous faisait de temps en temps un cours sur les bonnes manières. Comment se tenir à table, comment saluer les dames, etc.

Avez-vous eu l'impression d'un retour à votre enfance où vous étiez un bon chrétien extérieurement discipliné ?

– Dans mon enfance, je vous l'ai dit, je suivais la religion par affection pour ma mère. A aucun prix je n'aurais voulu la peiner. Ici, j'acceptais toutes ces bêtises par amour de Jésus. C'est idiot, me disais-je, mais je passerais bien sous la porte si on me le demandait.

J'appréciais énormément le silence. J'avais découvert mon Seigneur qui habitait chez moi. J'étais heureux de pouvoir vivre là cette vie intérieure et Le rencontrer dans le calme. C'était plus facile dans le séminaire que dans le bruit du bureau et des rues. Je m'en inquiétais, car pointait déjà une question lancinante : Comment pouvoir vivre aussi intensément avec Lui, en plein monde ? Ce goût du silence s'est tellement développé en moi, que je me suis demandé si la vie purement contemplative ne me conviendrait pas mieux, ou plutôt, si comme quelques-uns le disaient, cette vie n'était pas plus « parfaite ». S'il en était ainsi, je la choisirais sans hésiter, car je voulais le don maximum. Cette question m'a suivie au Grand séminaire de Rouen. Mais le regard des autres sur moi était différent. On me classait dans la catégorie « homme d'action » et non pas « homme de contemplation ». Nul, apparemment, ne semblait penser qu'on pouvait joindre les deux. En tout cas, on ne le disait pas.

Bref, à Saint-Jean-les-Deux-Jumeaux, je n'ai pas survécu vaille que vaille. Au contraire, et malgré tout, séduit par mon Seigneur, j'étais comblé.

Mais un événement vint raviver cette inquiétude naissante dont je vous parlais à l'instant. Je recevais beaucoup de lettres. Les Jocistes du Havre, garçons ou filles, m'écrivaient. Ils me donnaient des nouvelles que j'appréciais. Certains avaient été remués par mon départ. Un copain s'était même posé la question de partir à son tour. Il est prêtre aujourd'hui dans le diocèse de Versailles.

JOC et JOCF étaient alors séparés : pas de mixité. Mais les responsables se rencontraient de temps en temps pour la préparation de réunions communes, les campagnes d'année, les assemblées, les meetings. Je me souviens du dernier auquel j'avais participé. Six à sept cents jeunes rassemblés au Palais des Expositions du Havre, avec jeu scénique, discours de dirigeants nationaux, etc. Certains de nous, les organisateurs, n'avions pas encore dix-huit ans !

Si j'ai parlé plusieurs fois de notre jeune âge, c'est que je tiens à souligner combien « dans ce temps-là » on faisait confiance aux jeunes. Ce n'était pas des adultes qui « s'occupaient d'eux » et même les « chapeautaient », mais eux-mêmes qui prenaient tout en main, jusqu'à l'organisation et le déroulement de rassemblements comme celui-ci. Aujourd'hui, ce sont les aînés qui se réunissent pour « réfléchir aux problèmes des jeunes ».

Voilà donc que m'arrivaient beaucoup de lettres. Elles n'étaient tout de même pas ouvertes, mais mon supérieur me convoqua un jour dans son bureau :

— Monsieur Quoist, commença-t-il, accueillant mais ferme, nous savons les grandes responsabilités que vous avez assumées avec beaucoup de générosité. Bravo ! Mais désormais, vous êtes au séminaire pour rencontrer Dieu. Or, Dieu ne se rencontre bien que dans le silence et la solitude. Conseillez-donc à vos correspondants d'espacer leur courrier, pour ne pas vous distraire.

Sortant de son bureau, j'ai pensé :

– Il a tort ! Si Dieu ne peut se rencontrer que dans le silence et la solitude, alors quatre-vingt-dix-neuf pour cent des gens ne le rencontreront jamais. Un tel propos va à l'encontre de toute mon expérience, puisque j'ai rencontré Dieu dans la vie. Il faudra plus tard que je le dise, d'une manière ou d'une autre ... C'était clair dans ma tête, indiscutable. Mais ma nouvelle expérience insinuait le doute : Et si c'était tout de même plus facile en se retirant du monde ? Mais alors il y aurait plusieurs catégories de chrétiens ! Un petit groupe de privilégiés qui pourrait sans obstacles rencontrer son Seigneur, et la masse des autres, condamnés à le chercher dans la foule bruyante. Impossible ! Mon supérieur avait tort. Et moi j'avais raison.

Ça commençait bien !

Je me suis mis sérieusement aux études. Furieusement même. J'allais et venais toujours un livre à la main, au point que mon supérieur un jour me dit : Monsieur Quoist, donnez-donc audience à vos pensées ... Pour le reste, je faisais tout ce qu'il fallait faire et comme il le fallait. J'ai notamment appris le latin ... pour lequel je faisais sûrement de l'anorexie mentale, puisque j'ai tout vomi par la suite. Pardon aux latinistes !

Combien de temps êtes-vous resté dans ce séminaire ?

– Trois années, interrompues par la guerre.

Je n'étais pas mobilisable en 1939. J'ai donc été envoyé par l'archevêque de Rouen, à Mesnières-en-Bray, dans une institution religieuse où un vieil aumônier pouvait continuer à m'enseigner le latin et d'autres matières, tandis que je rendais service pour remplacer un des prêtres ... surveillant.

J'étais donc pion chez les plus grands. Certains de ceux-ci avaient quasiment mon âge : je ne leur ai jamais avoué que je n'avais pas encore mes dix-neuf ans. Je devais surveiller cent vingt garçons et faire régner une stricte discipline dans la vaste salle d'étude. Le supérieur m'avait prévenu que la moindre incartade pouvait déclencher un chahut monstre. Il m'avait recommandé de ne rien dire, rien faire. Je devais regarder les élèves du haut de mon estrade, mais surtout ne pas m'aventurer au milieu de la salle, car dans mon dos, tout pouvait arriver. Je m'asseyais donc à mon bureau, fixant du regard les élèves devant moi. Je pensais qu'il y avait là quelque chose du dompteur face à ses fauves (!). A certains moments, je sus ce que c'était que, me concentrant, lutter seul, du regard, contre cent vingt paires d'yeux braqués sur moi.

Expérience utile. École de maîtrise de soi. Mais je voulais aller plus loin. Je priais pour ces garçons. Longuement. J'avais le temps puisque je ne devais rien faire ! Puis, c'est là que j'ai commencé à observer les visages, à déceler les tempéraments d'après les physionomies. J'ai mis au point mes repères et mes analyses. Je notais mes remarques. Enfin, petit à petit, malgré les conseils du supérieur, je me suis déplacé. Jamais je n'ai été chahuté.

Dans la cour de récréation des plus jeunes, même attitude. Il m'avait été interdit d'adresser la parole à un élève. Pour me faire respecter, je devais être juché sur le perron et surveiller. Carnet en main pour inscrire les mauvaises notes. Je suis néanmoins rapidement descendu de mon perchoir et j'ai commencé à organiser des jeux.

Au dortoir (toujours des grands, quelquefois mes aînés), au début je n'étais pas rassuré, surtout quand j'éteignais les lumières et que les veilleuses seules ne me permettaient pas de distinguer les cinquante garçons plus ou moins endormis. J'attendais, avant de rentrer dans ma case ...

Je me suis habitué. J'aimais alors ce silence et cette nuit. Non, je ne voulais pas seulement être un dompteur pour ces garçons, mais un frère. Et je priais encore pour eux, jusqu'à ce qu'ils s'endorment.

C'était le début de la guerre. Les jeunes n'avaient pas de nouvelles. Quelques-uns étaient inquiets. Un jour, un certain Roger de Gaulle me dit : Il paraît que l'on parle de mon oncle dans les journaux. Le colonel Charles de Gaulle avait en effet, avec ses chars, fait une percée dans les lignes allemandes. A partir de ce soir-là, au dortoir, je lisais les nouvelles. Puis j'éteignais et passais dire bonsoir à chacun. C'est là que je m'aperçus que quelques-uns pleuraient quand on ne les voyait plus.

J'étais en totale infraction avec ce que m'avait demandé le supérieur. Il le savait, je le sus. Mais il n'intervint pas. Il attendait de voir le résultat. A la fin seulement, quand je lui dis au revoir, il me dit : Vous avez été très imprudent ... mais je reconnais que vous avez réussi ; je n'ai eu aucun ennui. Puis, il hésita et ajouta : Les garçons vous aimaient bien. Je le savais. Je suis resté en contact avec quelques-uns. Ce sont « les plus durs » qui m'écrivirent le plus longtemps.

En Mai 1940, à la débâcle, je suis parti sur les routes avec des jeunes du collège qui n'avaient pas pu rejoindre leurs familles. Mais très vite, nous avons rebroussé chemin. Ces routes étaient envahies par les réfugiés et les Allemands. Durant l'été, j'ai encadré une colonie de vacances. A la rentrée, le séminaire de Saint-Jean-les-Deux-Jumeaux a rouvert ses portes.

Tout était alors différent. Nous n'étions qu'une douzaine. Nous nous appelions toujours Monsieur, mais la vie était familiale et j'osais commencer à discuter avec le supérieur. Je parlais d'équipe, c'était dans l'air du temps. Il m'écoutait. A la rentrée suivante (une quarantaine d'élèves), les équipes existaient bel et bien : prière ensemble, début de révision de vie, discussions ...

Malgré le style ultra-classique du séminaire, les Pères avaient lancé depuis plusieurs années des camps-mission pendant les vacances. Nous tournions dans les villages déchristianisés. Accueillis quelquefois à coups de pierres, nous plantions malgré tout nos tentes sur la place de l'église. Les enfants, curieux, approchaient. Nous organisions des jeux, visitions les habitants. Le soir un feu de camp rassemblait ceux qui avaient été apprivoisés. A la fin, le chant scout « *Avant d'aller dormir sous les étoiles ...* » faisait sortir quelques récalcitrants et ouvrir dans la nuit quelques persiennes hermétiquement closes.

J'avais emboîté le pas dès mes premières vacances, embauché par Marcel Avril, qui m'avait précédé d'une ou deux années au séminaire. Solide copain, je devais le revoir de temps en temps, puis le retrouver dominicain, en Père Damien Avril, à la télévision (*Le Jour du Seigneur*).

Avec d'autres, je repris le flambeau des camps-mission. J'étais ... clown et animais les feux de camp avec Toto, mon partenaire, qui est aujourd'hui moine bénédictin à Saint-Benoît-sur-Loire[18]. Nous faisions rire notre supérieur. Un véritable succès !

Pourquoi y avait-il une telle différence entre les séminaristes et les Pères en camp-mission, et les mêmes, coincés pendant l'année dans certains réglements absurdes ? On abîme quelquefois des hommes sous prétexte de foi profonde. Certains séminaristes, devenus prêtres, hélas sont restés ... « coincés ».

Séminariste en temps de guerre

Comment avez-vous échappé au STO ?

– Comme plusieurs de mes camarades, j'ai reçu une première convocation pendant que j'étais au grand séminaire de Rouen. Sur ce sujet des discussions opposaient les séminaristes. Quelques-uns refusaient de partir. Ils s'engageaient dans la Résistance, se cachaient dans des fermes. La plupart pensaient qu'il fallait être présent parmi les centaines de milliers de jeunes Français envoyés en Allemagne. J'étais de ceux-ci : j'ai opté pour partir. Je ne me voyais pas planter un poignard dans le dos d'un officier allemand, ni faire sauter un train même si les Allemands étaient alors considérés comme des ennemis.

Ma première convocation pour le STO est arrivée. J'ai préparé mes affaires, puis me suis rendu au centre de réquisition, dans une petite rue de Rouen, dénommée par la suite rue des Requis. Il était tard. Le monde n'avait pu être enregistré. Ceux qui ne l'étaient pas reçurent la consigne de repartir chez eux ... et d'attendre une nouvelle convocation.

Quand sont arrivées les vacances suivantes, je suis parti diriger une colonie de vacances pour cent cinquante jeunes du quartier Saint-Vivien, Saint-Maclou et la Croix-de-Pierre. Des quartiers très populaires de Rouen, que je devais étudier plus tard, comme sujet de thèse. Tous

---

18. Je ne l'ai revu qu'une seule fois. J'espère qu'il vit encore il avait été gravement malade. De tout sens, nous nous retrouvons là-haut, pour faire rire éternellement les saints qui seraient encore trop souvent de tristes saints !

ces gamins n'avaient pas grand-chose à manger et étaient livrés à eux-mêmes. Accompagné de deux ou trois séminaristes et moniteurs bénévoles de quinze ou seize ans, nous les emmenions un mois à la campagne pour les retaper à tous points de vue.

Au cours de cette colonie, nouvelle convocation pour le STO. Je n'ai rien dit à personne, mais je me suis interrogé :

– Si je pars, qui va diriger cette colonie, s'occuper de ces jeunes ? J'ai déchiré le papier, me disant :

– Continuons. Le temps qu'ils me cherchent et me trouvent la colo sera terminée.

Je les attends encore ! Je risquais très gros. J'étais un réfractaire. Je n'avais pourtant rien d'un héros. J'avais fait cela pour les enfants. C'est tout ! Après, j'ai pu reprendre sans encombres mes études au grand séminaire.

Combien de temps a donc duré votre formation au grand séminaire de Rouen ?

– Cinq ans. Ce qui m'avait sauté aux yeux dès le début, ce n'était pas la différence d'âge entre nous, elle était minime. Mais presque tous les camarades qui étaient avec moi, sortaient tout droit du petit séminaire, ou de la terminale de collèges ou lycées, tandis que j'avais déjà travaillé professionnellement quatre ans. C'était peu, en soi, mais beaucoup pour l'expérience. Et puis j'avais vécu pas mal de choses ! Les copains me semblaient jeunes. Certaines de leurs réactions m'étonnaient.

Qui payait votre formation ?

– L'évêché, comme pour presque tous. A partir d'une caisse alimentée, entre autres, par des bienfaiteurs. On donnait les noms des plus généreux, aux séminaristes qu'on jugeait les plus aptes à mieux remercier. Les petits donateurs (l'obole de la veuve !) recevaient, du moins je l'espère, un merci collectif, puisqu'ils n'avaient pas droit au merci personnalisé ... Ce n'est plus comme cela maintenant évidemment ; mais le diocèse doit toujours trouver l'argent pour payer la formation de ses prêtres.

110

Quel jugement portez-vous maintenant sur ce temps de préparation au sacerdoce ?

– En arrivant à Rouen, globalement, j'ai respiré. L'ambiance était différente. J'étais redevenu Michel et non plus Monsieur Quoist, comme à Saint-Jean. C'était plus fraternel.

Mais les circonstances étaient exceptionnelles. A cause de la guerre, le séminaire avait été évacué à la périphérie de Rouen. Nous étions à Bois-Guillaume, près du Carmel. Nous campions en dortoir.

La formation intellectuelle était solide. Il y avait de très bons professeurs : le Père Grenet qui enseigna à la Catho de Paris, Père Auzou éminent bibliste ... Mais certaines thèses exposées ne passaient absolument pas. Je ne disais rien. D'abord, parce que je ne me sentais pas assez fort intellectuellement, et parce que tout commençant à bouger, j'attendais les évolutions. Je me disais : plus tard, je pourrai dire ce que je pense. Le style de vie spirituelle qui nous était présenté et auquel on était entraîné, me posait beaucoup plus de questions encore. J'espère que nous aurons l'occasion d'en parler, car il y a là un problème qui me tient à cœur.

Pour l'instant, la guerre venait sérieusement perturber notre formation. Rouen était très souvent bombardé. Il y a eu surtout cette fameuse « semaine rouge » du 30 mai au 4 juin 1944, où les Anglais s'acharnèrent pour détruire les ponts sur la Seine. Nous descendions toutes les nuits, volontaires pour porter secours. C'était l'affolement général. La population fuyait se protégeant de matelas sur la tête. Nous tentions d'organiser la circulation. D'aider les plus démunis. Le 1er juin, la cathédrale brûlait et beaucoup de maisons alentour. Installés sur la place, serviette éponge mouillée sur la tête, quatre d'entre nous tendaient un drap, et des fenêtres de la grande pharmacie en face, nous jetions les médicaments pour les sauver du feu qui gagnait. De temps en temps, nous regardions vers la flèche de la cathédrale : elle pouvait d'un moment à l'autre s'effondrer sur nous.

Les jours suivants, dans la journée et quelquefois la nuit, à la lueur des projecteurs, nous allions dégager des blessés ensevelis sous les décombres. Des gens étaient enterrés vivants : nous les entendions crier.

Je me souviens de cet homme, prisonnier des gravats avec plusieurs membres de sa famille et qui chantait, probablement pour rassurer les siens : « *Tout va très bien, Madame la Marquise !* ... ». Ceux-ci, nous les avons sauvés. D'autres probablement sont restés à tout jamais dans les ruines.

Un séminariste a laissé sa vie dans ces opérations de sauvetage. Une alerte l'avait obligé à se mettre à l'abri dans une cave. Une bombe est tombée, le faisant prisonnier de l'immeuble effondré. Il a survécu plusieurs heures, coincé sur une poutre, une autre sur la nuque qui l'empêchait de relever la tête. Les canalisations crevées, il voyait l'eau monter. Il nous parlait. Nous l'entendions. Il resta conscient jusqu'au bout. Il est mort noyé.

Vous habitiez Le Havre. Y étiez-vous au moment des bombardements de la ville et de sa libération ?

– Oui, pendant les vacances, j'avais en effet tenté de rejoindre ma ville pour m'occuper d'enfants qui étaient évacués à la campagne. J'ai pris le dernier train, paraît-il, qui reliait Paris au Havre, par Rouen. Il roulait tous feux éteints, mais la nuit était claire. Très vite nous avons été repérés par trois avions anglais qui nous ont mitraillés en rase-mottes. Au deuxième passage, le convoi a été cloué sur place. Totalement disloqué, il brûlait.

Nous étions, m'a-t-on dit, une cinquantaine dans le train, dont quelques Allemands seulement. Il y eut sept ou huit survivants. Quelques minutes avant l'attaque, je discutais avec le seul passager de mon compartiment. Je me suis retrouvé couché entre les deux banquettes, couvert de gravats ... mais sans une égratignure. Sorti à quatre pattes, je relevais la tête. Je vis alors mon compagnon. Les bras en croix, les yeux ouverts, il était mort, sur le ballast. J'avais l'impression qu'il me regardait, attendant de moi une réponse à sa silencieuse question : Pourquoi tout cela ? Et moi, plus tard, je me dis : Pourquoi lui, et pourquoi pas moi ?

Quelques habitants qui étaient restés habiter le long de la voie, accouraient déjà. Ils devaient avoir l'habitude. Ils portaient des persiennes enlevées des maisons abandonnées – elles devaient servir de brancards pour emmener les blessés – et des sacs de toile de jute, probablement sacs de pommes de terre – pour recueillir les morceaux des corps déchiquetés. C'est moi qui les ramassais. Mes compagnons ne pouvaient s'y résoudre. Les deux hommes qui m'accompagnaient tenaient ouvert le sac, j'y déposais pêle-mêle les restes informes des malheureux qu'il me fallait même aller cueillir, accrochés aux barbelés du champ voisin. Devant moi une tête, par terre, à mes pieds : j'hésitais. En la ramassant, je craignais de la retourner et de voir ses yeux. Je la saisis par les cheveux. Je ne savais pas que c'était si lourd une tête d'homme !

Un peu plus loin, on transportait sur une persienne un jeune garçon qui gémissait. Une de ses jambes était presque sectionnée, elle pendait du brancard improvisé. On la remettait en place (!), elle retombait. Il criait à chaque fois. J'avais un couteau de poche, j'ai coupé le mince lambeau de chair qui la retenait et avec mon cache-nez j'ai serré de toutes mes forces la cuisse du garçon. Je lui ai demandé son petit nom et je l'ai embrassé ... en lui donnant un comprimé d'aspirine : Tu verras, c'est un médicament très fort, tu n'auras plus mal. A l'hôpital on m'a dit : Le petit jeune homme là-bas, quelqu'un lui a mis un garrot. Il est sauvé. Il dormait. Je n'ai pas voulu le réveiller ...

Je ne sais même plus comment j'ai regagné Le Havre, puis Saint-Vincent-de-Cramesnil, la colonie de vacances de mon aumônier de brancardiers, devenu aumônier-directeur du patronage Saint-Thomas d'Aquin[19].

C'est là qu'un matin, nous avons entendu le grondement significatif des avions qui arrivaient sur Le Havre, puis entrevu les deux vagues de deux cent cinquante forteresses volantes, lâcher leur tapis de bombes. A vélo, je suis allé tenter de retrouver la trace des quelques parents d'enfants qui étaient restés dans la ville. J'avais beaucoup de mal à retrouver les rues et les maisons parmi les ruines. Un papa avait été tué, on dû l'apprendre au gamin qui, avec les autres, attendait mon retour.

---

19. Un de ces anciens et célèbres patronages qui rassemblaient des centaines de jeunes et leur proposaient de nombreuses activités éducatives : chant (manécanterie), sport, etc.

Que devenait l'amour dans ce déferlement de bombes et de souffrances ?

– D'abord, il faut l'avouer, au séminaire, lorsque dans ces jours tragiques nous étions quasi-mobilisés toutes les nuits, nous n'avions guère le temps de réfléchir. Nous étions trop crevés. Que dire de plus ? Que la guerre est monstrueusement absurde. Mais cette guerre nous paraissait juste. Il fallait nous libérer des Allemands.

Personnellement, j'étais néanmoins réticent sur la haine farouche que certains entretenaient contre eux. Il est vrai que je n'avais pas souffert directement très gravement, moi ou quelques-uns de ma famille. Et je comprenais, ô combien, les réactions de ceux, dont tels ou tels parents ou amis proches, avaient été tués, ou avaient atrocement souffert. On commençait à connaître de plus en plus les tortures des résistants, les otages fusillés, les camps, etc. Comment aurais-je réagi, si j'avais été moi-même touché ? Mais en tout cas – pourquoi ? Je n'en sais rien – je me disais tout bas : Un jour nous serons amis avec les Allemands. Il n'aurait pas fallu le dire tout haut ...

Plus tard aussi, réfléchissant sur notre comportement (à nous les séminaristes) pendant ces événements tragiques, je me dis – au moins pour moi – que ce n'était pas difficile de jouer les héros. Nous étions regardés, admirés. Nous avions un « témoignage à donner ! » Et moi, passionné comme je le suis, je crois que si j'en avais eu l'occasion, j'aurais bien sacrifié ma vie ... Alors, comme pour mon premier face à face avec la mort, je me suis redit que vivre l'extraordinaire n'était pas tellement difficile ; mais par contre, couler le maximum d'amour dans chaque instant d'une vie ordinaire, surtout quand elle est cachée, devait être vraiment héroïque.

Cela étant, je ne peux pas dire que ma vie spirituelle a souffert de la guerre.

Vous n'avez donc pas connu de crise de foi ou de vocation ?

– Crise de la foi ou de la vocation ? Jamais ! Je n'ai à aucun moment douté des raisons pour lesquelles j'étais entré au séminaire.

Ce fut un coup de foudre dont vous n'êtes pas revenu !

– Exactement ! (Rire) Ce qui ne veut pas dire que je ne réfléchissais pas sur ce coup de foudre et surtout sur Celui qui m'avait séduit. Il y avait ce que l'on m'enseignait, qui certes m'éclairait, mais plus encore ce que je découvrais personnellement, pas à pas (et ça dure !). Comment dire ? Un mélange de regard sur la vie, de réflexion et de prière.

Je crois que lorsque le Seigneur rencontre quelqu'un qui essaie d'être disponible, c'est à travers ces trois éléments qu'il se met à l'enseigner. Et c'est un bon maître ! Cet enseignement pénètre au-delà de l'intelligence et de la mémoire. Il s'inscrit dans le cœur, et demeure, même quand on n'a pas de mémoire. C'est une connaissance qui passe par l'intelligence évidemment, mais elle est d'un autre ordre. Le danger, c'est de croire que l'on peut « apprendre » Dieu. On ne l'apprend pas, il se révèle. Et c'est en le fréquentant qu'il se confie de plus en plus à ceux qui l'aiment.

Je remercie Dieu de n'être pas trop intelligent – ou plutôt, trop intellectuel ... – car je ne suis pas bête, tout de même ! (Rires). Je suis sûr que j'aurais été tenté de connaître Dieu par mes propres moyens ! Alors, peut-être aurais-je eu de belles idées sur lui, mais je n'aurais pas rencontré « Quelqu'un » qui m'instruit tout entier en se donnant à moi. Hélas, je n'ai pas été et ne suis pas toujours un bon élève. Je redouble souvent !

Après la guerre, vous avez été mobilisé. C'est étonnant !

– Oui, c'est même une erreur. J'ai été appelé le 2 octobre 1945, et sur intervention de l'aumônier militaire, versé dans ... le théâtre aux armées[20]. Pas pour longtemps, puisqu'au bout de quatre mois, le 31 janvier, j'ai été démobilisé après que l'on m'eût dit que je n'aurais sûrement pas dû être appelé ! Mais une fois de plus, je ne regrette rien.

---

20. Cet aumônier avait eu la bonne idée de monter un « Foyer roulant ». Nous étions une petite équipe qui préparions un spectacle, et nous nous déplacions dans un camion aménagé à cet effet, pour jouer dans les divers casernements de la région. Nous avons même joué dans un camp de prisonniers allemands.

Ce fut une expérience originale et enrichissante ... Mais je ne peux pas tout vous raconter !

Moi, j'avais hâte de rentrer au séminaire ... pour enfin en sortir et commencer mon ministère.

Une formation coupée de la vie

Justement, au séminaire, après toutes les expériences et les événements que vous aviez vécus, aviez-vous l'impression d'être déconnecté du réel ?

– Oui, tout à fait. Le séminaire nous coupait de la vie. Les petites vacances débutaient après les vêpres de Noël ou de Pâques. Nous ne revenions pas chez nous chaque week-end, comme les séminaristes d'aujourd'hui, car nous n'étions pas en « insertion pastorale », dans telle ou telle paroisse, aumônerie ou mouvement. Les diacres seuls étaient envoyés le jeudi après-midi faire le catéchisme aux enfants des paroisses. C'était leur seule préparation à leur « futur métier ». Cette mise à l'écart du monde était volontaire. Elle devait nous permettre d'approfondir dans le calme notre formation intellectuelle et spirituelle.

C'est-à-dire une tout autre formation que celle que vous aviez vécue à la JOC ?

– La démarche était évidemment fondamentalement différente. A la JOC nous partions de la vie et de l'action pour mener une réflexion qui allait quelquefois très loin. Cette réflexion était d'ailleurs directement en lien avec la foi, puisque la révision de vie nous permettait de confronter sans cesse notre action à l'Évangile. Confrontation qui pour quelques-uns cessait peu à peu d'être une mise en parallèle, pour devenir une authentique rencontre du Seigneur dans la vie. On nous disait, et nous le découvrions d'expérience, que le Christ nous attendait au cœur de cette vie, que nous devions être attentifs aux signes qu'il nous faisait et que notre action devenait alors une réponse à ses invitations.

C'est ce que je racontais à mon « aumônier directeur » avant de rentrer au séminaire, et c'est ce qu'il ne comprenait absolument pas. Pourtant, c'est ainsi que se faisait « naturellement » notre formation de « militants » comme on disait. Elle nous atteignait tout entier, dans l'ensemble de notre cheminement, à l'intérieur de nous-même, vers les autres et vers Dieu. Quelle richesse !

Toutes les semaines nous nous réunissions en équipe, puis pendant l'année, pour des journées d'étude, des récollections, et même des sessions de plusieurs jours pour les militants et les dirigeants. Sans oublier les livres dont je vous ai parlé. Il existait une petite bibliothèque de formation pour la JOC. J'en fus même le responsable à la Fédération du Havre avant mon départ pour le séminaire.

Avez-vous eu l'impression, pendant votre séminaire, de devenir un intellectuel ?

– Non jamais. J'aime beaucoup réfléchir, mais je suis toujours resté fidèle à ma « façon de penser » ; beaucoup plus à partir de la vie, qu'à partir des livres. Je ne méprise pas ceux qui accomplissent l'autre démarche, mais au séminaire elle était trop privilégiée. Il fallait – pensait-on – pour avoir de meilleurs prêtres, hausser le niveau intellectuel des séminaristes, pousser davantage ceux qui en étaient capables, afin qu'ils puissent « répondre aux questions » et problèmes qui se poseraient à eux. Or, un prêtre n'est pas seulement une tête bien pleine, loin de là !

Les exercices spirituels obligatoires ne servaient-ils à rien pour vous ?

– Mais si, ils me servaient. Je vous l'ai dit, j'étais heureux d'avoir ces temps consacrés directement au Seigneur. J'aurais même désiré les voir doubler ou tripler. Mais la forme des exercices ne me convenait pas. En fait, c'était une formation à une vie de religieux, avec des temps fixes de prières, jalonnant la journée, à l'appel de la cloche. Prière vécue en communauté, y compris l'oraison personnelle, le matin à la chapelle. Surtout, il s'agissait de nous faire rencontrer le Seigneur « en face-à-face », hors de l'agitation et du bruit du monde. C'était exactement le contraire que nous aurions à vivre, à partir de notre ordination, et le contraire de ce que j'avais vécu comme je l'avais déjà constaté au séminaire Saint-Jean.

J'ai réagi peu à peu. Avec d'autres, je pensais qu'il y avait sûrement à chercher du côté d'une spiritualité du clergé diocésain. Certains théologiens-pasteurs y pensaient. Quelques articles et quelques livres paraissaient. Nous nous tenions au courant.

Mais un autre aspect capital me tourmentait personnellement, peut-être encore plus : l'esprit missionnaire. Je vous le disais, être prêtre, pour moi, c'était avant tout, aller annoncer Jésus-Christ, et aider les hommes à le suivre pour travailler avec lui. Ce désir m'obsédait. Avec les mots du moment – que je n'emploierais sûrement plus – je parlais de « la hantise de la masse à sauver »[21]. Ça ne paraissait sûrement pas une hantise au séminaire ! D'autre part, je ne l'ai jamais dit, mais à la limite je trouvais quasi-scandaleux qu'il faille ouvrir un séminaire spécial pour former des prêtres ... missionnaires ![22]

Bref, ayant été marqué par les camps missions du séminaire de vocations tardives – là je m'y retrouvais pleinement – avec quelques copains, nous avons décidé de nous lancer. J'avais écrit un jeu dramatique liturgique : « *Le jeu de la vie* »[23] (puis « *Le jeu du prodigue* » et « *Le jeu de l'unité* ») pour nous produire dans le chœur des églises, au cours de camps inspirés de ceux de Saint-Jean. La guerre ne nous a pas permis de pousser très loin nos exploits, mais il en est resté un groupe de séminaristes que nous appelions « Les Clercs de Notre-Dame », qui se sont transformés en « Prêtres communautaires de Notre-Dame ». Approuvés par le Cardinal Petit de Julleville, notre archevêque, il s'agissait de tenter de vivre en équipe, si ce n'était physiquement, au moins spirituellement, pour nous soutenir et chercher ensemble à mettre en œuvre cette spiritualité du clergé diocésain à laquelle nous aspirions.

Plus tard, le diocèse lui-même, ayant décidé de commencer à implanter des équipes de jeunes prêtres, dans le monde rural, puis dans le

---

21 Cf. *France, pays de mission ?* des Pères Godin et Daniel.
22. Le séminaire de la Mission de France, à Lisieux.
23. Il a été édité (épuisé) et joué par quelques groupes de séminaristes, en France.

monde ouvrier, nous nous sommes peu à peu effacés. Il faut dire qu'en deux ou trois ans, au séminaire et au-delà, les choses s'étaient mises à bouger sérieusement.

Une nouvelle guérison

Avant la fin de votre séminaire, vous avez encore été éprouvé par la maladie, et gratifié d'un autre miracle. Est-ce exact ?

– Un autre « signe » du Seigneur, probablement.

C'était quelques mois avant mon sous-diaconat, qui était à ce moment-là, l'étape de l'engagement définitif vers le sacerdoce. Un matin, ouvrant les yeux, je constate que ma vue était totalement obscurcie par de grosses tâches. Comme je risquais de tomber, j'ai demandé discrètement à un copain de me conduire à la chapelle pour la messe. J'aviserais après.

Mon supérieur me conseilla de consulter immédiatement un bon spécialiste très connu, mais en me disant de ne pas être étonné par l'accueil qu'il me réserverait ... En effet, ce médecin, pour cacher son extrême sensibilité, hurlait, et rabrouait tous ses clients. Je ne devais pas échapper à la règle. Après m'avoir examiné, il s'écria :

– Qu'as-tu fait avec tes yeux, espèce de grand c....! T'es foutu ! Tu ne seras jamais curé.

Très « croyant » paraît-il, il savait en tout cas qu'on n'ordonnait pas de jeunes aveugles.

Aussitôt, j'ai dû porter des lunettes noires et me mettre régulièrement dans les yeux des gouttes qui ne me faisaient, semble-t-il, pas plus d'effet que de l'eau distillée.

Quelle fut donc la suite de l'histoire avec votre médecin bourru ?

– Je le revis deux ou trois fois pour m'entendre encore insulter, et insulter « nos supérieurs qui nous obligeaient à nous fourrer le nez toute la journée dans les bouquins », etc. Mais rien ne changeait.

Je voulais être prêtre parce que j'étais persuadé que c'était ma voie. Je n'avais pas inventé tout ce qui m'était arrivé. C'était sûrement la « volonté de Dieu », bien que déjà je n'aimais pas beaucoup employer cette expression qui me choquait. Or, je me trouvais devant un mur infranchissable. A travers cet événement, Dieu ne me disait-il pas : Tu ne seras pas prêtre. Je n'y comprenais rien. Malgré tout, je restais calme. J'attendais. Disponible.

On me garda au séminaire. Ne pouvant qu'écouter les cours, les copains me les répétaient. Ils ne se résignaient pas pour moi. Ils priaient. Ils étaient merveilleux.

On me conduisit de médecin en médecin. En consultation à Paris, aux Quinze-Vingts, des spécialistes voulaient essayer de m'injecter de la pénicilline dans les yeux. C'était une première. On me déconseilla de la tenter. Quelqu'un suggéra ensuite de m'envoyer à Genève, voir un très grand professeur. Il parut ne pas comprendre grand-chose, concluant après un examen « approfondi » :

– Il n'y a aucune chance de guérison prochaine. Peut-être, dans quelques années ...

De Genève, je suis rentré à Rouen. Toujours avec mes lunettes noires : il ne fallait pas que la lumière heurte mes yeux. A nouveau visite chez mon fameux toubib. Il m'enlève mes lunettes.

– Oh ! Mais j'y vois ! lui dis-je !

– Impossible ! Tu racontes des histoires, s'écrie-t-il tout en m'imposant une série de vérifications et en criant de plus en plus fort au fur et à mesure qu'il constatait lui-même qu'elles étaient positives.

Rien ne prouvait que j'étais guéri, paraît-il, et pourtant je voyais bel et bien.

Je le revis deux ou trois fois. Nous étions devenus copains. Peut-être s'attribuait-il ma guérison ?

Je n'ai pas osé lui dire que ses fameuses gouttes, il y avait longtemps que je ne m'en servais plus !

Vous étiez-vous résigné à cet événement, terrible pour vous ?

– Résigné ? Absolument pas. J'ai accepté de me faire soigner ... alors que ce n'est pas mon genre.

Avez-vous prié ?

– Oui, mais pas pour ma guérison. Directement. Je priais pour mon fameux toubib, puis pour les autres, afin qu'ils trouvent ce que j'avais, et les moyens de me soigner ... et de me guérir. Et puis je l'avoue, à ce moment-là, comme je vous le disais il y a quelques instants, je n'étais pas au clair sur « la volonté de Dieu ». Je voulais ce qu'Il voulait. Sans hésitation. Mais je ne comprenais pas ce qu'Il voulait. Il ne pouvait tout de même pas vouloir que je sois aveugle !

Naturellement, on me dit : C'est pour t'éprouver ! Ça ne me satisfaisait pas plus. Loin de là ! En tout cas, toujours prêt à rire, même dans les moments graves, je pensais : Seigneur, si vraiment tu fais ça pour m'éprouver, tu vas être bien attrapé parce que je ne vais pas me révolter ni m'énerver. Et je resterai disponible ! J'étais en paix.

Donc, vous acceptiez l'imprévu. Mais Dieu est-il dans l'imprévu ?

– Non. C'est nous qui vivons dans l'imprévu, dans le déroulement quotidien de l'histoire. Dieu se situe à un autre niveau. Nous sommes dans le temps. Lui est hors du temps.

Comme s'il était de l'autre côté d'un précipice ?

– Plutôt comme s'il était en haut d'une montagne, pour garder une image spatiale, qui est forcément très imparfaite. Et du haut de cette montagne, Dieu nous voit cheminer. Il voit la multitude, et chacun de nous en particulier. Il voit l'histoire humaine et son déroulement dans un éternel présent. C'est-à-dire qu'il voit *comment l'homme libre se sert de sa liberté.*

Nous, nous ne pouvons pas réaliser d'avance ce qui nous attend. Nous sommes sur les chemins sinueux. Nous marchons, totalement ignorants de ce que nous trouverons après le tournant de la route ; les personnes qui viennent dans l'autre sens , et ce que nous allons rencontrer. Les obstacles. Les montées. Les descentes. Les croisements. Parce que nous cheminons dans le temps, nous ne savons pas, comme nous le disons couramment « de quoi demain sera fait » *et comment librement nous agirons* au milieu du jeu des multiples libertés humaines qui font les événements.

Être dans le temps, c'est notre infirmité de créature. Et *c'est là que Dieu nous a rejoints en Jésus.* Ce Jésus de Nazareth, qui a partagé notre condition d'homme jusqu'à devoir, lui aussi, chercher sa route dans « l'imprévu ». Quêtant pendant de longues prières à son Père, la lumière pour choisir son chemin parmi les différentes routes possibles et la force pour le parcourir. Découvrant peu à peu la portée et l'ampleur de sa mission et, pour en finir, jusqu'où elle le mènerait s'il y était fidèle.

Oui, ce sont nous, les hommes, qui sommes dans l'imprévu, mais Dieu nous y accompagne en Jésus, le Christ, pour nous aider à le vivre dans la paix. Si nous sommes unis à lui, par lui nous fécondons d'éternité chaque instant successif de nos vies. Nous faisons progressivement passer le temps dans l'infini.

Votre destin n'était-il donc pas tout tracé ?

– Non, c'est moi qui conduis ma vie. Ce n'est pas Dieu qui « me conduit ». On emploie sans cesse ce terme, mais il porte à confusion. Il ne souligne pas suffisamment la liberté de l'homme. Je préfère dire que Dieu m'éclaire, m'inspire. Mais c'est moi qui décide. Si je ne décidais pas, je serais une marionnette dont Dieu tirerait les ficelles. Il ne l'a pas voulu. Il n'a même pas voulu que nous soyons une marionnette consentante. Il nous respecte et nous aime de trop !

Pourtant, nous disons bien que nous devons faire la volonté de Dieu, c'est-à-dire, ce qu'il veut !

– Non pas ce qu'il « *veut* ». Voilà bien la question qui m'a longtemps tourmenté et que je n'ai résolu que plus tard. Quand j'ai enfin compris jusqu'où l'amour de Dieu pour nous le conduisait, et en ai tiré toutes les bouleversantes conséquences.

Une fois de plus, d'ailleurs, les jeunes me poussaient, m'apostrophant quelquefois violemment :

— Tu nous parles de Dieu-Amour. C'est magnifique. Et ce Dieu prend à nos yeux un tout autre visage que celui que nous avions de lui. Mais alors quel est ce Dieu dont il faut suivre toutes « les volontés », obéir à tous les commandements, sous peine des pires châtiments, si ce n'est un Dieu qui est infiniment plus à craindre qu'à aimer ! Où est l'amour dans tout cela ? Et la liberté dont tu nous dis que l'homme doit être si fier. Le plus beau cadeau de son Père après celui de son Amour !

Je les approuvais. Ils avaient raison. Les mots sont trompeurs. Ils me gênaient depuis longtemps, d'autant plus qu'ils en engendraient d'autres, révélant des attitudes que je ne pouvais admettre de la part de fils à l'égard de leur père tout aimant. Entre autres, et surtout peut-être, cette « résignation à la volonté de Dieu » en face des événements douloureux et des souffrances atroces qui accablent certains hommes et l'humanité entière. Résignation qui était aux yeux de certains une preuve de grande foi, puisque plus vite et plus totalement on se « résignait », plus on était saint. De là à faire des chrétiens un peuple de soumis, il n'y avait qu'un pas, que certains franchissaient allègrement. Un peuple dont les membres ne toucheraient leur récompense qu'au ciel, quand ils auraient comme Jésus, été « obéissant jusqu'à la mort ». C'est horrible !

Il est vrai que Jésus nous demande de dire à notre Père : « Que ta volonté soit faite », mais ça ne veut absolument pas dire que Dieu nous *impose* sa *volonté* à la façon des hommes et que nous, nous *devons* nous y *soumettre*. Il serait dictateur tout-puissant et nous esclaves. Ça veut dire : Nous souhaitons, Père, de toutes nos forces, *que ton désir d'amour se réalise*, sur la terre comme au ciel. « Je veux », « j'exige », ne sont pas des mots d'amour, mais « je voudrai », « je souhaite de tout mon cœur », « je désire ». Dieu n'a que des désirs, car *jamais, l'amour ne se commande et ne s'impose*.

Qu'est-ce qu'alors, pour vous, « faire la volonté de Dieu ? »

– Ce n'est absolument pas exécuter un plan – le plan de Dieu (j'ai employé le mot, naguère, et je le regrette) – ou suivre un chemin tracé pour nous de toute éternité. La sainteté n'est pas de suivre pas à pas, la carte routière spécialement éditée à l'intention de chacun, et sur notre route d'exercer tel métier, de s'engager dans tel mouvement, de visiter tel malade etc., parce que Dieu l'aurait programmé pour nous depuis toujours. Nous ne serions alors, et je le disais il y a un instant sous une autre forme, que des exécutants consciencieux des ouvriers soumis aux volontés de leur patron, et non des fils qui, pleinement responsables, cherchent à combler les désirs de leur père.

C'est à nous d'inventer notre route. De la risquer, au milieu des routes empruntées par nos frères.

Dieu nous laisse libres, de décider l'orientation de notre vie et les détails concrets de cette vie. Il nous laisse choisir notre époux, notre épouse, le nombre de nos enfants, la maison que nous habiterons, le rôle que nous jouerons dans la construction du monde ... et ensemble, chacun à notre place, suivant notre responsabilité dans la société, la décision de la grève ou de la reprise du travail, la fermeture de l'usine, le relèvement du SMIC, la part de l'Éducation nationale ou de la recherche scientifique dans le budget de l'État, etc.

« Faire la volonté de Dieu », ce n'est donc pas, encore une fois, répondre à un ordre de Dieu, mais *chercher humblement, amoureusement, si notre décision personnelle va dans le sens du désir de Dieu.*

Et ce désir de Dieu, comment le connaître ?

– En fréquentant l'Évangile. Mais attention, nous n'allons pas y trouver des recettes pratiques pour résoudre tous nos problèmes de vie, comme certains le demandent et pensent y parvenir. La technique n'est pas de la compétence de Dieu (Sourire). Ça, c'est notre métier d'homme. Notre responsabilité. Dieu n'est compétent qu'en amour.

Mais alors, Dieu, que fait-il de positif ?

– Si nous lui demandons par la prière, il nous éclaire, il nous inspire, comme je vous le disais également à l'instant. Mais cela, sans jamais nous forcer. Et quand nous avons pris notre décision, il nous offre son aide.

L'amour dépasse la loi

N'est-il pas faible ce Dieu qui désire, sans volonté forte ?

– Au contraire, c'est une preuve de la toute-puissance infinie de son amour. Je suis fou de joie d'être parvenu à comprendre cela. Avoir besoin de commander, d'ordonner, c'est une faiblesse réservée aux hommes. Le signe d'une imperfection de l'amour. On l'entrevoit déjà dans une famille où l'on s'aime authentiquement. Certains enfants devenus grands disent de leur père : Il ne nous commandait que rarement, et nous punissait presque jamais. Nous le respections et l'aimions trop, pour lui déplaire. Avec notre Père du ciel, c'est cela poussé à l'infini. Cette fameuse « crainte de Dieu » – mot malheureux qui ne passe plus maintenant – ce n'est pas la peur de notre Père, ce serait odieux, c'est l'immense respect mêlé de tendresse qui nous atteint, nous pénètre, nous mobilise tout entier, pour essayer de répondre à ses désirs quand nous avons entrevu l'infini de son amour paternel.

N'aimez-vous donc pas les gens qui ont de la volonté ?

– Non, quand ils s'en servent pour imposer aux autres une conduite, un acte, un chemin, qui ne respecte pas leur liberté.

Vous-même qui avez eu des responsabilités diverses, aimez-vous commander ?

– Le moins possible. Je préfère n'avoir pas d'ordres à donner. Vous le comprenez, après ce que je viens de dire. Un de mes confrères m'a comblé de joie, en disant un jour, je ne sais plus à quelle occasion : Michel n'est pas autoritaire ; il a de l'autorité.

Remarquez, lorsque j'étais encore assez jeune, je me suis aperçu qu'étant donné mon tempérament et certains traits de ma personnalité, j'aurais été capable rapidement d'imposer mes volontés avec force. Et plus tard de me justifier en disant que c'était pour la bonne cause. Mais je crois avoir compris assez vite, que ce n'était pas être respectueux de ceux avec qui je travaillais, et surtout que ce n'était pas le moyen de les faire grandir. Au contraire !

J'essaie depuis, et je crois de plus en plus, de susciter, plutôt que d'imposer, afin de permettre à l'autre et aux autres de s'épanouir. C'est formidable de voir quelqu'un sortir peu à peu de lui-même, des richesses inexploitées, et de le voir mener des actions qu'il ne pensait pas pouvoir réaliser. Mais c'est quelquefois dur de céder sa place pour que d'autres prennent la leur, surtout quand on est impatient et qu'on se dit : J'irais plus vite, et ... ce serait mieux fait ! Ce qui n'est évidemment pas sûr.

Existe-t-il un jugement de Dieu et des punitions ?

– (Véhément) Ah non alors ! Dieu, à proprement parler, ne nous juge pas et ne nous punit pas. Jamais. Il est vrai que nous employons souvent ces expressions et qu'elles sont même dans l'Évangile, mais c'est une façon humaine de s'exprimer. C'est nous-mêmes qui nous jugeons et nous punissons. Nous nous jugeons quand nous constatons que nous sommes en décalage, ou déroutés par rapport au désir de notre Père. Et nous nous punissons nous-mêmes, en nous privant de son Amour. Si nous nous éloignons de lui, comme l'enfant prodigue, nous dépérissons et à la limite nous nous détruisons.

Le péché n'est pas le manquement à une loi. C'est le manquement à un amour. Or, de même qu'on ne peut ordonner à quelqu'un d'aimer, on ne peut pas punir quelqu'un parce qu'il n'aime pas.

Devant notre comportement, Dieu en Jésus-Christ se réjouit ou souffre. Nous le comblons ou nous le crucifions. Ce n'est pas Lui qui nous condamne, c'est nous qui souvent le condamnons.

Toute la Bible parle de la loi de Dieu et Jésus lui-même nous laisse un « commandement ». De quoi s'agit-il alors ?

– C'est nous qui traduisons les désirs de Dieu en lois et commandements de Dieu. Comme un amoureux découvrant la profondeur de l'amour qu'on lui porte, s'écrie : Mon chéri, ma chérie, tes « désirs » sont pour moi des « ordres ». Mais aussi comme une maman déclarant à son petit enfant : Tu dois embrasser papa avant d'aller dormir. S'il oublie, elle lui rappelle cette « loi ». Quand l'enfant aura grandi il découvrira lui-même l'amour de son père et il n'aura plus besoin qu'on lui dicte les gestes d'affection qu'il lui adressera librement.

Faibles, et si peu aimants, nous avons besoin – mais là encore c'est une imperfection – que soit balisée notre route d'amour.

Les grands priants, dans l'Ancien Testament, ont découvert progressivement leur Dieu, et comprenant son désir de « faire alliance d'amour » avec son peuple, ils ont *traduit ce désir en lois, commandements*, gestes religieux, sacrifices ... adaptés aux circonstances et à l'évolution des hommes de leur temps.

Jésus est venu. Il nous a dit que toutes ces lois et commandements qu'avaient instauré ces saints, guides et prophètes (du moins les vrais, les authentiques, car certains en avaient rajouté que Jésus avait fustigés, car ils n'avaient plus rien à voir avec Dieu), pour en finir, se résumaient en un seul commandement, celui de l'amour.

Tenez, écoutez : « Tu aimeras le Seigneur ton Dieu de tout ton cœur, de toute ton âme et de tout ton esprit. Voilà le grand, le premier commandement. Et voici le second, qui lui est semblable : tu aimeras ton prochain comme toi-même. *Tout ce qu'il y a dans l'Écriture dans la Loi et les prophètes, dépend* de ces deux commandements. » (Matthieu 22, 37-40).

C'est clair. Et qui oserait affirmer que ces « commandements » doivent être reçus comme des « ordres » ? Non, Jésus ne veut pas nous dire : Je vous ordonne d'aimer Dieu, et d'aimer vos frères. Mais connaissant son Père, il connaît *son désir éternel*, à savoir : que nous le reconnaissions nous aussi comme notre Père et que nous vivions donc entre nous comme des frères. Alors, il vient nous le révéler. Il est envoyé en mission pour cela. Et comme pour lui « les désirs de son Père sont des ordres » il sera fidèle jusqu'au bout « obéissant (à sa mission) jusqu'à la mort ».

Mais le désir ne serait-il pas une volonté au rabais ?

– Absolument pas ! Il est plus facile de suivre une loi que de chercher à travers toute sa vie quel est le désir de Dieu, pour tenter d'y répondre le plus exactement possible. Regardez combien est beau un vieux couple d'amoureux, lorsque chacun guette à travers les gestes, les regards, les mots ou les silences de l'autre, quels sont ses désirs profonds pour essayer de les combler. C'est ainsi que nous devrions agir avec Dieu. Il y faudrait une attention et une disponibilité de chaque instant ... Mais peut-on imaginer un dialogue d'amour plus merveilleux que celui-là !

Comme on est loin alors de la fidélité à une loi, au respect d'un commandement. On peut en effet se soumettre à l'une ou l'autre, sans amour, comme on peut vivre un amour authentique hors d'une loi. Tous les prêtres en ont fait l'expérience en fréquentant de ces « hors-la-loi ». Qu'on pense, entre autres, à tous ces couples « en situation irrégulière ». Qui peut juger s'ils ne vivent pas un peu d'amour authentique ?[24]

Tenez, un jour que je visitais trois prêtres français partis en Amérique latine, à Saô-Luis, dans le Nord-Est du Brésil, Roger, l'un d'eux, me dit : Dimanche après-midi, si tu veux, nous irons visiter le quartier des prostituées. Je t'expliquerai le travail que nous faisons avec elles.

Ce fut étonnant et bouleversant pour moi. Il fallait voir le Père, un homme grand, apparemment raide et assez froid, se promener avec aisance au milieu de ces cabanes-taudis, et les filles l'apercevant, s'inter-

---

24. Dans *Parle-moi d'amour, op. cit.*, j'ai imaginé la réponse de Dieu à la prière de la femme divorcée, remariée, p. 184-185.

pellant et se précipitant avec fougue pour l'*abraso* brésilien[25]. Je savais que l'équipe de prêtres et les sœurs qui travaillaient sur l'immense paroisse avec eux, avaient accueilli une de ces filles tuberculeuse à cent pour cent. Elle était morte, disaient-ils, comme une sainte. Ils en avaient « sorti » du milieu, je crois, deux ou trois autres. Mais toutes les autres ? Des centaines, de tous âges, et des très jeunes ! Je me renseignais.

– Que faites-vous pour elles ?

– Nous avons renoncé à faire « de la pêche à la ligne ». Pourquoi privilégier celle-ci plutôt que celle-là ? Et comment ? C'est impossible ![26]

– Alors ?

– Nous avons organisé pour elles, et avec elles, des cours de couture, et surtout de l'alphabétisation. Beaucoup d'entre elles sont illettrées ... Et puis, de temps en temps (je crois me souvenir que c'était une fois par mois), nous nous faisons prêter un camion ou nous en louons un, et puis nous emmenons un groupe au bord de la mer. Certaines ne l'ont jamais vue. Il faut voir leur joie !

– Et après ?

– Nous les ramenons, pour la reprise du travail, à l'heure où il y a beaucoup de clients.

Le soir, je pensais que peut-être une communauté religieuse faisait la même sortie et rentrait à la même heure ... pour ne pas manquer les vêpres ! Et Jésus devait regarder les deux communautés et, je suis sûr, les unir dans un même amour. Ne pensait-il pas à telle ou telle de ces filles, quand il a dit : Les prostituées nous précéderont au Royaume des cieux ? ...

---

25. On se jette dans les bras l'un de l'autre, en se frappant mutuellement et vigoureusement dans le dos.

26. Ils étaient aussi à ce moment-là en pourparlers pour faire venir à Sâo-Luis une équipe du NID : Mouvement fondé par le Père Talvas, pour lutter contre la prostitution et œuvrer pour la réinsertion sociale des femmes qui en sont victimes.

Revenons à vous-même. Vous n'avez donc pas suivi Jésus-Christ par obligation. Pour faire la « volonté de dieu ». Mais alors, pour vous, qu'est-ce que c'est, votre vocation ?

– La rencontre de deux désirs.

Quand j'ai dit au Seigneur, ce fameux soir : Si tu veux, moi aussi je veux bien, il est évident que ça ne voulait pas dire : Si tu me l'ordonnes, j'obéis ; mais : *Si tu le désires,* moi aussi. Et je vous assure qu'il y a là beaucoup plus qu'une nuance : l'espace de liberté nécessaire pour que puisse naître une véritable histoire d'amour.

Mais dans une telle rencontre, comment peut-on être sûr de ne pas se tromper ?

– A la joie éprouvée. C'est-à-dire quand au-delà de la conscience claire des sacrifices à consentir, des difficultés et des souffrances possibles et même probables, cette joie s'installe en nous irrésistiblement et rejoint au fond de notre cœur une paix profonde qui ne peut venir que d'ailleurs. Et je crois qu'à travers cette paix, c'est la joie même de Dieu qui s'exprime. Car lui aussi est heureux de la rencontre.

... Il reste ensuite à essayer d'être fidèle.

Je n'y suis pas pleinement. Je vous l'ai dit et vous le redirai. Je n'en suis pas fier, mais ça ne m'enlève pas cette paix, parce que je sais que lui, il est fidèle et ne se lassera pas.

Le prêtre

Vous avez été ordonné prêtre en 1947. Pourquoi votre ordination a-t-elle eu lieu en juillet, alors que, d'ordinaire, les ordinations sacerdotales se déroulent en juin ?

– L'archevêque de Rouen, Monseigneur Petit de Julleville, n'était pas disponible à ce moment-là. Ce fut donc Monseigneur Clabeau, un évêque de passage, qui m'a ordonné avec mes confrères, dans la cathédrale de Rouen, pas très en retard, puisque le 1er juillet. Cet évêque était missionnaire dans le Grand Nord canadien. Accueilli au Grand séminaire, il se promenait dans les couloirs en tirant sur sa grosse pipe, alors que le règlement interdisait formellement de fumer, sauf pour les anciens prisonniers, et à certaines conditions. Le supérieur n'osait pas intervenir devant cette infraction épiscopale. Nous, comme des grands gamins, ça nous faisait rire.

J'étais heureux d'être ordonné prêtre par un évêque missionnaire. Moi aussi, je voulais aller vers les gens qui n'avaient pas entendu parler du Seigneur ou qui ne le connaissaient pas vraiment.

Aviez-vous alors le désir de partir à l'étranger ?

– Non, pas besoin de s'expatrier pour être missionnaire ! C'était l'époque où le livre *France, pays de mission ?* (1943) avait mis le doigt sur la déchristianisation « des masses », comme on disait. Je l'avais moi-même constaté pendant que j'étais au travail et que je faisais de la JOC : quantité de personnes ne connaissaient pas Jésus-Christ ou ne le connaissaient que d'une manière déformée, par le visage que leur en avait donné l'Église.

Vous vouliez donc être missionnaire dans votre diocèse ?

– Oui, je pensais qu'il y avait là, sur place, un travail énorme à accomplir. Mais, comme je l'ai dit, mes supérieurs eux me regardaient en effet comme un homme d'action ouvert au monde, puisque j'avais travaillé, et que, de plus, j'étais animé d'esprit missionnaire ; discrètement, ils me faisaient comprendre que je serais peut-être plus à ma place à Mission de France et dans son séminaire.

Pourquoi ne l'avez-vous donc pas rejoint ?

– Parce que je pensais qu'en fait, c'était scandaleux de devoir fonder un séminaire spécial pour des prêtres qui seraient missionnaires. Comme si tous ne devaient pas l'être ! C'était pour moi la preuve que les séminaires ne remplissaient pas leur rôle, car les prêtres diocésains avaient eux aussi un travail missionnaire à réaliser dans et à partir de leurs paroisses et de leurs mouvements. Il fallait approcher des gens qui avaient entendu parler de Jésus dans leur famille et au catéchisme, mais qui avaient tout abandonné d'une religion à laquelle ils n'avaient participé que de l'extérieur. Il fallait ensuite les mettre, eux aussi, en état de mission.

Combien d'autres prêtres ont-ils été ordonnés en même temps que vous ?

– Une vingtaine. Nous avions été plus de quarante à rentrer en première année de séminaire. Celle qui est consacrée à la philosophie. C'était une année exceptionnelle.

Quel est votre premier souvenir de jeune prêtre ?

– Une de mes premières messes, célébrée à la prison de Rouen. L'aumônier souhaitait qu'un jeune prêtre accomplisse cette démarche inusitée. Il me l'a demandé. J'ai aussitôt accepté, avec joie. J'allais ainsi vers ceux qui m'apparaissaient comme les plus pauvres.

Parmi mes paroissiens d'un jour, il y avait deux condamnés à mort, l'un pour assassinat, l'autre pour collaboration pendant la guerre. L'aumônier m'avait indiqué que ces deux hommes désiraient préparer la messe avec moi. C'était donc l'une de mes premières messes ; pour eux la dernière. Qu'allais-je leur dire ? Je n'eus pas à chercher très loin.

L'assassin me répétait sans cesse :

– Ce qui m'ennuie, voyez-vous, c'est ma femme. Qu'est-ce qu'elle va devenir après ma mort ? C'est une brave fille, mais, entre nous elle n'est pas très maligne. Elle ne saura pas se débrouiller !

Cet homme qui allait mourir n'avait qu'un souci : la femme avec laquelle il vivait. Qui n'était d'ailleurs pas la légitime ! Il ne se préoccupait pas de lui ; il pensait d'abord à l'autre. Je ne me souviens pas de ce que j'ai pu raconter, mais je me souviens que j'étais en admiration devant lui. Encore un « hors-la-loi » qui savait aimer, de la façon la plus radicale qui soit.

Je conserve un album que les prisonniers m'ont offert à cette occasion. Il contient les dessins naïfs de jeunes détenus mineurs qui étaient dans ce temps-là, incarcérés avec les adultes. Le texte du « compliment » qu'un plus grand a récité à la fin de la messe pour me remercier de ma venue. Et plusieurs autres dessins d'adultes faits « à la plume ». Cette fameuse plume était un éclat de ressort de lit longuement affiné sur un coin de ciment.

Devenu prêtre, étiez-vous fier ou intimidé de célébrer la messe ?

– Simplement heureux. Mais les premières messes que j'ai célébrées, n'ont pas été accompagnées de grands élans mystiques : loin de là ! Un des premiers jours, je m'en souviens, j'ai pensé en élevant l'hostie à la consécration :

– Dieu ! Comme il est léger !

Aucun rapport entre l'expérience sensible et l'infini de cet acte auquel je participais. Ultérieurement, quand j'étais étudiant à Paris, certains matins, je me réveillais heureux à la pensée de bientôt célébrer l'Eucharistie. Il m'est arrivé d'en être remué très fort dans ma sensibilité lorsque, en quelques enjambées sur le boulevard Montparnasse, je rejoignais l'église Notre-Dame des Champs où je célébrais. Mais ce n'était là qu'émotion superficielle. Le terrain solide est ailleurs, souvent dans la nuit, dans le silence total.

Mais alors pourquoi célébrer la messe, qui contient du sensible, des paroles, des gestes ?

– Je veux dire que l'impression sensible qui peut être ressentie parfois dans la célébration de la messe ou la prière, n'est pas une preuve de foi profonde. Dieu est au-delà du sensible. Certes, désirant s'unir profondément à chacun d'entre nous, le Seigneur passe par toutes nos facultés : notre intelligence (des idées), notre sensibilité (des émotions), notre vitalité physique (des gestes). Mais il ne faut pas prendre les idées, les émotions, les gestes, pour le Seigneur lui-même. Ils ne sont que pauvres petites routes, piètres instruments pour servir Quelqu'un, qui les dépasse infiniment. S'arrêter à eux, c'est risquer de ne jamais rencontrer ce Quelqu'un.

Étudiant à Paris

Vous n'avez donc pas commencé votre ministère sacerdotal aussitôt après votre ordination puisque vous avez été envoyé à Paris pour continuer vos études. Au séminaire, qu'est-ce qui a pu vous préparer à la sociologie ?

– Rien. Dans l'esprit de mon archevêque et de ses conseillers il fallait former des spécialistes pour le service du diocèse : des spécialistes en théologie, en Écriture Sainte, en Droit canonique et, c'était la mode, des spécialistes en sciences sociales. Mais pas en psychologie : c'était encore jugé trop dangereux ! Quoique à Rouen, on acceptait déjà que les séminaristes passent un examen psychologique dont on tenait compte pour leur orientation.

Je fus donc en effet envoyé à la Catho de Paris, pour des études de sciences sociales et politiques. J'avais été classé comme appartenant au monde ouvrier puisque j'avais travaillé, et comme un gars pas trop idiot, capable de suivre une formation plus poussée.

Cette décision était pour moi totalement inattendue. Un vrai coup dur. J'avais accompli, en gros, trois ans de séminaire de vocations tardives, un an à Mesnières, puis cinq ans au grand séminaire. Total :

neuf ans ! J'avais accepté ce parcours interminable qui me permettait d'approfondir, dans le silence, ma relation avec le Seigneur, et c'est évident, m'apportait un enrichissement intellectuel, mais je ne rêvais que de pouvoir retourner me donner complètement aux autres, du matin au soir. C'était bien la raison de mon entrée au séminaire. La raison des neuf années passées. Mais, voilà ..

Au terme de ces neuf ans, mon supérieur m'appelait :

– Mon cher ami, nous avons décidé de vous envoyer à Paris ...

Coup de barre donc. Repartir encore pour des études, c'était vraiment dur. Très dur. J'ai accepté malgré tout. Je venais de promettre obéissance. Et je me suis mis au travail avec sérieux.

Nous étions trois du diocèse de Rouen[1], envoyés cette année-là à Paris, dont l'un devait se spécialiser pour le monde rural.

A cette époque, ma mère et ma sœur habitaient la capitale, dans un immeuble, boulevard Montparnasse. Ma sœur travaillait au centre national du Mouvement Cœurs Vaillants/Ames Vaillantes (aujourd'hui : Action Catholique des enfants), fondé par le Père Gaston Courtois. Elles nous accueillirent chez elles. Nous couchions donc dans une petite chambre, au sixième. Un simple sac de couchage, pour chacun de nous, suffisait. Nous étions heureux, car nous dominions le boulevard et les toits des maisons. Un minuscule balcon nous permettait d'en faire une tribune, pour prier sur la ville.

Car nous nous y entraînions. Je vous ai dit que nous avions été formés pour rencontrer Dieu hors du monde. Personnellement, tout en reconnaissant que j'en avais bénéficié – car j'y avais pris goût - je n'en continuais pas moins à regretter la démarche, que je trouvais totalement illogique. Il fallait donc à tout prix découvrir un moyen pour refaire le parcours en sens inverse. A savoir : inventer des « exercices spirituels », tournés cette fois, vers la rencontre du Christ dans la vie du monde. Vivre en plein Paris, ne pouvait pas mieux tomber pour nous.

1. A cette époque, le diocèse du Havre n'avait pas encore été créé. J'appartenais donc au diocèse de Rouen.

Après avoir lu un passage de l'Écriture, nous sortions tous les jours, ne serait-ce qu'un quart d'heure, pour méditer en pleine vie. Marchant dans la capitale, prenant le métro[2], ou tout simplement en faisant une course, nous nous exercions à prier au milieu de la foule, à porter un regard de foi sur les gens et leurs activités. Au retour, nous mettions en commun nos réactions. Nous appelions cet « exercice spirituel », notre quart d'heure de « médiation » (par opposition au temps de « méditation » du séminaire).

En ce qui me concerne, je cherchais à faire le lien dans ma vie, entre mon désir profond d'union au Christ, contemplé face à face, et le désir d'union à tous les hommes et toute leur vie, dans laquelle j'étais sûr, Dieu était présent et m'attendait. J'avais découvert la première démarche au séminaire et la seconde avant d'y entrer. Je ne voulais plus lâcher ni l'une, ni l'autre, et pas davantage négliger l'une aux dépens de l'autre.

J'en vins à me dire que si je creusais, je rencontrerais le point où les deux attitudes se rejoignent. Je découvris que ce lieu de rencontre, ce carrefour, était moi-même, si je me livrais au maximum. Tout grand ouvert sur Dieu, pour qu'il m'investisse. Tout grand ouvert sur les autres, pour que je puisse les accueillir et permettre ainsi en moi, la Rencontre. Ce que Jésus réalisait parfaitement puisqu'il était, tout Dieu et tout l'homme, je le réaliserais donc un peu à ma très, très petite mesure.

Je pensais alors que c'était cela, en partie, « être prêtre », avant même d'exercer un ministère concret. Ça me donnait du courage, pour attendre encore.

J'ai essayé d'exprimer ces idées dans certaines prières. Mais nous en reparlerons, puisque vous m'avez dit que vous avez justement l'intention de m'interroger sur la prière.

A Paris, cette fois, vous étiez libre d'organiser votre vie comme vous l'entendiez. Comment en avez-vous profité ?

– En effet, nous étions entièrement libres, et cela du jour au lendemain. Et c'était l'un des contrastes majeurs avec notre vie précédente. Quelques semaines auparavant, il fallait demander la permission pour

---

2. Cf. *Prières, op. cit.,* p. 40.

aller faire la moindre course – et c'était exceptionnel – ; aujourd'hui, nous pouvions sortir tous les soirs au cinéma et ailleurs. Je n'ai pas souvenir qu'une seule fois, une quelconque autorité du diocèse nous ait demandé comment nous nous organisions à Paris. Seules, les sacro-saintes études étaient suivies, je suppose par le biais des professeurs de la Catho.

Évidemment, nous nous sommes organisés. Indépendamment de cette recherche spirituelle dont je viens de vous parler – et qui était primordiale pour nous – nous avons programmé des sorties. Toujours dans le même esprit : ouverture et lien avec le Seigneur, même dans nos loisirs ; cinéma, pour voir un film dont on parlait ; théâtre, à la Comédie française, pour notre culture (et parce que ce n'était pas cher) ; piscine pour le sport, etc.

Progressivement, nous avons aussi pris contact avec les expériences missionnaires qui se déroulaient à Paris : visites au Père Depierre, une des figures marquantes des premiers prêtres ouvriers ; au Père Michonneau, Fils de la Charité, qui justement essayait de mettre sa paroisse en état de mission ; participation à une Mission en roulotte, au Blanc-Mesnil (en banlieue parisienne), avec le Père Thivolier, etc. C'était dans l'Église, une époque de pleine effervescence. Une profonde mue se préparait. Nous tâchions, mais seuls encore une fois, de nous insérer dans ce mouvement. Je n'étais pas le dernier à tenter de m'ouvrir tout entier, esprit et cœur, à ce vent de l'Esprit. Une fois encore, malgré ma souffrance de ne pas rejoindre effectivement le champ du Père, je ne regrettais rien.

Une thèse mémorable

Vos études à Paris, n'ont pas été pour vous un point final, puisqu'on vous retrouve ensuite à Rouen, préparant une thèse. Qu'est-ce qui vous a décidé de continuer pour obtenir un doctorat ?

– Franchement, je ne sais plus. Probablement une intervention des professeurs de la Catho, auprès du diocèse, ou *vice versa*. Peu importe. En tout cas, ce n'est pas moi qui ai décidé. Je n'avais pas le choix. J'étais une fois de plus coincé.

Par contre, je me revois très bien dans le bureau de mon évêque Monseigneur Lemonnier (le Cardinal Petit de Julleville était décédé), lui demandant dans quelle ville du diocèse, quel quartier il désirait que j'étudie. Pour éviter à tout prix un sujet de thèse purement théorique, j'avais en effet proposé de mener une enquête sociologique approfondie sur un quartier populaire. Je pressentais que je pourrais dégager des conclusions importantes, au point de vue tant humain que chrétien. Ma demande fut acceptée. Mon Père évêque me suggéra d'étudier un grand secteur au centre de Rouen, qui recouvrait pratiquement trois paroisses : Saint-Vivien – Saint-Maclou – Saint-Nicaise.

Je me lançai dans ce travail sans aucune espèce de préparation technique. Pas de moyens pratiques non plus : machine à calculer, encore moins ordinateur, et pour cause, il n'y en avait pas. Il fallait tout faire à la main. J'étais aidé de temps en temps par tel ou tel copain et ... par certains adolescents du quartier. Ce sont eux en effet, que gamins, j'avais eus en colonie pendant la guerre. J'avais gardé de solides amitiés, très typées il est vrai : des « durs de la Croix de Pierre » comme ils s'appelaient, du nom d'une petite place au centre d'un ensemble d'immeubles-taudis. Comme pour un grand jeu, je les envoyais faire des pointages sur des plans du quartier et je recueillais de leur bouche, une foule de renseignements qui me permettaient d'ouvrir des pistes de recherches.

En fait, j'inventais ma méthode, au fur et à mesure. Elle se déployait dans trois directions. Premièrement, des statistiques bien sûr. Puis des pointages sur cartes et des schémas pour visualiser les résultats. Enfin, des contacts directs avec la population.

Là, je m'en donnais à cœur joie, plongé dans le quartier – j'habitais le Foyer Sainte-Marie, ouvert pendant la guerre par l'aumônier militaire qui avait créé le Foyer roulant – je circulais toute la journée, pénétrant partout, grâce aux recommandations des personnes que j'avais vues précédemment et qui m'avaient dit :

– Vous devriez aussi aller voir les Untels, c'est à deux pas d'ici.

– Je peux me présenter de votre part ?

– Mais je pense bien ...

Quelquefois même, certains m'accompagnaient :

– Il y a là un Monsieur qui (ou un Monsieur le curé ... ou un jeune homme ...) cherche des gens qui connaissent le quartier, j'ai pensé que toi ...

J'obtenais tous les renseignements que je désirais, et bien d'autres. Le soir, je notais. Je pointais. Je calculais. Je comparais avec les statistiques que je récupérais dans les différents organismes officiels, associations, etc.

Peu à peu se dessinait les structures du quartier. Je décelais les points de rassemblement, les groupements de voisinage, et de plus grands que je dénommais groupements homogènes, les zones d'influences des différents commerçants, les rues qui unissaient et les artères qui séparaient, etc. Quant aux habitants, j'apprenais leur travail, leurs lectures, leurs loisirs, leurs cheminements dans le quartier et leurs déplacements hors de leur territoire, etc. Je ne peux pas vous réciter toute la table des matières du livre, je ne l'ai pas sous les yeux[3] et ce serait fastidieux !

Il faudrait bien sûr le lire pour connaître la vie multiforme de cette population que je découvrais avec passion.

Comment se fait-il que tant de monde se soit intéressé à votre étude ?

– Je l'ignore. Je n'ai pas fait de réclame. Mais la nouvelle se répandait comme une traînée de poudre, colportée de bouche à oreille. Certains responsables – comme le maire de Rouen, furieux – craignaient que soient mises au jour et prouvées scientifiquement, quelques réalités scandaleuses. Ne l'était-ce pas, par exemple, que depuis des dizaines d'années, le fait de naître en deçà du boulevard des Belges plutôt qu'au-delà, condamnait les enfants à une mort prématurée. Les statistiques étaient là, inexorables. Le taudis, la promiscuité, la misère ... tuaient, au plein centre de Rouen.

---

3. *La ville et l'homme,* Éditions Ouvrières/Économie et Humanisme, (épuisé). Aujourd'hui, le quartier est bien changé. En suivant les plans de l'enquête, on a détruit certaines zones de taudis. Reconstruit. Puis rénové magnifiquement de nombreux immeubles vétustes. Inutile de dire... qu'ils ont changé de locataires !

Si certains redoutaient que soient publiés les résultats de l'enquête, d'autres s'y intéressaient vivement. Un jour, je reçus l'annonce officielle de la visite d'un « chargé de mission » du ministère de la Reconstruction et de l'Urbanisme. Il était envoyé pour étudier les moyens possibles de m'aider. Le ministre, paraît-il, y tenait (? ...), mais il ne pouvait subventionner directement l'enquête, à cause de ma personnalité de prêtre, et du fait que la thèse serait soutenue à l'Institut Catholique. Il fut convenu qu'un photographe du Ministère serait envoyé, qui prendrait des clichés pour illustrer le livre. Il vint une semaine. J'aurais préféré toucher l'argent de toutes ces dépenses ... mais je ne regrettais pas pour le photographe. Il dut se souvenir longtemps de la visite guidée que je lui fis faire ! ...

Le CNRS[4] me patronait ouvertement. Ce prestigieux appui ne me rapportait rien, si ce n'est que de m'ouvrir largement certaines portes. J'obtenais tous les renseignements officiels que je désirais et je me faisais de nombreux amis.

Enfin, sur le conseil de je ne sais qui, je rencontrais le Professeur Le Bras. J'étais un peu intimidé. C'était « le » grand spécialiste et, probablement l'unique à ce moment-là, de sociologie religieuse, à la Sorbonne et pour toute la France. De plus, il était conseiller ecclésiastique pour les affaires religieuses au ministère de l'Intérieur. Il devait un peu plus tard m'y conduire, dans ses bureaux, et m'expliquer son rôle, spécialement au moment de la nomination des évêques. Certains le craignaient. Et je le comprends. Il avait un pouvoir que je ne soupçonnais pas. J'en conclus que décidément, le Saint-Esprit était obligé de passer par des chemins inattendus, même quand on annonçait : « Le Saint-Père a nommé évêque de ... ».

Mais là n'était pas mon problème. Le Professeur Le Bras, non seulement m'avait encouragé, mais il s'était, à ma grande stupéfaction, montré enthousiaste. A sa demande, je le revis. Il désirait que je le tienne au courant de l'évolution de l'enquête. Quand il fut question d'édition, il me proposa immédiatement de rédiger pour moi une substantielle préface. Je n'en revenais pas !

---

4. Centre National de la Recherche Scientifique.

Le Père Lebret, fondateur d'Économie et Humanisme[5], de son côté, désirait me rencontrer sur le conseil du Père Chenu qui avait été « exilé » au couvent des Dominicains de Rouen. Lui aussi fut enthousiasmé.
– Nous travaillons selon les mêmes méthodes, me dit-il, mais tu les perfectionnes. Collabore donc avec nous. Voilà pourquoi ma thèse fut éditée en 1952 par les Éditions Ouvrières/Économie et Humanisme. Ce fut le premier contact d'une longue et chaleureuse histoire avec cet Éditeur, devenu Les Éditions de l'Atelier.

Quant au Père Lebret, je le revis également, collaborant à son petit manuel *L'Équipe d'enquête et d'action*[6], puis avec quelques autres chercheurs à *L'Enquête urbaine*[7], sans compter cette fameuse session de quatre jours, organisée par Économie et Humanisme, à l'Arbresle, pour ... les évêques. Ils vinrent à plus d'une vingtaine, ainsi qu'un ministre et quelques hautes personnalités. J'étais chargé d'une journée. Je planchai, sans aucun complexe, sûrement encouragé par la simplicité déconcertante des « élèves » qui suivaient les cours et prenaient des notes comme des étudiants consciencieux.

Pour la petite histoire, et pour vous montrer que je gardais toujours en réserve la possibilité d'un sourire, je confesse que, participant, cette fois comme auditeur, à l'une des conférences, je m'ennuyais. Devant moi, immobile, un homme chauve paraissait écouter. Alors, je priais à partir de ce beau crâne luisant (Cf. la prière « Le crâne chauve », dans *Prières*[8]). Ce Monsieur ne sait pas que son crâne est devenu célèbre ! ... (Rires)

On dit que vous êtes à l'origine d'une « méthode d'enquête urbaine devenue un classique ». De quoi s'agit-il ?

– On le dit, en effet, et ça m'étonne toujours. Pourtant, quelques mois après la parution du livre, le Père Lebret m'envoyait une petite carte de New York, me mettant en garde : – « Tu sais que tu es devenu

---

5. Expert à l'ONU. Auteur de plan de développement de plusieurs pays. Rédacteur principal de l'Encyclique *Populorum Progressio*.
6. Éditions Économie et Humanisme (épuisé).
7. *Analyse du quartier et de la Ville*, aux Presses Universitaires.
8. P. 108-110.

un personnage célèbre, aux États-Unis ! Attention à tes chevilles ![9] ». Maintenant encore, des étudiants m'annoncent, heureux, que leur professeur, en Fac, a fait référence au livre. C'est aussi surtout, je crois, à cause de la méthode, que le prix Jansen m'a été attribué, à la Sorbonne, en 1954.

En fait, ma plus grande trouvaille fut de passer du pointage sur papier, aux pointages de différentes couleurs, sur calque, pour permettre par juxtaposition, de détecter immédiatement les points de convergence comme ceux de divergence. Les zones de taudis, par exemple, correspondaient exactement aux zones de délinquance, comme elles excluaient presque totalement celles de la pratique religieuse, etc. Les statistiques, souvent rébarbatives, devenaient parlantes. Quand je montrais mes calques, je n'avais pas besoin de faire, chiffres en main, une longue démonstration. Ils étaient d'eux-mêmes éloquents. Mais avouez qu'il n'y avait pas besoin d'être « sorti de la cuisse de Jupiter », pour trouver cela ! Les calques, il est vrai, me servirent également pour découvrir, puis étudier, bien des aspects de ce corps vivant qu'est un quartier. Aspects qui seraient peut-être passés inaperçus à la simple lecture des statistiques et même à l'observation et à l'écoute des témoignages des habitants.

Je crois aussi avoir bien montré l'influence respective des deux dimensions où se développe la vie de l'homme : la dimension géographique et la dimension sociale.

Une fois de plus, vous n'avez donc pas regretté d'avoir obéi !

– Non, pas du tout. Cette enquête me replongeait d'un seul coup dans la vie. Je m'y immergeais totalement. J'y emmenais mon Seigneur, persuadé que rien d'humain ne devait lui être étranger. Il devait tout rejoindre, tout pénétrer, tout assumer. C'était son Incarnation qui continuait ...

Et au cœur de cette vie, il me faisait signe sur signe.

_____

9. Ne deviens pas orgueilleux.

Au début, j'étais inquiet en commençant mes visites. Pourquoi allais-je interroger ces gens ? N'étais-je pas un voyeur ? Je n'avais rien à leur apporter et cette enquête ne servirait pratiquement à rien pour eux[10]. Alors j'osais leur dire : Je viens uniquement pour vous connaître. Pour connaître votre vie et pour la faire connaître. Je veux à tout prix qu'on sache dans quelles conditions vous habitez. Que vous êtes obligés d'aller chercher votre eau à la fontaine ... Qu'il n'y a pas une seule douche dans tout ce pâté de maisons ... Que vos toilettes sont dans la cour ... Que vous habitez à cinq, six, dans deux pièces ... Que vous êtes obligés de partir à cinq heures du matin pour rejoindre votre travail, parce qu'il n'y a pas d'autobus, etc. Et de savoir, de voir, de sentir, que je m'intéressais à eux, pour eux, gratuitement, ouvrait leurs lèvres et pour en finir, leur cœur. Ils existaient devant quelqu'un (qu'ils considéraient comme important puisqu'il allait « faire un livre sur eux »).

Comme j'aurais aimé rester avec eux. Vivre avec eux !

Quatrième vicaire au Havre

Vous n'avez pas pu, puisque vous avez été nommé au Havre. Pourquoi ce changement de lieu ?

– Allez donc savoir ! Apparemment, c'était totalement aberrant. D'autant plus qu'il fallait nommer un prêtre à Saint-Vivien, une des paroisses de ce quartier que je connaissais désormais à fond[11].

D'autre part, je n'avais pas fini de mettre au point et de rédiger ma thèse. J'étais parti me réfugier à la campagne pour y travailler au calme. Ma sœur mettait les plans au propre et tapait mon texte à la machine. Je demandais, je suppliais qu'on me laisse encore trois mois pour achever l'œuvre entreprise : cette œuvre qu'au point de départ je n'avais pas voulue, choisie, mais qu'on m'avait imposée. Rien à faire :

---

10. L'avenir prouva qu'en partie j'avais tort. Le quartier fut transformé. Quelques-uns des habitants tout de même en bénéficièrent et, au moins, fut révélée une misère que beaucoup ignoraient.

11. Voir p. 24.

j'étais paraît-il indispensable au Havre, quatrième vicaire[12] de la paroisse Sainte-Marie[13].

Ajoutez à cela – comme je vous l'ai dit – que déjà l'Assemblée des Cardinaux et Archevêques souhaitaient que je sois chargé, pour la France, de la sociologie religieuse urbaine et que le Père Lebret me demandait pour le remplacer au Brésil – il s'agissait d'une enquête sur Saô-Paulo – et vous aurez la raison pour laquelle je me présente quelquefois en riant comme un « sociologue avorté » ... car j'étais obligé d'aller au Havre.

Rassurez-vous, je ne me suis pas révolté. Je ne regrettais rien. J'ai pensé simplement qu'il fallait que le Saint-Esprit soit bien souple pour passer à travers les méandres des décisions humaines ... car il paraît que c'était lui qui s'exprimait par mes supérieurs !

Je continuais quand même de travailler l'Enquête. Pas pour la thèse, je n'y pensais même pas, mais pour le livre. On l'attendait. Je m'étais engagé vis-à-vis de l'éditeur, du Ministère, du CNRS et surtout des gens du quartier. Je voulais faire savoir qu'il y avait dans les grandes villes de France, des gens qui vivaient dans ces conditions inhumaines. Je l'avais promis.

Je travaillais donc le soir, « en heures supplémentaires », car mon curé avait bien mis les choses au point, dès mon arrivée : « Tu n'es pas venu ici pour préparer une thèse de doctorat ! »

Comment alors avez-vous réussi à obtenir votre titre de docteur en sociologie ?

– Ce fut une véritable aventure. Lorsque j'ai annoncé à mon curé que je devais m'absenter du Havre pour aller soutenir ma thèse à Paris, il m'a demandé :

----

12. Prêtre, adjoint au curé responsable de la paroisse.
13. Lorsque j'ai été nommé, il y avait donc cinq prêtres au service de cette paroisse et trois pour celle d'à côté. Aujourd'hui les deux paroisses sont jumelées et au lieu de huit prêtres, elles en ont deux. Et ces deux prêtres ont d'autres responsabilités importantes au niveau du diocèse.

– Combien de temps seras-tu parti ?

– Je ne sais pas comment se déroule une soutenance de thèse (c'était vrai !)

– As-tu prévu quelqu'un afin de te remplacer pour les catéchismes.

– Oui, pas de problème !

Tous les jours en effet, je devais assurer deux séances de catéchisme. Une le matin à l'école catholique de garçons (très importante) ; une autre le soir à la paroisse. Il ne fallait à aucun prix supprimer une heure de cours.

J'ai donc soutenu ma thèse à l'Institut Catholique de Paris, devant un jury présidé par son recteur Monseigneur Blanchet, le Professeur Le Bras et le directeur d'Économie et Humanisme, tous deux spécialement invités.

Un des professeurs fit remarquer en souriant que la thèse était déjà imprimée, puisqu'on leur avait fourni comme texte les « bonnes feuilles » de l'ouvrage ; ce n'était pas l'habitude. C'est tout. Je croyais que je serais obligé de répondre à beaucoup de questions et de me défendre pied à pied. Pratiquement, il n'en fut rien. J'avais fait mon exposé et personne n'osa contredire ni le Professeur Le Bras, qui dans sa préface, chantait mes louanges, ni le directeur d'Économie et Humanisme qui dans son intervention en rajoutait encore. Chacun y allait de son petit couplet. Bref, c'était dans la poche, avec le « maximum de louanges ». Ce n'est pas ce jour-là que j'ai attrapé mal à la tête ni aux cheville, comme me l'avait indiqué le Père Lebret ! Car j'étais content, certes, mais vraiment j'avais le cœur ailleurs.

J'étais parti le matin. Je rentrai le soir. Mon curé tout de même me félicita. Je crois qu'il était heureux pour moi et un peu fier de ce jeune abbé, dont on lui avait dit je ne sais quoi, mais qu'il trouvait pour finir assez sympathique. Seulement, il ne fallait pas l'exprimer. Ça ne se faisait pas de montrer ses sentiments. C'était impudique.

Pour être honnête, je dois signaler qu'avant et après la soutenance de thèse, je participai à quelques congrès de sociologie, et je donnai quelques conférences, mais je m'arrangeais pour faire coïncider ces sorties avec mon temps de vacances que je ne prenais pas.

Désormais, vous étiez donc à pied d'œuvre pour exercer votre ministère. Vous avez donc rempli les tâches ordinaires d'un prêtre : catéchismes, baptêmes, mariages, enterrements ... Or, vous écrivez dans A cœur ouvert, « Je ne suis pas un fonctionnaire de l'Église ». Comment éviter de le devenir ?

— En restant en contact avec les personnes et leur vie.

Mais avant de poursuivre, il me faut bien distinguer mes deux temps d'apostolat à Sainte-Marie du Havre. Comme vicaire, j'y suis resté à peine trois ans (fin 1949 à 1953), et j'y suis revenu comme curé de septembre 1970 à septembre 1976. Inutile de préciser qu'en dix-sept ans, il y avait eu des changements ! A tous points de vue d'ailleurs ; mais en ce qui nous concerne tout de suite, il s'agit de pastorale.

Vicaire, je suis entré dans une paroisse extrêmement structurée. Un prêtre était chargé des mariages. Il prenait les inscriptions (quand ce n'était pas le sacristain), et voyait une petite heure les futurs mariés, pour remplir une « enquête ». Le prêtre « de semaine » faisait le mariage, sauf si c'était un mariage de première classe qui avait droit au curé. Un autre vicaire était chargé des garçons (patronage – sport – petits chanteurs et chorale). Un autre, des filles. Le prêtre de semaine devait assurer tous les soirs le Salut du Saint Sacrement (à dix-huit heures, si je me souviens bien) et le dimanche après-midi, les vêpres des enfants des catéchismes (obligatoires) à quatorze heures, et les vêpres des grandes personnes dans la soirée, etc.

Dans ce premier temps, pour échapper au « fonctionnarisme », je me suis dit : Michel, fais sérieusement ce que tu as à faire, même si tu es persuadé que ce n'est pas ce qu'il faudrait faire. Et puis tâche de nourrir chacune de ces activités, du maximum de foi et d'amour possible. Le Seigneur passera. Tu sais maintenant qu'il est très souple et sait se glisser même dans les situations tordues.

Je me souviens très bien qu'il m'est arrivé, par exemple, voyant l'annonce d'une inhumation à la sacristie, la cinquième ou la sixième de la semaine, de me dire : Celui-là, il n'aurait pas pu attendre lundi ou mardi, pour mourir ! Et puis me reprenant, de penser : Si pour moi c'est en effet le cinquième ou sixième enterrement, pour la famille en deuil, c'est le premier, et celui d'un être cher.

Et comment n'êtes-vous pas tombé dans la routine ?

– Je pense y avoir échappé. Sans grand mérite, puisque je n'ai vécu cette vie que trois ans à peine. Mais ce n'était pas la répétition des exercices pastoraux (au sens large) qui me faisait le plus souffrir ; c'était de constater l'immense décalage, pour ne pas dire le fossé entre notre vie de prêtre, tout entière accaparée par le service « intérieur » de l'Église, et la vie des gens de ce grand quartier populaire, vers lesquels nous étions en principe envoyés.

C'est un dimanche après-midi d'été que je reçus le choc le plus violent. J'étais de semaine. Je venais de célébrer les vêpres pour quelques vieilles personnes perdues dans la grande église sombre. En sortant, je débouchai en plein soleil, et après quelques pas dans la rue, je rejoignis le cours de la République, la voie passante du quartier, où la foule flânait, les enfants couraient, tandis que des familles entières, installées aux terrasses des cafés, parlaient fort, riaient, et se désaltéraient. Brusquement, je me sentis loin, très loin d'eux, moi qui rêvais de les rejoindre ... Et seul.

Je rentrai, priai, et griffonnai quelques mots de ma prière. Je devais les reprendre plus tard, dans mon livre. C'est la « Prière du prêtre le Dimanche soir »[14]. Si vous la lisez jusqu'au bout, vous remarquerez que malgré tout, je ne regrettais pas le don de moi-même. Si c'était à refaire, je le referais, mais cette fois non pas « dans un éclat de rire », mais en mesurant davantage le dépouillement qu'il nécessite.

Pour faire échapper un prêtre à la routine, faut-il le mettre sur les routes du monde, le changer d'implantation régulièrement ?

– Non, pas du tout. Mais il faut probablement à ceux qui sont dans le ministère classique – surtout tel qu'il était à cette époque – plus de

---

14. *Prières, op. cit.*, p. 73. C'est cette prière que Jean-Paul II a citée.

foi et d'amour, pour ne pas banaliser leur vie. La répétition et la durée sont les épreuves les plus grandes pour ceux qui vivent leur idéal – quel qu'il soit d'ailleurs – dans la grisaille du quotidien. C'est toujours ma même idée : être le héros d'un jour est sûrement plus facile que d'être le fidèle de chaque jour.

Comment un prêtre en vient-il à banaliser sa vie ?

– En s'enlisant dans un rôle administratif et en oubliant qu'il a à transmettre la vie du Seigneur à travers tous les actes de son ministère, comme à travers sa propre vie.

Mais comme c'était difficile, à partir d'un pareil cadre ! Nous étions avant le Concile. On ne mesure pas l'effort qu'on demandait au prêtre à ce moment-là. Je ne m'étonne pas que certains n'ont pas pu le supporter et ont été amenés à quitter le ministère quelque temps après. Nous avions bien préparé le terrain !

Je me souviens d'un jeune prêtre d'un diocèse de Bretagne. C'était plus tard, j'étais alors chargé de l'envoi des prêtres français en Amérique latine. Il est venu me trouver, volontaire pour partir. Il me suppliait d'intervenir auprès de son diocèse. Il était depuis son ordination, vicaire-instituteur, dans l'école catholique de son village. C'est-à-dire que le plus gros de son ministère était de faire la classe depuis trois ans déjà, à trente-cinq gamins. Il venait de voir son évêque qui lui demandait d'attendre encore deux ans avant d'être nommé à plein-temps dans une paroisse. Son évêque, heureusement, lui a permis de partir. Il est encore en Amérique latine, où il fait un travail extraordinaire. Que serait-il devenu ?

Pour moi, je vous l'ai dit, j'essayais de faire correctement mon travail. Et sans qu'on me l'ait demandé, je lançai une équipe JOC. Puis une équipe JIC[15].

Un matin mon curé, sachant que j'étais rentré tard la veille, me dit :

– Qu'est-ce que tu as encore fait hier soir ?

---

15. Jeunesse Indépendante Chrétienne.

148

– J'avais une réunion avec des jeunes.

– Combien étaient-ils ?

– Six.

– Naturellement ! La petite plate-bande qu'on cultive ! Et le grand champ du Père ? As-tu fait des visites ?

Car pour lui, c'était cela l'apostolat. Visiter la paroisse. Remarquez qu'à côté d'autres curés qui se contentaient d'attendre les gens à leur bureau le jour de leur permanence, c'était une avancée remarquable, d'autant plus que ce bon Père savait se rendre sympathique. Pour cela, nous l'admirions. En cinq ans, il visitait tous les foyers du quartier. Et nous, les vicaires, entre deux, nous étions chacun chargés d'un secteur. Je faisais ces visites tant bien que mal, mais comme elles étaient différentes de celles que je faisais quelques mois auparavant, pour mon enquête ! Je me présentais en soutane, un peu gêné : Je suis le nouveau vicaire du quartier, je viens vous dire bonjour. Certains répondaient : « On ne donne rien » ou « Monsieur le curé est déjà passé ». D'autres allaient immédiatement chercher leur porte-monnaie ... Avec quelques-uns je réussis à nouer des liens. Mais que c'était difficile, après des premiers contacts comme ceux-là.

Le Père curé n'était pourtant pas attaché à l'argent. Il nous disait que tel n'était pas le but des visites. Mais tout de même, le denier du culte ... Il fallait vivre et faire vivre la paroisse, les deux écoles catholiques ...

J'en continuais pas moins de cultiver mes « petites plates-bandes », essayant de faire pousser des semences qui, dispersées, permettraient plus tard que mûrissent les moissons, dans le champ du Père[16]. C'était vraiment une tout autre perspective. Le Père curé observait, de plus en plus intrigué, mais ne comprenait pas. Il me le dit.

---

16. La semence était bonne, puisque, de l'équipe JOC sortirent deux dirigeants fédéraux et un permanent diocésain. De l'équipe JIC un dirigeant national, Jean-Jacques Fréval (aujourd'hui décédé) et un certain Gilbert Auger qui fut président national de l'ACI, puis secrétaire du MIAMSI (Mouvement International d'Apostolat en milieux sociaux indépendants), et en 1993, élu président national du CCFD.

Votre première expérience de vie en paroisse s'est très vite achevée puisque vous n'êtes resté qu'à peine trois ans à Sainte-Marie.

– Oui, mais j'y suis retourné dix-sept ans après (en 1970), comme curé. En principe à mi-temps. L'autre mi-temps me permettant de continuer mon apostolat à l'extérieur du diocèse et de France (par les prédications, les conférences, les livres, etc.).

Pourquoi dites-vous « en principe » ? N'avez-vous pas respecté ce mi-temps ?

– Non, pas vraiment. J'ai souvent dit en riant : Je fais un plein temps dans mon diocèse, et un mi-temps à l'extérieur. Vous savez, dans le clergé comme ailleurs, lorsqu'on cumule les responsabilités, on est toujours victime ! (Rires)

Je dois préciser que j'ai moi-même demandé à retourner en paroisse, après dix-sept années d'aumônerie de divers mouvements d'Action Catholique (nous y reviendrons, je l'espère)[17], comme j'avais tenu, malgré les sollicitations de toutes sortes ou les conseils d'amis, à demeurer enraciné dans mon diocèse. J'avais rencontré suffisamment de prêtres entièrement détachés, dans les instances nationales et même internationales, qui me paraissaient déconnectés du réel, pour vouloir de toutes mes forces tenter de garder une part importante de mon ministère sacerdotal « à la base ». Beaucoup encore me croient « à Paris », or je n'ai jamais quitté Le Havre. J'avais tellement peur de parler de ce que je n'aurais plus essayé de vivre.

C'est donc ce désir de ne pas m'éloigner de la vie de tous les autres prêtres de mon diocèse qui m'a poussé à démissionner de ma responsabilité du CEFAL et de toutes les aumôneries d'Action Catholique, pour retourner en paroisse. Je voulais être un prêtre comme tous les autres prêtres. Or, prêchant beaucoup de retraites sacerdotales, les confrères

---

17. Et pendant ces dix-sept ans, sans rien lâcher de l'accompagnement de tous les mouvements que j'avais en charge, sept années à la tête du Comité Épiscopal France Amérique latine (CEFAL).

me disaient : Tu nous dis tout cela, c'est beau, mais tu ne fais pas comme nous des baptêmes, des mariages, etc., à la chaîne !

Je voulais le faire.

Distributeur de sacrements ?

Êtes-vous parvenu à être un prêtre « comme les autres prêtres ?

– Pas tout à fait. Car là encore je me suis retrouvé privilégié. J'ai en effet bénéficié pour la paroisse Sainte-Marie, puis Saint-Léon, la paroisse mitoyenne qui très vite nous fut confiée, d'une équipe de vrais amis. Des prêtres à la personnalité très différente, mais tellement riche ! Et qui ont eu la délicatesse de ne jamais me reprocher mes absences, pour mon mi-temps. J'ai beaucoup appris d'eux et ce que je vous dirai de ce ministère paroissial, est tout autant leur expérience que la mienne.

Je suis donc resté « curé » six ans. Puis à nouveau détaché en 1976 pour le Service des Vocations, différents mouvements et le Conseil Épiscopal.

Vous retrouvant à la paroisse Sainte-Marie après dix-sept ans d'absence, quel changement ?

– Un changement total, qui signifiait bien le changement dans toute l'Église en général. Ce qui m'a frappé en premier, c'est le nombre et le comportement de l'assistance à la dernière messe, le dimanche. Celle que nous appelions dans le temps « la messe des paresseux ». Dix-sept ans auparavant le prêtre commençait la célébration devant quelques fidèles. Puis l'église se remplissait au fur et à mesure. Juste *après* le sermon, elle était pleine, avec beaucoup de gens dans le fond. (Il fallait faire très attention d'arriver avant l'offertoire sinon « on n'avait pas eu sa messe » ... C'était un péché grave !) A la communion, quelques personnes seulement se déplaçaient pour recevoir leur Seigneur. (Il suffisait pour être en règle, de venir une fois par an « faire ses Pâques »). Aussitôt après la communion, le fond de l'église se vidait immédiatement, puis une partie de la nef. Il restait bien peu de monde pour recevoir la bénédiction du prêtre et entendre les annonces de la semaine !

Dix-sept ans après il y avait beaucoup, beaucoup moins de monde, mais ils étaient là, presque tous (!) au début. Et presque tous (!) communiaient et restaient jusqu'à la fin, où nous pouvions les saluer à la sortie en bavardant amicalement. Tous les chrétiens « sociologiques » avaient disparu. C'est regrettable. Mais c'était beaucoup plus vrai. Je respirais mieux, j'avais tellement souffert de cette comédie religieuse, si loin d'une communauté de croyants venant célébrer la mort et la résurrection de son Seigneur et s'unir à lui, pour vivre avec lui sa semaine.

Les transformations étaient également radicales vis-à-vis de la pastorale des sacrements. La demande était moindre certes, mais le souci de préparation et de célébration de la part des prêtres, beaucoup plus approfondi. On échappait partiellement à cet horrible « travail à la chaîne ».

Les prêtres n'ont donc rien à voir, selon vous, avec un distributeur de sacrements.

– Oh, absolument pas. Ils en ont toujours été conscients, mais la pratique s'était sclérosée. On vivait encore sur un passé de chrétienté où dans les familles, l'éveil à la foi et la formation se faisaient tant bien que mal, mais quelquefois très bien. Il suffisait alors de passer à l'église, s'entendre pour la date du baptême ou du mariage, et se présenter au jour dit pour la célébration. Il y avait encore un contenu de foi dans la démarche de ces gens qui, peu à peu, s'est amenuisé au point, dans certains cas, de disparaître totalement. Les prêtres ont dû faire tout un long chemin pour faire admettre aux personnes qui viennent demander un sacrement, qu'il leur faut accepter un minimum de préparation. Ils ont réfléchi et continuent de réfléchir aux moyens les plus adaptés d'une catéchèse encore trop rapide hélas ! J'ai bénéficié, je vous l'ai dit, de l'expérience de mes confrères. Nous avions dans l'équipe un spécialiste de la pastorale de la liturgie et des sacrements[18].

---

18. Michel Leprêtre, auteur d'un excellent petit livre : *Baptême*, collection « C'est-à-dire », au Centurion.

Le prêtre n'est-il perçu comme un fonctionnaire que lorsqu'il s'en tient au langage des rites ?

– C'est évident. Il faut certes expliquer le sens des rites mais, bien au-delà, tenter de faire découvrir ce qu'est un sacrement. Et c'est bien difficile quand n'est perçu que le contenant sans aucune idée du contenu ; à savoir, la foi à Jésus-Christ et l'accueil de sa Vie en Église.

Cette méconnaissance n'est-elle pas fréquente ? Beaucoup de gens viennent encore, en paroisse, vous demander d'être le représentant d'une « entreprise religieuse ». Pour le mariage ils passent à la mairie, puis à l'église. Lors d'un deuil familial, on va voir les pompes funèbres, puis le curé pour la cérémonie religieuse ...

– C'est cela qui est grave. Pour les personnes d'abord qui réclament des gestes dont ils ignorent quelquefois totalement la signification profonde, et pour le prêtre qu'on oblige à accomplir ces gestes alors qu'ils sont fondamentalement « dénaturés ». C'est en partie pour cette raison, que certains ont renoncé au ministère. Ils ne pouvaient supporter de jouer une comédie qui les blessait profondément et qui blessait leur Seigneur. Ce n'est pas pour cela qu'ils avaient donné leur vie ! Vous avez peut-être remarqué que jadis, lorsqu'un prêtre partait – on disait horriblement « défroquait » – c'était souvent, parce qu'il ne pouvait pas vivre positivement son célibat ; mais aujourd'hui ceux qui partent (moins nombreux qu'on le dit, et proportionnellement beaucoup moins que les époux qui ne sont pas fidèles à leurs engagements) s'éloignent souvent parce qu'ils ne peuvent pas vivre positivement leur ministère. Mais certains gardent la foi. Très vivante. Et douloureusement. Parce que l'Église n'a pas encore admis, osé et trouvé les moyens de continuer à les associer officiellement au service de la Communauté.

« Faire l'amour » sans l'amour, c'est rabaisser l'homme au rang de l'animal. Accepter de célébrer les sacrements sans la foi, c'est mépriser ceux qui les demandent et bafouer gravement Jésus-Christ qui désire s'unir profondément à ses frères. Et qu'on ne dise pas : « Il en restera toujours quelque chose ». C'est faux. Le Christ ne peut donner sa vie par les gestes de son Église, qu'à celui qui le connaît et croit au moins un peu en lui. Cette Église, pas plus que les prêtres à son service, nous le disions à l'instant, n'est une machine à distribuer les sacrements comme les appareils de boissons sur les parkings de nos routes, où il suffit de mettre quelques pièces et d'appuyer sur un bouton, pour obtenir « automatiquement » un café, avec lait ou sans lait, avec sucre ou sans sucre, etc. C'est horrible ! On n'a pas le droit de brader les sacrements et d'obliger les prêtres à devenir complices !

Mais ...

– Excusez-moi de vous arrêter, car vous m'avez parlé également dans votre question, de la cérémonie religieuse lors des enterrements. Je voudrais souligner au passage, car c'est important, qu'il s'agit là d'*une prière de l'Église pour les défunts, et non d'un sacrement,* ce qui explique que, de plus en plus, cette prière est présidée et conduite par des laïcs. Ici ou là se forment des équipes pour accueillir les personnes dans la peine, préparer la cérémonie avec elles, et même les visiter plus tard pour les aider à surmonter leur chagrin.

Certains chrétiens regrettent que ces prières pour le défunt, qui sont une démarche habituelle en France (et non pas dans tous les pays, loin de là !) ne soient plus accompagnées à chaque fois de l'Eucharistie (la messe). Mais elles le sont ! Non pas le jour même, devant le corps du défunt, mais le dimanche suivant avec la participation de sa famille évidemment invitée, et de toute la communauté chrétienne, qui prie pour l'un de ses frères décédés. La démarche est beaucoup plus riche, mais plus difficile à comprendre, car elle se heurte aux habitudes passées. Et pourtant ! ...

Un jour où j'étais encore curé à Sainte-Marie, je reçois une famille pour les funérailles d'un des leurs. Après avoir parlé du défunt et de la peine de ceux qu'il avait quittés, je leur demande – je crois pourtant très délicatement – si quelques-uns d'entre eux étaient « pratiquants » et si celui qu'ils pleuraient l'avait été, au moins en partie. En fait, ni les uns, ni les autres, ne l'étaient ; mais ils ne voulaient pas que leur mort « fût enterré comme un chien ! » – Je vous comprends, dis-je, c'est pour cela que nous prierons ensemble à l'église, etc. ; mais, ajoutais-je imprudemment, évidemment, je ne dirai pas la messe ... Je déclenchai alors un concert de protestations. Et tous mes arguments « spirituels » pour tenter de me faire comprendre, s'avérèrent sans effet. Tout à coup, j'eus une subite inspiration, et lâchement leur dis : Vous savez, la cérémonie *sera aussi longue*, avec lecture de textes, chants, encensements ... Les protestations cessèrent immédiatement. Nous nous quittâmes très bons amis. Et le surlendemain, à la fin de l'office, alors que j'allais saluer la famille, je fus entouré chaleureusement. On me félicitait, et l'une des personnes s'exclama : « Oh ! merci, merci, M. le curé, « pour votre petite messe », on s'en souviendra. C'était si beau ! » et tous acquiescèrent.

Ce que j'ai vécu là, plusieurs fois (également pour le sacrement de mariage sans Eucharistie), mes confrères le vivent encore hélas très souvent. Et ne sont pas toujours compris !

Justement, c'est la question que j'allais vous poser. Il y a, semble-t-il, une énorme distance entre ce que vous, prêtres, vous pensez des sacrements et ce que pensent les personnes qui viennent vous les demander. N'est-ce pas là que naît l'incompréhension ?

– Exactement, et c'est très grave. Car la distance, en effet, est « infinie ».

J'explique aux jeunes que, nous aussi, nous avons inventé des « sacrements humains ». Par exemple la poignée de main. Que signifie ce geste de deux mains qui s'unissent et se serrent virilement, sinon : « Je te donne mon amitié ». Or, le signe n'a de valeur que par son contenu. Il peut être lourd d'amitié offerte, ou très pauvre ; et même devenir contre-signe. Jésus a été trahi par un autre signe, un baiser. Les sacrements chrétiens, nous disent très bien les théologiens, sont *des signes sensibles qui réalisent parfaitement ce qu'ils signifient*. C'est-à-dire qu'à travers les gestes et les mots, c'est Jésus-Christ qui se donne totalement à nous dans telle ou telle circonstance importante de notre vie : la naissance, le mariage, la maladie ... Mais en Lui, aucun « contre-signe ».

Comment faire accéder les personnes que vous rencontrez à cette compréhension profonde ?

– Il faut commencer par le commencement. Je m'explique. J'ai participé au rassemblement des évêques latino-américains à Medellin. Pendant une semaine, ces évêques ont réfléchi aux meilleurs moyens pour annoncer Jésus-Christ aux populations dont ils portaient la responsabilité. Après avoir longuement étudié leur vie et stigmatisé leur pauvreté, ils se sont livrés à un examen de conscience très loyal. Nous avons, ont-ils dit, *« sacramentalisé avant d'évangéliser »* ; c'est-à-dire, trop souvent « distribué des sacrements » avant de faire connaître Jésus et son Évangile. C'est en face de ce problème que nous nous trouvons maintenant en France et ailleurs. Il nous faudrait « évangéliser ». C'est ce que les prêtres font de plus en plus, par exemple avec les adultes qui cherchent un sens à leur vie, et ne sont pas baptisés. Ceux-ci entrent d'abord en « catéchuménat », c'est-à-dire qu'ils désirent et acceptent de faire un cheminement sérieux en équipe, pour connaître Jésus et son Évangile, et décider ensuite librement s'ils veulent s'engager à sa suite, en rejoignant l'Église, peuple de croyants. Pour les petits bébés qui sont présentés au baptême, il est évident que c'est à leurs parents que l'on demande une petite, très petite hélas, préparation (deux ou trois réunions). Le christianisme, avant d'être une doctrine, une morale, des gestes religieux, c'est Quelqu'un : *Jésus-Christ*, le Fils de Dieu venu sur la terre rencontrer tous les hommes et leur donner sa vie. A nous, prêtres, d'essayer de le faire connaître. Mais que c'est difficile ! ... et passionnant.

Le poids des structures contre la mystique

Des prêtres peuvent rencontrer plus que de l'incompréhension. Avez-vous eu à affronter l'anticléricalisme ?

– Non, pas vraiment. L'anticléricalisme d'autrefois a cédé la place à l'indifférence. Est-ce une avancée ? Je crois vous en avoir déjà parlé. On peut juger négativement : les gens « s'en fichent ». Ou bien positivement : la tolérance a progressé. C'est ce que je pense. Elle a aussi progressé entre les différentes religions. L'Église catholique a fait un grand pas au Concile Vatican II, en reconnaissant qu'elles possédaient toutes « une part de vérité ». Elle ne les condamnait plus, purement et simplement, mais ouvrait ainsi une large voie au dialogue. Et Jean-Paul II a posé un merveilleux geste prophétique en invitant à Assise tous les responsables de ces grandes religions à venir ensemble prier. Je suis sûr que l'histoire retiendra cet événement comme l'un des sommets de son pontificat.

Vous est-il arrivé de vous affronter à des non-croyants ou à des personnes d'une autre religion ?

– Affronté ? Non. Ou très rarement.

Comment avez-vous pu l'éviter ?

– Vous me connaissez assez maintenant pour deviner la réponse. Lorsque je rencontre quelqu'un c'est la personne qui prime sur les idées. Je ne peux pas m'empêcher, devant celui qui vient à moi « pour discuter », de chercher d'abord qui il est et ce qu'il fait, avant de découvrir ce qu'il pense. Quand les gens se sentent rejoints au niveau humain, le dialogue est plus facile et surtout plus fécond.

Les idées sont-elles sans importance ?

– Non, bien sûr, mais à ce point de vue-là, elles brouillent souvent les rapports des hommes entre eux. Nous avons des idées *a priori*, des idées de « derrière la tête ... », qui font écran entre nous et les autres.

Est-il sérieux de s'opposer sur des idées ?

– On peut s'opposer sur des idées, sans que ce soit au détriment de la rencontre et de l'estime. Mais il est bien difficile quelquefois de distinguer l'homme des idées qu'il défend. Et l'on trouve des personnes qui auraient pu être de vrais amis, devenir des ennemis, à cause de leurs idées. Dans l'Église elle-même, des prêtres se sont quelquefois affrontés à cause d'options différentes, théologiques, pastorales ... Les joutes en général se sont calmées. Le respect, l'estime de l'autre et la communion, y ont gagné.

Y-a-t-il trop d'idées dans l'Église ?

– Aïe ! Vous touchez là un point qui m'est très sensible. A moi et à beaucoup d'autres d'ailleurs ! Oui, nous perdons beaucoup, beaucoup de temps à agiter des idées, « soulever des problèmes » pour « en faire le tour », et les reposer ensuite en disant : Il faudra reprendre plus tard l'étude de la question. Tout en sortant son agenda pour fixer une date de réunion ... quand ce n'est pas créer une commission .

J'ai vécu ces situations à tous les niveaux, en m'en défendant le plus possible, quitte à me faire mal voir et m'attirer quelques reproches. Lorsque j'ai été détaché au Havre avec la responsabilité de tous les mouvements de jeunes, indépendamment de cette responsabilité générale, j'étais *au début* directement aumônier fédéral (c'est-à-dire de la région qui correspond actuellement au diocèse du Havre) de dix de ces mouvements[19]. Et ils étaient vivants, puisque de ceux-ci sont sortis, pendant cette période, quatorze dirigeants nationaux. Or, *uniquement au niveau des aumôniers,* j'étais invité par chaque mouvement, aux réunions régionales, puis nationales (indispensables, paraît-il, pour être un bon aumônier !). Si je m'y étais rendu régulièrement, comment aurais-je pu être présent aux jeunes, suivre leurs équipes, accompagner personnellement les militants et dirigeants qui le réclamaient, etc. ?

Plus tard, pour l'Amérique latine, lorsque le Père Riobé m'a demandé, au nom des évêques, de créer un Comité Épiscopal[20] distinct de la « Commission Épiscopale des Missions à l'extérieur », je fus atteint, bien malgré moi, de cette terrible maladie de la complexification progressive de la pastorale. Au début, nous étions trois ou quatre avec le Père Riobé. Puis celui-ci m'a demandé d'enrichir ce Comité d'un théo-

---

19. JOC/JOCF, JIC/JICF, JEC/JECF, Équipes enseignantes, Équipes techniques, *Ad Lucem*, ACE.
20. Le CEFAL : Comité Épiscopal France-Amérique latine.

logien, puis d'un « expert » pour le Monde ouvrier, puis d'un autre pour le Monde rural, puis d'un laïc, puis d'un nouvel évêque ... en souhaitant qu'il y ait peu à peu un représentant de chaque région apostolique[21]. Comme secrétaire général, j'ai été invité à plusieurs Commissions Épiscopales « pour y porter le souci de l'Amérique latine » (j'ai abandonné après quelques réunions) ; à l'Assemblée des évêques à Lourdes (j'ai accepté trois fois). Puis, avec les secrétaires généraux des différents Comités Européens[22], nous nous sommes réunis régulièrement pour « coordonner » notre action, concevoir et réaliser chaque année la session de préparation commune pour les prêtres partant en Amérique latine. Enfin, j'ai dû aller à Rome tous les ans, avec ces mêmes secrétaires généraux, participer au Conseil Pontifical pour l'Amérique latine, et au Vatican, on nous a demandé de venir trois jours avant la session, pour préparer entre nous les travaux de ce Conseil. Puis nous avons été invités à nous rendre au Conseil Pontifical pour les religieux, car nous devions travailler avec eux.

Tout cela est implacablement logique. Mais je n'aurai pas la cruauté d'analyser avec vous, à quoi cela servait aux prêtres qui travaillaient là-bas en Amérique latine ... Nous perdrions du temps !

Mais ce phénomène n'est pas propre à l'Église !

– J'allais vous le dire. Nous sommes dans une société de plus en plus schizophrène, qui pense, et n'en finit pas de penser, en se détachant de plus en plus du concret de la vie des gens. Une société qui crée des commissions dès que des problèmes se présentent. Commissions qui établissent des rapports. Rapports qui doivent être revus et amendés pour enfin engendrer des solutions tellement faciles à énoncer et difficiles à appliquer. Quand ces solutions ne sont pas la décision de créer de nouvelles structures qui mobilisent de nouvelles énergies tout en les détournant de l'action.

---

21. Lorsque j'ai laissé ma responsabilité de secrétaire général, nous étions dix. Ils sont aujourd'hui seize avec un bureau permanent à Paris, un prêtre entièrement détaché au secrétariat, à plein-temps, et tout cela pour le même nombre de prêtres envoyés.
22. L'Espagne, l'Italie, la Belgique, la Hollande, la Suisse, la France.

Au dernier Conseil National de l'ACI, quelqu'un a cité l'axiome du « Manager intuitif »[23] : « Toute entreprise court le risque de mourir étouffée sous le poids des structures qu'elle a elle-même engendrées. » Tous ceux qui ont des responsabilités dans la société ou dans l'Église, devraient se dire et se redire perpétuellement cet axiome !

Le plus grave, en ce qui concerne l'Église, c'est que cet « étouffement » progressif transforme insensiblement en technique toute mystique, comme le disait déjà Péguy, et conduit les personnes elles-mêmes à une véritable mutation. Certains évêques, dans la pratique, deviennent de moins en moins apôtres, et de plus en plus PDG d'une grosse entreprise. Et certains prêtres ou responsables laïcs – souvent de grande valeur – qui sont mobilisés pour les interminables travaux de réflexion, indépendamment du temps qui leur est ravi pour l'action, finissent par *prendre les idées et les discussions d'idées, pour des actes.* On sort d'une réunion en disant : On a bien travaillé. On est content parce qu'on a trouvé et analysé ce qu'il fallait faire (neuf fois sur dix, ceux qui sont à la base le savaient déjà), mais en oubliant que rien n'est fait et qu'il faudra peut-être plusieurs années pour passer de l'idée juste et simple, à la réalisation. Car dans une tête intelligente et logique, les idées s'emboîtent les unes les autres facilement, mais la réalisation de ces idées s'effectue avec des hommes dans l'épaisseur de leur humanité et la lourdeur de leurs conditionnements. Or, on ne manie pas les hommes comme les idées !

Dire, en Église : Il faut donner leur place aux laïcs ; il faut qu'ils s'engagent ; il faut créer des conseils pastoraux ; il faut que les communautés soient accueillantes aux jeunes et s'ouvrent à eux ; il faut aller vers les plus pauvres, etc., demande une heure pour l'exprimer, deux heures pour en exposer les raisons profondes et des années pour le réaliser. Et ceux qui le disent avec les beaux arguments qu'ils ont mis au point pendant de longues réunions, ne se rendent pas compte qu'ils exaspèrent ceux qui, à la base, tentent de le faire depuis longtemps. Plus que de « spécialistes » qui leur disent ce qu'il faudrait faire, ils ont besoin d'hommes qui viennent le *faire avec eux,* et qui

---

23. De Meryem Le Saget, chez Dunod.

avec eux réfléchissent de temps en temps *à partir de ce qu'ils font.* Je vous l'ai dit, c'est pour cela que j'ai demandé à retourner en paroisse. Les prêtres m'avaient fait remarquer qu'il était facile pour moi de parler ... de ce que je ne vivais pas. Ils avaient raison.

Les âmes ont un corps !

Pourquoi, dans le monde moderne, se creuse ainsi le fossé entre le maniement des idées et leur réalisation ?

– Je crois que c'est un phénomène qui s'explique très bien. Cette séparation du niveau de la pensée et du niveau de l'action est une conséquence de la distance que prend l'homme vis-à-vis de la matière et de la vie. L'ouvrier, il y a quelques dizaines d'années, touchait encore le bois, le fer ... ; il les modelait de ses mains. Maintenant, il appuie sur les boutons d'une machine ! Certains chirurgiens opèrent ... devant un écran de télévision. Des employés, remplissant des papiers, donnant quelques coups de téléphone, participent à l'achat et la revente de milliers de tonnes de marchandises qui ne rentreront même pas au port et qu'ils ne verront jamais de leur vie, etc. etc.

Comment remédier à cette cassure ?

– Il ne s'agit pas de revenir en arrière. De nier les merveilleuses avancées de la science et de la technique, mais il faut tout faire pour *retrouver l'homme dans sa totalité.* L'homme vivant qui si souvent éclate hélas en morceaux. Je viens de parler des médecins. C'est un bon exemple. Il est évident qu'il faut des spécialistes poussant très loin leurs recherches, mais il faut d'abord des généralistes directement *en contact* et à l'écoute de tout ce qui fait la vie de leurs patients sans oublier cette part « psychosomatique » qui, disent-ils, pèse soixante-dix pour cent dans leur maladie. Le malade n'est pas un « organe » à soigner, mais d'abord une personne à rencontrer.

C'est aussi vrai pour la pastorale. On a perfectionné nos démarches en les spécialisant, on intellectualise en approfondissant mais aux dépens de toute la vie de l'homme qu'il faut atteindre dans son ensemble.

161

Il y a longtemps déjà – je venais de terminer mon enquête sur Rouen –, un groupe du Rotary Club m'avait invité pour que je leur parle du « problème » des jeunes. Ces messieurs demandaient que je souligne l'importance de la famille, et – puisque vous êtes prêtre, disaient-ils –, du couple et de sa « spiritualité » (sic !). Le jour venu, j'étais décidé à élargir la question. Les responsables en effet m'agaçaient en insistant sur la famille « base de la société », et les valeurs du travail (il ne manquait que la patrie !). D'autant plus qu'il y avait pour m'écouter, le directeur d'une grosse usine dont je connaissais les lamentables conditions de travail ; un important entrepreneur du bâtiment ; un architecte, etc.

Je commençai alors par leur raconter cet événement qui m'avait bouleversé. Pendant mon enquête sur Rouen, dis-je, rencontrant un groupe de jeunes et discutant avec eux, j'avais remarqué une très belle jeune fille. De grands cheveux blonds. Un visage parfait aux traits réguliers, mais éclairé par des yeux sombres et tellement tristes ! ... Nous nous étions regardés et, je le savais, rencontrés. C'était l'été. Le soir, elle vint rôder sous ma fenêtre ouverte. Elle attendait que je l'invite à entrer ! Je ne le pouvais pas, évidemment, mais je lui dis que si elle le désirait, nous pourrions discuter ensemble le lendemain. Elle vint. Je la fis parler longuement sur elle, sa famille (!) (la femme qui vivait avec son père était partie), son travail d'ouvrière, ses conditions de vie ... et son logement. Ils vivaient à cinq dans une seule pièce. C'était atroce. Je l'avais observée et ne pensais pas me tromper en lui posant la question qui me brûlait les lèvres :

– Est-ce que tu ne serais pas enceinte ?

– Oui.

– Qu'est-ce que tu vas faire, ma grande ?

– Le garder.

– Et le papa du petit ? Il va t'aider ?

Silence ...

– Il te laisse tomber ?

Silence ... Puis, tout à coup
– Je ne sais pas qui c'est !

– Comment, tu ne sais pas ?

– Non, je dors entre mon père et mon frère.

Les Messieurs cessèrent de tourner leur cuillère dans leur tasse à café (au Rotary, c'était au dessert que l'on donnait la parole à l'intervenant). Personne n'osait bouger, ni parler ... Je pus expliquer que le souci de la famille était très important, mais qu'une famille se structurait et se développait dans tout un ensemble dont ils étaient en partie responsables, etc.

Je me souviens très bien qu'en sortant de la rencontre, j'étais un peu honteux de mon succès facile, car je me disais que nous, prêtres, nous ne pensions pas toujours, surtout à cette époque, que « les âmes » avaient un corps, et que ce corps vivait dans une maison, située dans un quartier, travaillait dans un bureau, une usine, etc. et que nous développions de belles idées, de beaux principes, établissions de remarquables plans d'action, alors que l'action pastorale authentique naît, non pas d'idées, mais de la vie. Il n'y a que la vie qui engendre la vie !

Que voulez-vous dire ?

– Oui, je m'explique mal. Il faut prendre des exemples. Je veux dire que dans l'Église, tout ce qui est vivant n'a pas jailli et ne s'est pas développé à partir de longues réflexions menées par des savants spécialistes, mais à partir d'hommes disponibles, à l'écoute de la vie, *la contemplant longuement,* s'ils n'y sont pas directement mêlés, pour entendre là le Seigneur les interpeller.

La JOC est née en Belgique dans le cœur de l'abbé Cardijn, à partir de quelques jeunes ouvriers qui, à travers leur vie ouvrière, désiraient de toutes leurs forces, transformer cette vie, en y rencontrant leur Seigneur. Puis en France dans un petit groupe, réuni autour du Père Guérin, à Clichy. Petit groupe aux racines de vie tellement profondes, qu'elles développèrent un arbre immense, dont, stupéfait, on put dix ans après admirer les fruits : quatre-vingt-cinq mille jeunes rassemblés au Parc des Princes. Racines de vie tellement profondes aussi, qu'elles firent naître tous les autres mouvements d'Action Catholique spécialisés. Événement unique dans l'Église qui perdure beaucoup plus qu'on ne le pense, continuant de transformer des hommes, des ensembles et même des structures de la société. Regardez tous les grands ordres religieux. Aucuns ne sont nés d'un laboratoire de réflexion, mais d'hommes vivants, à l'écoute de l'Esprit dans la vie de leurs frères. Il n'y a pas, à ma connaissance, un seul de ces ordres, qui soit issu d'un bureau de la Curie Romaine (Rires) – Et plus près de nous ce mouvement d'Emmaüs, et l'extraordinaire incendie de la charité qu'il a suscité, ne sont pas sortis de longues réflexions sur la pauvreté, les sans-logis ... mais d'un homme, l'Abbé Pierre, qui s'est laissé conduire : « Tout ce qui est arrivé, m'est arrivé, dit-il, je n'ai fait qu'essayer de tendre ma voile au souffle de l'Esprit qui m'entraînait. » – Et Taizé, ce ne sont pas des hommes qui se sont rassemblés pour « penser le problème des jeunes » ... mais pour prier. Et sur la colline, une source a jailli. Des jeunes sont venus y boire, de plus en plus nombreux, du monde entier. Et la source continue de couler, car les frères continuent de prier.

A propos de Taizé, un jour au Canada, dans une grande assemblée, je dis en souriant : Heureusement que Taizé n'est pas situé chez vous ! – Stupeur dans l'assistance. – Parce que je serais venu me joindre aux jeunes et prier avec eux. J'aurais admiré, enthousiaste. Revenant deux ans après, j'aurais encore trouvé beaucoup de jeunes, mais sur les lieux, de grandes constructions très modernes (avec tout le confort !) pour les accueillir. Et vous m'auriez raconté vos efforts pour collecter des centaines de milliers de dollars pour agrandir encore, et terminer une immense église. Et quelques années après, j'aurais admiré l'église achevée. Mais les équipes de jeunes et d'adultes détachés par l'Épiscopat, soigneusement formés à la psychologie des jeunes, à leur accueil et leur accompagnement, m'auraient dit qu'il venait de moins en moins de monde, car les jeunes allaient ... ailleurs, où d'autres sources avaient jailli. J'ajoutais toujours en souriant que je n'aurais pas été surpris, car tout le monde sait que le Saint Esprit n'est pas très organisé, qu'il souffle où il veut, qu'il est d'un caractère très indépendant et n'aime pas se couler dans les organisations qu'on lui prépare trop humainement.

C'était une parabole. Mais ils ont compris et admis.

Vous êtes très sévère ! Il faut bien réfléchir et organiser...

– Réfléchir, oui certainement, mais surtout à partir de l'action née dans la vie. C'est là que le Seigneur nous attend, au service de ses désirs ; et non en lui demandant de réaliser les nôtres, même s'ils ont été soigneusement étudiés. – Organiser, oui également, mais en veillant à ne pas étouffer par des structures trop rigides, l'action que mènent tant et tant de chrétiens guidés dans leur vie par l'Esprit du Christ. Nous, prêtres, et les responsables d'Église, nous avons la hantise de ce que nous ne contrôlons pas. Il nous faudrait être plus souvent des accompagnateurs.

Le sacerdoce, la soutane et le piédestal

Pour finir, alors, qu'est-ce qu'être prêtre ?

– Oh ! la, la ! Allez donc demander cela aux théologiens qui cherchent encore et ne sont pas tous d'accord, tâchant de préciser « l'identité du prêtre » et maintenant celle du baptisé, et puis encore les rapports des uns aux autres ! ... Demandez-moi plutôt comment j'essaie de vivre mon sacerdoce et comment j'en ai découvert peu à peu les multiples aspects !

Je vous l'ai dit d'ailleurs, au début, être prêtre m'est apparu comme une continuation de mon apostolat jociste : aller à la rencontre des personnes, leur faire connaître ce Jésus que j'avais découvert et les inviter à le suivre pour se mettre à son service dans toute leur vie et la vie de leurs frères.

Mais pourquoi devenir prêtre ? Vous auriez pu vivre cet apostolat en tant que laïc.

– Au début, encore une fois, au cœur de ma brusque décision, ce fut le désir et l'impérieuse nécessité d'y consacrer toute ma vie. A la base de mon engagement a surgi, s'est développée et demeure, une intime séduction pour Jésus, – sans laquelle tout mon sacerdoce ne consisterait justement qu'à n'être qu'un administrateur d'une vieille institution.

C'est plus tard que j'ai découvert l'Église, et l'évêque. J'ai un grand respect pour les évêques. Non pas en tant qu'hommes – ils sont ce qu'ils sont et je n'ai pas forcément à les admirer - mais pour ce qu'ils représentent. Ils sont les successeurs des Apôtres : de Jacques, Jean, Paul et les autres, choisis par l'Esprit, même si c'est à travers des canaux très humains, pour continuer la mission du Christ. Or, ces évêques ne pouvant seuls accomplir cette mission, appellent (vocation = appel) de jeunes hommes, volontaires, pour les aider dans leur tâche. Prêtre, je suis moi aussi apôtre du Christ, mais avec mon évêque, « dans mon évêque », si je puis m'exprimer ainsi. C'est lui qui m'a imposé les mains, m'a « consacré » (lui ou celui qui le représente). Et c'est pour cela que je lui fais promesse d'obéissance.

On dit que le prêtre est l'homme du sacré.

– Il est en premier l'homme d'une personne. De Jésus-Christ. Appelé au service de la communauté des croyants rassemblés : l'Église.

Avez-vous reçu une consécration ? Quel est son sens particulier ?

– Le sacrement de l'ordre m'unit à Jésus-Christ d'une façon toute spéciale au point de pouvoir dire en célébrant l'Eucharistie : « Ceci est MON corps, ceci est MON sang ». C'est d'ailleurs là que le prêtre est profondément différent du laïc chrétien qui, par son baptême, est lui aussi associé à la mission du Christ.

L'image du prêtre a-t-elle changé depuis votre ordination ?

– Oh oui ! On mettait encore le prêtre sur un piédestal et on s'inclinait devant lui. La première fois que je suis allé en Espagne, les gens s'approchaient pour m'embrasser la main. De tels gestes ont aujourd'hui disparu.

Le prêtre est descendu de son piédestal. Quelquefois, il s'en est fait descendre un peu brutalement, au point qu'il en a perdu son auréole. Il est redevenu un chrétien comme les autres, un baptisé que son évêque a choisi, comme je vous le disais à l'instant, pour l'aider dans sa mission apostolique.

Descendant de son piédestal, le prêtre a-t-il pu aussi perdre son équilibre, outre son auréole ?

– C'est arrivé. Des prêtres avaient pu s'installer dans cette position surélevée qui leur permettait d'être ainsi plus facilement reconnus et considérés par les hommes. Dans un village, étaient connus le curé, l'instituteur et le médecin. Ces personnages importants ont été aujourd'hui banalisés. Des hommes ont pu se sentir dépouillés de leurs habits de prestige : ils n'étaient plus soudain qu'hommes parmi les hommes.

Pour vous, l'évolution a-t-elle été sans rupture ?

– Je n'ai jamais considéré le prêtre, *a fortiori* moi, comme érigé sur un piédestal. Je n'ai donc pas eu à l'en faire descendre. Car je n'ai pas imaginé que mon ordination sacerdotale changeait l'homme que j'étais, même si je croyais très fort que cette ordination m'avait atteint au plus profond de mon cœur et bouleversait ma vie.

C'est plutôt le regard des autres qui changeait, pas le mien sur moi-même. Nous étions alors déguisés en femmes ! (Rires.) L'abandon du port de la soutane a été une évolution très importante. En ce qui me concerne, j'avais très vite reçu de mon archevêque, la permission de me mettre en civil.

Pourquoi cette permission ?

– Je la lui avais demandé au moment où il m'avait confié la charge de tous les mouvements de jeunes. Je sortais beaucoup avec eux. Partout. Ils me disaient : Vous nous faites honte avec votre soutane, quand vous nous accompagnez au cinéma, au foot ou au catch[24]. Et dans certains milieux les gens s'écartaient ; alors que je voulais les rejoindre.

Était-ce une façon de dissimuler votre identité ?

– Non, mais d'être plus proche des jeunes et de ne pas les gêner. Personnellement, je n'ai jamais aimé les uniformes. Pour certains ils

---

24. Ils me disaient encore « vous », à ce moment-là, mais m'appelaient « l'abbé » et les parents s'offusquaient : Tu ne peux pas dire Monsieur l'abbé. En fait, dans la bouche des jeunes, « l'abbé » c'était comme un prénom.

sont une aide. Ils se sentent ainsi « reconnus ». Pour moi, je pense qu'on a déjà du mal à ne pas jouer un personnage dans sa vie ; s'il faut encore ajouter un déguisement... ! Et puis je ne peux pas m'empêcher de penser à mon Seigneur, lui qui est Dieu et n'a pas voulu « garder son rang » comme dit saint Paul, mais être parmi nous, comme nous, sans aucun « signe distinctif ». Actuellement, certains séminaristes ou jeunes prêtres, accumulent ces « signes distinctifs », avec une évidente satisfaction. Ils semblent disposés à remonter sur le piédestal dont nous étions, pour la plupart, descendus. Si ces signes extérieurs, en soi secondaires, cachent le désir de récupérer « un pouvoir », c'est très regrettable. Car parallèlement, dans presque tous les diocèses de France, les évêques ont créé des « écoles de cadres » où on forme et invite des laïcs à « prendre des responsabilités dans l'Église ». Quand les uns et les autres se retrouveront face à face, de douloureux conflits risqueront de se développer !

Comment y échapper ?

– En ne raisonnant pas en termes de « pouvoirs », en ne cherchant pas à tracer soigneusement des frontières ; mais en raisonnant en termes de « services » et en approfondissant dans la foi la mission qu'ensemble le Christ nous a confiée. Si les laïcs prennent enfin leur place, pleinement, dans cette mission, je m'en réjouis sans arrière-pensée, sachant que mon ministère (service) à moi se résume pour en finir à celui de communion. J'aime mieux ce terme que celui de « présidence » souvent employé, car il sous-entend le don de la vie du Christ, qui elle seule ré-unit et fait vivre l'Église, en CORPS.

La messe, un amour à jamais ressuscité

Êtes-vous obligé de dire la messe tous les jours ?

– Obligé ! Quelle horreur ! Vous ai-je assez dit qu'il n'y a pas « d'obligation » en amour. En tout cas, je réponds non à votre question. Nous nous sommes engagés à célébrer l'Eucharistie, à chaque fois qu'une communauté, fût-elle très réduite, nous le demande. Si personne ne réclame, nous ne devrions même pas, en principe, « dire la messe », car elle est le rassemblement du peuple de Dieu offrant au Père le sacrifice de la vie de Jésus-Christ (c'est pour cela que l'on dit quelquefois « le Saint Sacrifice » de la messe).

Par contre, nous nous sommes engagés à prier tous les jours avec toute l'Église, pour toute l'humanité. Cette prière « officielle » s'appelle « le bréviaire », un ensemble de lectures, d'hymnes et surtout de psaumes, que Jésus lui-même a récités toute sa vie. L'Église, il est vrai, nous en faisait hélas « une obligation », librement acceptée certes, mais tout de même ... sous peine de péché grave ! Je me souviens que jociste, je regardais, mi-souriant, mi-scandalisé (à cause de cette « obligation » qu'il nous avait expliquée), notre aumônier achevant tant bien que mal de réciter son bréviaire dans un coin, tandis que nous chahutions ou discutions bruyamment dans le local qu'il venait de nous ouvrir pour notre réunion. Cet aumônier était un excellent prêtre, mais cela ne me donnait pas une haute idée de la prière !

Jeune prêtre, je « récitais » moi aussi – plus que ne priais – mon bréviaire ... *en latin*. Comme tous. Mais je l'avoue, c'était pour moi une fidélité respectueuse à un engagement, plus qu'une démarche d'amour. Il m'en est resté, malgré les aménagements successifs (refonte de la structure du bréviaire, lecture en français ...), une allergie que je n'ai jamais totalement surmontée. Mais rassurez-vous, je n'ai pas été envoyé en enfer pour cela, car – humour du Saint Esprit – j'ai reçu un jour une belle lettre du Cardinal Lercaro qui m'invitait ... à participer à la « Commission de révision du bréviaire » (!) à Rome. La lettre était en latin, les discussions devaient être en latin , et surtout je ne me sentais pas le droit d'accepter, à cause de ce que je viens de vous dire. En déclinant l'invitation, je lui ai tout de même envoyé quelques notes sur mes difficultés qui étaient aussi celles de beaucoup de mes confrères.

Aujourd'hui, quelle différence faites-vous entre prier et dire la messe ?

– Oh ! la, la ! mais où m'entraînez-vous ! Il faudrait plusieurs heures pour s'expliquer. Et comment dire l'indicible, en quelques mots ?

Je vous dirai, car vous m'avez prévenu que vous aviez l'intention de m'interroger sur la prière, que celle-ci est essentiellement un dialogue d'amour de personne à personne. Même si ce « dialogue » est fait en commun, et s'exprime autrement que par des mots ; à savoir : des gestes, des chants, des silences. La messe – l'Eucharistie – c'est *un acte* qui récapitule sous une forme sacramentelle (c'est-à-dire un geste, un signe, qui réalise vraiment ce qu'il signifie, comme je l'ai dit précédemment) tout le mystère du Christ.

Quel est le grand dessein de Dieu ? Son rêve de toujours ? Rassembler dans son Amour infini, tous les hommes de tous les temps, et tout ce qui les fait « hommes vivants ». Or ceux-ci, malgré leurs efforts, ne peuvent rejoindre seuls ce Père qui les désire. Ils s'éloignent au contraire souvent de lui en aimant mal (le péché). C'est pourquoi Dieu a envoyé son Fils « pour rassembler ses enfants dispersés ». Et ce Fils est venu s'insérer, « s'incarner » parmi les hommes : Jésus de Nazareth. Dieu est désormais présent au cœur de toute l'humanité. Il a mis en Jésus « pied à terre » pour rejoindre par lui, tous ses enfants. Et Jésus s'unit à eux, en leur communiquant sa vie. Il fait « corps avec eux ». Parfaitement. Son amour pour nous étant parfait. *Nous devenons ses membres.* Et lorsqu'il est arrêté, torturé, au moment de mourir, offrant sa vie à son Père, il offre la nôtre avec la sienne, et nous mourons avec lui, et ressusciterons avec lui, comme nous le dit saint Paul.

Or, ce mystère total de Jésus, culminant dans sa mort et sa résurrection, cet ÉVÉNEMENT central de l'histoire, qui fait basculer toute l'humanité d'hier, d'aujourd'hui et de demain, dans la Vie éternelle au sein de la Trinité ; cet ÉVÉNEMENT dans lequel il nous a emmenés avec Lui il y a deux mille ans, Jésus a trouvé le moyen qu'il soit représenté, actualisé, à chaque moment de l'histoire, *pour que nous puissions librement y participer.* Et c'est au cours de la Cène, le dernier repas qu'il prenait avec ses apôtres, lorsqu'il leur a partagé le pain et le vin en disant : « Ceci est mon corps ... ceci est mon sang qui sera versé pour vous et pour la multitude ... *Vous ferez cela en mémoire de moi* ».

Désormais, à chaque fois que nous faisons « cela », c'est-à-dire partager le pain et le vin, en communauté, en Église, grâce à un prêtre qui représente le Christ et parle en son nom, nous pouvons, avec Jésus, offrir au Père, toute sa vie et en retour recevoir cette vie en communion. Sa vie, c'est-à-dire *toute « la chair » de sa vie* : lui-même, ce qu'il a fait pour nous, son sacrifice et, pour en finir, tout son amour, à jamais ressuscité, et communiqué à travers ce geste, ce signe, que nous appelons la messe, l'eucharistie[25].

Recevoir le Christ en « communiant à son corps et à son sang », n'est-ce pas, pour beaucoup, difficile à comprendre et à croire.

— Oui, évidemment, et même impossible si on s'attache au sens littéral des mots. Nous ne sommes pas des anthropophages qui mangeons la « chair » de Jésus et buvons son « sang ». Donner son corps, donner son sang, c'est *donner sa vie.* On le dit couramment des soldats qui sont morts à la guerre. « Ils ont versé leur sang pour la France », signifie évidemment : ils ont donné leur vie pour défendre la liberté. Or, ce « don de leur vie », on ne le « voit » pas et pourtant il est. Nous ne le connaissons qu'à travers le signe qu'ils nous en ont donné : « leur sang versé ». Si on portait une hostie consacrée à un laboratoire pour la faire analyser, on y trouverait ... du pain. Car aucun appareil, aucune technique ne pourrait *y déceler la « présence réelle » de Jésus ressuscité.* De même que, pour prendre une autre image, dans la plus sincère des poignées de mains, « sacrement humain » dont j'ai déjà parlé, nul instrument ne peut mesurer « l'amitié réelle » qu'elle contient et transmet. Pour « voir » cette amitié, il faut adopter un autre mode de connaissance que la connaissance scientifique : « la foi » en celui qui me dit : « Par ce geste, à travers ce geste, je te donne mon amitié. »

Jésus a dit en partageant le pain et le vin : « Ceci est mon corps, ceci est mon sang ». En regardant le pain et le vin, je ne vois pas, bien sûr, Jésus qui se donne, mais *je crois qu'il est là ressuscité,* avec toute sa vie, tout son amour, d'une « présence réelle », parce qu'il l'a dit.

---

25. Les protestants disent « la Sainte Cène ». Contrairement à ce que certains catholiques pensent, dans l'Église Réformée, on croit en la « présence réelle » de Jésus au cours de la Sainte Cène, mais non pas à la permanence de cette Présence après la célébration. C'est pour cela que dans les Temples, il n'y a pas de tabernacle pour le « Saint Sacrement », comme on dit dans l'Église Catholique.

C'est ma foi en Lui qui me fait « discerner » cette présence, comme dit saint Paul[26].

Comment des petits enfants qu'on amène à la messe peuvent-ils comprendre cela ? En avez-vous l'expérience ?

– Oui. Et ils comprennent quelquefois plus que nous, car ils sont plus que nous accessibles au mystère. Je ne suis pas un « spécialiste » des petits enfants, mais j'ai eu plusieurs fois l'occasion de m'adresser à eux et de leur dire : Vous trouvez un jour un dessin qui traînait dans la cour de récréation. Vous le ramassez et le donnez à maman en rentrant à la maison. Trois semaines plus tard, c'est la Fête des Mères et en classe, vous préparez, vous-même cette fois, un magnifique dessin, avec des couleurs, des grains de blé collés, plein de choses ... Vous passez beaucoup de temps pour qu'il soit très réussi ; et le jour de la Fête, vous embrassez maman très fort et vous le lui donnez :

– Lequel des deux dessins préfèrera-t-elle ?

– Celui que nous lui avons fait nous-mêmes (tous les enfants le disent).

– Et pourquoi ?

– Parce qu'on y a mis tout notre amour (réponse exacte de plusieurs enfants) !

– Vous avez raison, car quand vous offrirez votre dessin à maman, elle le trouvera très joli certes, mais elle pensera surtout à *tout l'amour que vous y avez mis* en le faisant pour elle. Et *recevant votre dessin en ses mains, elle recevra tout votre amour en son cœur* ... Elle sera même tellement heureuse, qu'elle « exposera » ce dessin sur le mur de la salle de séjour, et le regarder de temps en temps la remplira de joie, car *ses yeux voient votre dessin, mais son cœur voit votre amour.*

---

26. 1ère Épître aux Corinthiens, 11, 23-27. Sur ce sujet, je me permets à nouveau de conseiller de lire le Père Varillon (*Joie de croire, joie de vivre*, déjà cité). Le lisant moi-même, j'ai eu l'immense joie de constater que le Père écrivait quasiment dans les mêmes termes, ce que je pensais, mais n'osais pas toujours dire tout haut.

Après, vous le devinez et le comprenez, je transpose en leur racontant l'histoire de Jésus prenant son dernier repas avec ses apôtres et combien il met tout son amour dans ce partage du pain et du vin. Amour tellement, tellement grand, qu'il n'a pas de limite c'est-à-dire qu'il est INFINI et qu'*il prend toute la place* ... Alors, dis-je, quand vous voyez maman ou papa, ou les deux, se déplacer à la messe pour recevoir la petite hostie, ce n'est pas à la bouchée de pain qu'ils reçoivent dans leurs mains qu'ils pensent, mais à toute la vie et l'amour de Jésus qu'elle porte et qu'ils reçoivent dans leur cœur.

Les jeunes et l'Eucharistie

Il y a aujourd'hui beaucoup moins de monde à la messe, avez-vous dit par contre, les gens qui viennent participent davantage. Mais comment expliquez-vous le petit nombre de jeunes ?

– On dit, peut-être un peu trop vite, que les communautés paroissiales ne leur laissent pas assez de place ; qu'on ne leur permet pas de s'exprimer suffisamment suivant leur sensibilité, avec leurs chants, leur musique ... *C'est vrai,* mais il ne faudrait pas que l'effort que l'on fait pour les rejoindre cache, ou dispense, de leur faire comprendre, ce qui se passe réellement au cours de l'Eucharistie. Et c'est cela qui est difficile, car c'est une question de foi avant d'être une question d'expression de la foi. Même avec les jeunes que je rencontre dans les mouvements et qui « pratiquent » plus ou moins régulièrement, je me demande souvent quel est le contenu de cette foi, spécialement en ce qui concerne la « présence réelle » de Jésus dans l'Eucharistie.

Je me souviens qu'un jour nous avions invité un professeur de grand séminaire pour prêcher une récollection (petite retraite) sur l'Eucharistie. Il s'agissait de jeunes étudiants, chrétiens, priant souvent et lisant l'Évangile. Ce sont eux-mêmes qui avaient choisi le sujet ; car, disaient-ils, « On ne comprend rien à la messe ». Le Père a tenté de leur expliquer ce qu'était la Pâque au temps de Jésus : l'Agneau Pascal mangé en mémoire de la libération d'Égypte ; l'Alliance du Sinaï et Moïse aspergeant son peuple du sang du sacrifice ; la nouvelle Alliance, et Jésus, l'Agneau de Dieu ; l'Eucharistie, action de grâce ; et la promesse, déjà réalisée en germe de ce que sera « le repas messianique de la fin des temps », etc ... J'ai tout compris (Rires), mais eux ? Au fur et à mesure que le Père parlait, je me disais : qu'est-ce qu'ils retiendront ? Ils m'ont dit : Tout ça, c'est compliqué ... Et l'une des filles qui cherchait des réponses à cette « présence réelle » de Jésus dans l'Eucharistie, qui la préoccupait, ô combien ! me dit : J'en suis toujours au même point !

Je comprends le Père, il voulait tout dire, mais il en avait dit trop, leur demandant d'assimiler en un week-end une somme de connaissances auxquelles ils sont maintenant presque totalement étrangers.

Mais vous m'avez dit vous-même que, très jeune, après votre rencontre de Jésus-Christ, vous aviez redécouvert la messe !

– Attention ! Je vous ai dit qu'ayant réalisé et cru que Dieu était AMOUR et qu'à la messe il était présent en Jésus-Christ, je me suis dit : Michel, si tu veux vraiment aimer, toute ta vie, *il faut communier à l'AMOUR* (ça, c'est le coup de projecteur). Et cette découverte, cette foi, a tout bouleversé en moi. Mais tout le reste, ce que le Père désirait faire comprendre aux jeunes, j'étais comme eux, je ne le connaissais absolument pas, et encore moins qu'eux d'ailleurs, car ceux dont je viens de parler en connaissent tout de même quelques bribes, restes de leur catéchisme ou transmis par leur famille, mais sans être parvenus loin de là à en faire l'unité. C'est plus tard, au séminaire, que j'ai peu à peu tout découvert. Et encore, tout découvert en surface, car en profondeur, c'est pendant une vie entière qu'on découvre !

Vous n'êtes pas encourageant, car alors, pour ces jeunes, comment obtenir d'eux qu'ils viennent à la messe ? Les parents ou les grands-parents chrétiens se désespèrent de voir leurs enfants ou leurs petits-enfants déserter l'Église.

– On me pose toujours la question, mais pas plus qu'un autre je n'ai de recette-miracle (!). D'ailleurs, il ne s'agit pas de recette, et là est le problème. On cherche quelquefois beaucoup trop du côté des moyens alors qu'il s'agit d'abord de la rencontre de Quelqu'un, dans la foi. Or, nul ne peut donner la foi. Les parents ne peuvent pas « transmettre la foi » à leurs enfants, il faut qu'ils l'admettent et leur disent : *Vous êtes libres*. Mais ils doivent, c'est évident, leur faire connaître ce Jésus auquel ils croient.

Et s'ils échouent ?

— Ils n'auront pas échoué *s'ils ont mis leurs enfants sur le chemin des autres*. Car, même petits s'ils pensent aux autres, et si adolescents, puis jeunes gens, ils s'engagent, d'une façon ou d'une autre, à servir leurs frères, c'est le Christ qu'ils serviront, même s'ils ne le reconnaissent pas hélas ! en pleine lumière .

Pardonnez-moi d'insister, mais vous ne m'avez pas dit comment vous, vous présentiez la messe aux jeunes que vous rencontrez.

— On agit toujours à partir de sa propre expérience. Je vous ai raconté la mienne. D'autres prêtres ont eu un cheminement différent et ils en ont été marqués. Certains par exemple insistent davantage sur le rassemblement des chrétiens venant célébrer en Église la mort et la résurrection du Sauveur. Pour ma part, je crois très fort que, pour les adolescents et les jeunes vivant intensément l'étape psychologique de la découverte interpersonnelle, c'est d'abord sur la rencontre de Jésus personne vivante qu'il faut s'appuyer. Je leur dis que la messe est un repas auquel nous sommes invités : lieu de rendez-vous privilégié avec le Seigneur. Et qu'il ne s'agit pas simplement de le prier comme ils le font à la maison, mais de le recevoir vivant et de s'unir à lui. C'est donc l'aspect communion (commune union) que je fais ressortir en premier.

Il reste l'obstacle de la foi en la « présence réelle » sur lequel ils butent, et soyons réalistes, beaucoup d'adultes avec eux. Une fois de plus les mots employés font écran. Il faut en trouver de nouveaux, et des images surtout, qui malgré leur pauvreté, parlent beaucoup plus que les notions philosophiques[27]. Celle que j'emploie le plus souvent c'est

---

27. Nous n'avons pas affaire à des philosophes, même parmi les étudiants. Sauf rares exceptions, s'engager dans des explications sur la substance et les accidents, la transsubstantiation, la transfinalisation, etc., ne fait souvent que renforcer leur scepticisme car ils se mettent à raisonner sur des idées en s'éloignant de l'ouverture au mystère.

celle du baiser des amoureux, car elle rejoint en eux un désir profond d'union dans l'amour. Elle me permet au passage de leur montrer que s'embrasser entre eux, à tort et à travers, pour le plaisir qu'ils éprouvent, n'est pas digne d'eux. Ils galvaudent ce magnifique « sacrement humain ».

Partant en voyage pour une tournée de conférences, leur dis-je, j'arrive toujours un peu en avance pour ne pas manquer le train ou l'avion, car je mettrais en grande difficulté ceux qui m'ont invité. Dans la salle d'attente ou sur le quai, il y a toujours des amoureux qui vont se quitter. Je les regarde et les admire, car je devine leur amour. Ils voudraient se le dire, mais les mots sont étroits, les gestes sont pauvres, et implacables les minutes qui défilent. Alors, quand le signal du départ retentit, ils se précipitent dans les bras l'un de l'autre et s'embrassent longuement. Voici ce qu'ils essayent passionnément de se dire à travers ce geste : « Je ne peux pas me résigner à te laisser partir sans t'emmener avec moi et sans que tu m'emmènes avec toi ! » Alors les amoureux tentent ce geste fou de communier l'un à l'autre : « Je me donne à toi en nourriture et tu te donnes à moi, et nous ne ferons plus qu'UN, par le souffle de notre amour échangé ». Si ce sont d'authentiques amoureux, ils croient l'un et l'autre à la « *présence réelle* » de *leur amour* donné et reçu à travers leur baiser. Mais les gestes humains, même riches de signification, sont quelquefois très pauvres de contenu. Ceux que le Seigneur a confiés à son Église sont riches à l'infini, *et le contenu prend en eux toute la place du contenant.* C'est pourquoi, quand Jésus – par le prêtre – nous partage le pain et le vin, nous croyons qu'il nous donne réellement et en totalité « la chair et le sang » de sa vie, afin qu'avec tous nos frères nous fassions CORPS avec Lui.

C'est ensuite, profitant des différentes rencontres avec les jeunes, que j'essaie de leur faire découvrir peu à peu toutes les richesses multiformes de ce sacrement central, l'Eucharistie. Jésus nous a dit : « Vous ferez CELA, en mémoire de moi ». Dans ce « CELA », il y a tout ce que le père, professeur au séminaire, avait tenté de faire comprendre aux jeunes au cours d'un week-end. Je l'ai dit : c'était trop ! Et de tout sens il ne faut jamais oublier qu'il ne s'agit pas en premier d'ouvrir un esprit à des connaissances, mais d'abord d'ouvrir un cœur à un amour. C'est pour moi toujours le même problème : s'il n'y a pas Rencontre de Jésus-Christ, il ne peut pas y avoir foi ; car la foi, ce n'est pas croire à une idée, mais à Quelqu'un.

Accompagner les jeunes au lieu de les former

Vous vous êtes donc beaucoup occupé de jeunes. Ne peut-on pas dire que ce fut la plus grande partie de votre ministère ?

– Oui, effectivement puisque, après mon premier ministère en paroisse, j'ai été chargé directement de l'aumônerie des mouvements que je vous ai signalés (note p. 150), mais aussi de la pastorale d'ensemble des adolescents et des jeunes. J'ai alors créé l'« Association Havraise pour le soutien des Œuvres de Jeunesse », essayant d'obtenir la participation financière des curés de la ville, pour détacher de jeunes laïcs, permanents ou semi-permanents, au service de cette pastorale. L'effort de certains fut assez symbolique et guère persévérant. Heureusement que l'Association touchait une grande partie de mes droits d'auteur ! Des jeunes se sont ainsi succédé, qui ont fait un travail merveilleux, et certains ont pu continuer des études qu'ils avaient beaucoup de mal à financer.

Parallèlement, il fallait offrir l'occasion à tous ceux qui agissaient avec les jeunes, de se rassembler. Nous l'avons fait, mais très légèrement, pour ne pas ajouter une structure contraignante à l'ensemble des mouvements qui n'y tenaient d'ailleurs pas, étant donné l'importance réservée à la « spécialisation ». Indépendamment des pèlerinages classiques de jeunes à Honfleur, quelques actions communes ont tout de même été entreprises. A signaler une originale, mais modeste : « animation de la plage », l'été. Des jeux étaient lancés avec la participation de jeunes adultes du mouvement « Vie Nouvelle »[28]. Certains s'en souviennent encore !

Il faut aussi répondre à des besoins plus spécifiques. Étant donné le nombre des prêtres qui déjà se raréfiait, leur ministère de loisirs auprès des jeunes s'amenuisait. J'ai alors créé l'Association « Loisirs jeunes »

---

28. Lancé et animé, au point de départ, par des anciens du scoutisme.

qui dans les quartiers, mais encore en lien avec les paroisses, transformait certains patronages en clubs, pris en charge par des laïcs. Aux plus beaux jours, il y en a eu quatorze au Havre et dans la région. Quelques-uns fonctionnèrent très bien et durèrent. D'autres beaucoup moins. Tout dépendait des animateurs. Peu à peu ces clubs furent relayés par ce qu'on appelle au Havre les CLEC[29], pris en charge et développés grâce à de gros moyens (permanents, subventions) par la Municipalité.

Plus spécifique encore, un besoin se révélait qui m'interpellait et me souciait beaucoup : la venue au Havre de jeunes adolescents pour leurs études au Collège Technique et au Collège Moderne. Ils étaient livrés à eux-mêmes. On aménagea très succinctement un sous-sol de la Centrale d'Action Catholique (où je résidais) avec entrée indépendante. Quelques jeunes y venaient pendant leurs temps libres. Il fallait une Association à leur service. Ce fut l'association « le TECHMO » (Technique Moderne) qui très rapidement devait créer un lieu d'hébergement complet. Grâce à des subventions (surtout de la Caisse d'Allocations Familiales), nous avons acheté un grand pavillon, puis fait construire un bâtiment dans le jardin. Ensemble parfaitement aménagé, qui permit à des centaines de jeunes, pendant plus de vingt-cinq ans, de poursuivre leurs études dans un Foyer très vivant dirigé par un ancien Jociste[30], remarquable gestionnaire et animateur. Une fois de plus, les besoins évoluant, ce Foyer se transforma en accueil de jeunes en difficultés, confiés par la DDASS[31] et la Justice.

Une autre activité qu'il faut vous signaler, cette fois directement dans le cadre des mouvements, c'est celle des camps de jeunes pendant les vacances, avec la JOCF, la JEC, la JECF. Très vite ceux de la JOCF furent pris en charge par un aumônier qui avait été nommé pour me remplacer, et par le Service national de loisirs de la JOCF « Avenir et Joie ». Je gardais l'animation de ceux de la JEC, étant également relayé rapidement par un autre aumônier, puis jusqu'à ma nomination

---

29. CLEC (Centres de loisirs et d'échanges culturels).
30. René Lefrancq qui, parti de la base, devint un éducateur chef reconnu par toute la profession et les différents organismes.
31. DDASS : Direction départementale de l'action sanitaire et sociale.

comme curé de Sainte-Marie, ceux de la JECF, avec un confrère remarquable. Des centaines et des centaines de jeunes sont passés par ces camps. J'avais acquis un autocar que je conduisais, un autre que nous louions, puis une Estafette que les jeunes eux-mêmes pilotaient, à la grande frayeur des parents. Nous avons parcouru l'Europe (y compris la Russie). Ces camps étaient des moments de contacts et de formation extraordinaires. Je reçois encore des lettres d'anciens qui me disent : J'étais au camp d'Espagne, de Suède, de Yougoslavie, etc ... en telle année. Je me souviens de telle veillée, de telle parole dite. J'en vis encore !

Mais vous raconter en quelques minutes ce compagnonnage de dix-sept ans avec les jeunes (et pour moi ça continue dans une moindre mesure évidemment), c'est de la folie ! Il faudrait pouvoir dire tout le travail effectué, à travers ces débordantes activités. Pour moi, tout cela n'était en effet que moyens, pour rejoindre les jeunes et les faire grandir humainement et chrétiennement.

Vous avez donc vécu, après la guerre , cette période de grande transformation de la pastorale des jeunes. Comment l'avez-vous perçue ?

– Il faudrait beaucoup de temps pour l'analyser. Les historiens s'en chargeront. En ce qui me concerne personnellement (car d'autres prêtres, c'est évident, furent eux aussi impliqués), je peux vous dire que j'ai essayé de lire au fur et à mesure les besoins nouveaux d'un monde de jeunes qui évoluait, tout en tenant compte de la diminution de nos possibilités pour y répondre directement. Le temps du « tout entre les mains du prêtre » qui jadis créait et organisait les loisirs des jeunes pour « les garder » après le catéchisme et la communion, devait peu à peu se transformer en une prise en charge par les laïcs. Le prêtre cessait d'être maître d'œuvre et directeur de toutes les réalisations, pour devenir l'animateur dans la foi des éducateurs chrétiens qui les prenaient en charge. Ce n'était pas toujours compris. Certains regrettaient les Patronages, avec leurs équipes de sport, théâtre, musique, etc., dont ils avaient bénéficié au temps de leur jeunesse. S'arc-boutant sur le passé, ils accusaient l'Église d'abandonner le rôle qu'elle avait jadis brillamment tenu. – Parallèlement, il fallait également compter avec les mouvements de jeunes dont le lieu d'insertion n'était plus obligatoirement les paroisses, et dont les méthodes et les pédagogies divergeaient quelquefois profondément. L'Action Catholique découvrait de plus en plus l'influence du milieu social sur le développement des jeunes, et la nécessité d'en tenir compte pour une véritable évangélisation. C'était l'époque des affrontements que la sympathie, l'amitié et la volonté de servir avaient quelquefois beaucoup de mal à surmonter.

Le fait d'être nommé *au début* de ces dix-sept ans passés avec les jeunes, responsable de la pastorale générale auprès d'eux, et directement de l'aumônerie de mouvements de différents milieux, m'a obligé à tenir compte de l'ensemble, et tout en essayant de respecter chacun de ces mouvements dans ses options particulières (je n'y suis sûrement pas toujours arrivé), à atteindre les jeunes dans ce qui leur est commun. L'ESSENTIEL de leurs problèmes. C'est pour cela, je crois, que les deux livres *Le Journal de Dany* et *Le Journal d'Anne-Marie* qui sont directement nés de toute cette action (puisque écrits à partir de journaux personnels de jeunes), quoique situés dans le temps et le lieu, ont atteint, comme je vous l'ai dit, chacun traduit en douze langues, des millions de jeunes dans le monde.

Par contre, au-delà des méthodes particulières, j'ai toujours tenté de privilégier la rencontre personnelle du Seigneur. Beaucoup de responsables et militants des différents mouvements se faisaient régulièrement accompagner. Combien de fois je les ai admirés, quand ils venaient « faire le point », quelques-uns s'aidant de leur « Carnet de militant ». Je leur dois beaucoup. Et je vous l'ai dit, de nombreux passages de mes autres livres sont en fait l'expression de ce qu'ils découvraient et vivaient avec le Seigneur. Ils sont capables d'aller très loin dans la Rencontre !

Vous avez formé de très nombreux jeunes dont certains sont devenus dirigeants nationaux de leur mouvement mais aussi beaucoup d'autres que l'on retrouve adultes engagés, quelquefois à de très hauts niveaux, dans de nombreuses associations et mouvements de toutes sortes. En êtes-vous fier ?

— Je suis fier de ce qu'ils sont devenus, mais je proteste toujours quand on me dit que je les ai « formés ». Et je vous assure que ce n'est pas de la fausse humilité. J'ai horreur de ce mot qu'on emploie perpétuellement dans l'Église : nous manquons de gens « formés » ; il faut confier des responsabilités aux laïcs, mais ils ne sont pas « formés » ; nous avons trouvé quelqu'un pour remplir tel rôle, mais il faut « d'abord le former » ... Pour être juste, il faut admettre que cette volonté est souvent confortée par la demande de ceux qui sont sollicités : « Je voudrais bien, mais je ne suis pas capable ; je ne suis pas formé. » Ce qui est plus grave, c'est que dans l'esprit de beaucoup de responsables, former des personnes c'est leur faire suivre quelques cours, si possible de haut niveau, ou au moins des sessions avec des « spécialistes ». Comme si l'homme à développer n'était qu'une tête à remplir ![32]

Cette répugnance à ce terme, qui cache en fait une façon de faire, s'origine chez moi, j'en suis sûr, dans mon expérience de jeune et ma rencontre de « l'aumônier directeur » dont je vous ai parlé. Effrayé des responsabilités que je prenais à la JOC, il me répétait sans cesse : Avant d'agir il faut « te former ». Se former, c'était me « laisser former » par lui. Et sa personnalité était forte et ses méthodes trés directives ! Je ne me suis jamais laissé faire, acceptant d'être jugé orgueilleux (ce qui m'a tourmenté). Si sur ce plan, je lui dois quelque chose, c'est la résolution que j'ai prise alors de ne jamais répéter avec les autres, ce qu'il tentait de faire avec moi.

Ils ne sont pas ma propriété

Si vous n'avez pas voulu « former » des jeunes, dans le sens où vous le dites, vous les avez tout de même influencés. Est-ce grâce à vous que certains sont devenus ce qu'ils sont ?

– Influencés, sûrement, mais pas trop, j'espère ! Et comme malgré moi. Je reconnais que certains m'ont regardé et me regardent, voulant plus ou moins « imiter Michel ». Je le regrette beaucoup. S'il est légitime de s'enrichir des autres – Dieu sait si je l'ai fait moi-même ! – et

---

32. Je ne mets pas sur le même plan, tous les efforts de formation qui sont faits actuellement dans l'Église. Certains tentent de partir de la vie des personnes. Mais rien ne remplacera le discret accompagnement dans toute cette vie. Là est le vrai lieu de la formation.

qu'il n'y a aucune honte à se reconnaître disciple de quelqu'un, on ne doit jamais le « copier ». C'est ce qu'il y a d'unique en nous que nous devons développer.

Ce que j'ai essayé et que j'essaie de faire c'est d'accompagner les jeunes (et les moins jeunes car j'ai toujours eu également en charge des mouvements et services d'adultes), pour les aider à devenir peu à peu pleinement eux-mêmes. C'est-à-dire enlever les obstacles intérieurs et extérieurs qui empêchent leur vie de jaillir ; les aider à prendre conscience et mettre en valeur leurs richesses enfouies. Très sincèrement, je ne crois pas leur avoir « apporté » de l'extérieur beaucoup de choses ; mais, je crois leur avoir permis de *se révéler à eux-mêmes*. Ce sont eux qui se sont épanouis – et il est vrai pour certains, remarquablement – à travers leur vie, leur action, la réflexion sur cette action, et conjointement pour les chrétiens, dans la rencontre du Seigneur au cœur de cette vie et de cette action. Oui, je vous l'ai dit et cela je le reconnais, *j'ai assisté* à de spectaculaires transformations. Certains jeunes, ou adultes, ont osé enfin penser personnellement, parler, concevoir, agir. De véritables naissances ou résurrections qui se manifestaient, quelquefois même quasi physiquement.

En fait, tout procède d'abord du regard porté sur eux, et de « la foi » qu'on a en eux. Ils doivent être inconditionnels, comme le sont ceux de Dieu sur nous et en nous. C'est le regard des autres qui nous paralyse ou nous révèle à nous-mêmes. Je sais que certains ont enfin cru en leurs possibilités, parce que je croyais en eux, et que *je leur disais*. Ça, je l'admets.

Notez bien aussi maintenant que je ne suis *absolument pas* hostile à la réflexion et à l'apport de connaissances. Loin de là ! Mais c'est peu à peu qu'ils doivent se déployer, pour être vrais et efficaces. Au fur et à mesure que naissent les besoins. S'ils sont voulus et imposés comme préliminaires, on bloque la croissance de la vie et l'on enracine l'idée que pour être performant, il faut être savant. Je parle ici bien sûr de pastorale et d'apostolat et non d'apprentissages techniques.

Considérez-vous tous ces jeunes dont vous vous êtes occupé, comme vos enfants ou seulement comme des passants sur votre route ?

– Seulement comme des passants ? Sûrement pas ! Je ne les oublie jamais. Je ne me souviens pas de leur noms, mais de leur visages, oh oui ! Mais ils ne sont pas mes enfants, ils sont et restent les enfants de leurs parents. Il faut que je me défende, il est vrai, car je le reconnais, plus d'un m'ont, à des degrés différents, considéré parfois comme leur père. Il est arrivé que certains fassent un lapsus et m'appellent : Papa ... en rougissant ou en éclatant de rire !

Quelle est alors votre impression ?

– (Silence) ... J'en éprouve d'abord plutôt du plaisir. Mais en même temps une certaine gêne. Je ne veux pas et, à aucun prix, accaparer ces jeunes. J'ai trop dit et redit aux parents que s'ils aimaient authentiquement leurs enfants, s'ils voulaient pouvoir leur dire la vérité : « On vous a don-né la vie », il fallait qu'ils acceptent que ceux-ci en deviennent pleinement responsables, et qu'un jour ils partent avec elle pour la donner à un autre ou une autre. Quant à eux parents, ils ne doivent jamais tenter de récupé-rer ce qu'ils ont librement donné. Seul leur revient l'immense bonheur de voir leurs enfants heureux et celui de tenir dans leurs bras le fruit de leur amour, si ceux-ci viennent librement le leur présenter.

Moi non plus, je n'ai rien à réclamer. Et encore moins que les parents, même si j'ai donné un peu de moi-même et j'espère (?) beaucoup. Même si j'ai donné, ou plutôt transmis, la plus précieuse des richesses : la Vie du Christ. Car cette Vie n'est pas mienne, et je ne vais tout de même pas, en la donnant, chercher à en tirer un quelconque profit ! Il me reste la joie profonde d'avoir vu et de voir certains jeunes ou adultes, s'épanouir plei-nement, et le regret souvent de n'avoir pas assez donné.

Vous m'avez dit, il y a un instant, qu'il fallait « vous défendre » de l'attachement de jeunes à votre égard. Mais ne faut-il pas les aimer et, s'ils vous aiment, pourquoi le refuser ?

– Les aimer, oui pleinement, mais ne pas les garder pour soi. Les re-tenir. D'ailleurs, ce ne serait pas les aimer.

Tout éducateur de jeunes, quels qu'ils soient, doit en effet aimer ceux auxquels il est envoyé. C'est la première et indispensable condition avant toute technique, pour pouvoir les atteindre. Cela semble une évidence, mais ça ne l'est pas pour tous. Il y a quelque temps, pour entrer dans une école d'éducateurs, très côtée, que je connais bien, on demandait aux candidats de se présenter à un entretien qui devait, en dernière analyse, permettre de décider de leur admission ou de leur rejet. Quelques anciens prévenaient alors leurs copains : « Surtout, quand on te demandera pourquoi tu veux être éducateur, ne dis pas : "Parce que j'aime les jeunes et voudrais leur apporter quelque chose..." » C'était une motivation très suspecte ! Quelle aberration ! Au moment où pourtant , tous les psychologues et psychiatres s'entendent pour dire que les jeunes en difficulté souffrent de « frustrations affectives » à quatre-vingt-quinze pour cent ! Je dis, que si l'on veut les accompagner valablement, il faut non seulement les aimer, passionnément, mais aussi le leur dire et leur faire sentir. – Tenez, il faut que je vous raconte cet événement ; je m'y suis engagé auprès de celui qui en a été le douloureux acteur.

C'était il y a quelques années, à la fin d'une série de conférences dans un grand pays ami. Je devais répondre aux questions d'un intervieweur célèbre, à la radio nationale. Une « vedette » adorée par les dames ! Nous étions juchés lui et moi sur un podium, dans une espèce de cloche transparente pour que ses admiratrices puissent contempler et (grâce aux haut-parleurs) entendre leur idole tout en dégustant café et petits fours. J'étais remonté. Je voulais faire passer quelque chose. Très vite mon intervieweur attaqua sur l'amour. Une fois de plus !

– Vous, prêtre, comment pouvez-vous en parler ? Vous n'avez ni femme, ni enfants ! Comment pouvez-vous me dire qu'aimer c'est donner toute sa vie, corps – cœur – esprit à une autre, et la recevoir d'elle, tout entière. Vous, vous ne donnez tout de même pas votre corps !

J'explosai !

– Comment, je ne donne pas mon corps ! Croyez-vous qu'il y a huit jours, lorsque je suis monté dans l'avion, à Paris, je n'ai mis que ma tête sur le siège qu'on me désignait ? C'est moi tout entier que j'emmenais. Et depuis cette semaine qu'on me fait parler ici, quelquefois, matin, après-midi et soir, est-ce simplement les idées de ma tête que je partage, et quelques battements de mon cœur parce que les auditoires sont sympathiques ? Et, tout de suite, devant vous, ne suis-je pas là, tout entier, rassemblant toutes mes puissances de vie, y compris physiques et sexuelles, pour animer les mots que je prononce. Ce n'est pas seulement quand vous couchez avec votre femme que vous l'aimez. Quand vous lui dites « Je t'aime » et *quand vous le dites à vos enfants,* n'est-ce pas tout votre amour, toute votre vie que vous leur offrez ?

Il avait blémi. Profondément troublé. Il décrocha le téléphone. On l'appelait de la régie. Le standard était bloqué. Les auditeurs demandaient que l'on nous accorde quelques minutes supplémentaires d'antenne. Ils l'obtinrent. Mais ce n'était plus la vedette qui était devant moi, c'était l'homme qui, je le devinais, avait été atteint au plus profond de lui-même.

Quand tout fut terminé, il me dit : Vous avez bien cinq minutes. Je voudrais vous parler seul à seul. Rapidement il se reprit. Réendossa son « personnage ». Embrassa sur les lèvres toutes les filles de la radio qui se trouvaient là, en déclarant goguenard : Ce n'est pas parce qu'il y a un curé que nous devons changer nos habitudes, hein ! Puis il m'emmena dans une petite salle du bar. Nous étions seuls. Il redevint lui-même. Je lui dis que je l'aimais mieux comme cela.

Il me raconta d'abord qu'il avait un frère prêtre qui venait de quitter son ministère pour partir avec une femme. Quoique peu croyant, dit-il, il en avait été bouleversé. Puis surtout :

– Je viens de reprendre mon travail. Je sors d'un terrible accident de voiture. J'étais avec mon fils de douze-treize ans (?). L'auto était broyée sous le choc. Nous étions prisonniers dans l'amas de ferraille. L'attente fut longue. Atrocement longue ... J'étais conscient. Je sentais que je n'avais rien de grave. Ma première réaction fut d'appeler mon fils. Pas de réponse. Je l'appelle, je l'appelle. Silence. Soudain, une pensée terrible me vient à l'esprit : Lui ai-je quelquefois dit que je l'aimais (cet homme était dévoré par son travail) ? Je n'avais plus dès lors qu'un désir obsédant : Mon Dieu, faites qu'il soit vivant, qu'au moins je puisse lui murmurer que je l'aime. J'ai cherché à l'atteindre avec ma seule main libre. J'ai réussi enfin à le toucher. J'ai serré sa main : elle était encore chaude. S'il est conscient, me persuadais-je, il me sentira près de lui.

Les secours sont arrivés. Nous avons été transportés à l'hôpital, puis installés dans la même chambre. Dès que le médecin a eu le dos tourné, je me suis levé, approché de son lit. Un moment, il reprit connaissance. la première chose que je lui ai dite : C'est moi, ton papa ; je t'aime, tu sais, je t'aime.

Je tenais sa main serrée dans la mienne, tant j'avais compris soudain l'importance non seulement de dire, mais aussi de toucher, pour exprimer l'affection. Ma grande souffrance, ma grande terreur, était que mon fils meure sans savoir que je l'aimais.

Mon Père, vous la raconterez, mon aventure. Vous la direz aux parents. Vous me le promettez ?

Je lui ai promis et j'ai tenu parole. J'ai tellement rencontré de jeunes dont les parents – surtout le père – n'ont pas su ou n'ont pas pu, exprimer leur affection à leurs enfants. Et tellement d'enfants, quelquefois grands, qui se sont toujours demandé : est-ce que je suis vraiment aimé ? Parce qu'on ne leur a pas assez dit et fait sentir.

Les couples que vous avez préparés au mariage puis que vous voyez s'épanouir et persévérer, comment les considérez-vous ?

– Ils me comblent de bonheur ; de ce bonheur dont je viens de vous parler. J'ai de la chance. Je suis privilégié par rapport à mes confrères de paroisse. Les mariages dont je suis témoin, sont des mariages « sur mesure ». Souvent entre jeunes qui se sont connus dans les mouvements et que j'ai longuement accompagnés. Et puis je baptise leurs petits !

Et les jeunes que vous avez guidés vers le sacerdoce ou vers la vie religieuse ?

– Hélas, ils ne sont pas très nombreux ! Et je n'ai fait que participer. D'autres que moi les ont aidés. Qui peut mesurer la part de chacun ? Par contre, j'ai beaucoup « d'enfants naturels » (Rires). Des prêtres, religieux ou religieuses, qui m'ont écrit que s'ils sont rentrés au séminaire ou dans telle ou telle communauté, c'est grâce à moi (à cause des livres évidemment) ! Je ne les ai jamais vus. Si le Seigneur se sert de mes livres, je m'en réjouis bien sûr, mais ça m'évite, là encore, de me prendre au sérieux, et de croire que je suis pour quelque chose dans ces vocations.

Le vieillissement du clergé

Comment ressentez-vous le vieillissement visible du clergé français ?

– Il est triste, bien sûr. Je n'aime pas, lorsque nous nous retrouvons nombreux (!) à concélébrer dans une cérémonie importante. Non pas bien sûr à cause de l'occasion qui nous est offerte de prier ensemble, mais à cause du spectacle que nous offrons. Une collection de vieillards ! Que doivent penser les quelques jeunes qui se trouvent dans l'assistance ?

Je vous l'ai dit : d'une façon générale, j'admire mes confrères pour leur sérieux et leur fidélité. Ils « tiennent », chacun à sa manière. Mais ils sont fatigués. Au fur et à mesure que l'un ou l'autre disparaît, on distribue ses tâches à ses voisins. Ainsi s'alourdissent celles de ceux qui restent, alors qu'ils devraient peu à peu en être libérés. Lorsque j'étais au Conseil épiscopal, je me disais parfois : Nous ne sommes pas très humains ! Donc, pas très chrétiens.

Malgré tout, je ne suis pas inquiet. Les laïcs prennent en charge leur communauté. On disait depuis longtemps qu'il le fallait. On y « réfléchissait » ! Mais il faut souvent, hélas, la mort d'un prêtre, pour qu'ils puissent y parvenir. C'est la nécessité qui pousse à la réalisation.

Ce qui est vrai pour les paroisses, l'est également pour les différents mouvements. A la base, certains « militants » réclament encore la présence de leur aumônier à chacune de leurs réunions. Il y a longtemps que je me défile ! Volontairement. Les chrétiens ne sont-ils pas capables de méditer l'Évangile et réviser leur vie entre eux ? S'ils ne le sont pas, c'est de notre faute. Il nous faut être présents, mais non pas omniprésents. Nous paralysons l'évolution. Notre responsabilité se déplace.

Elle doit se situer, de plus en plus, au niveau des animateurs d'équipes et non de l'équipe elle-même. Les dirigeants et aumôniers nationaux ne nous y aident pas beaucoup. Ils continuent de nous inonder de directives, de bulletins, d'invitations à des réunions de formation ... comme si nous étions chargés de leur seul mouvement. J'y ai fait déjà allusion. Or, les prêtres ont « plusieurs casquettes » comme ils disent, et chacun de ceux qui leur en mettent une sur la tête, pensent que la leur est la plus importante. Pauvres prêtres !

Vous pensez donc qu'il y a trop de mouvements dans l'Église ?

– Trop de mouvements, de secrétariats, de services, de commissions pastorales, de structures de conseils, et de coordinations, sûrement ! Nous vivons sur un passé. Ce qui a fait hier notre richesse, aujourd'hui nous paralyse et nous asphyxie. Un petit diocèse où il reste soixante-dix à quatre-vingts prêtres en exercice , et dans dix ans beaucoup moins, possède la même « panoplie » qu'un autre, où deux cents à trois cents prêtres, tout en vieillissant, travaillent encore dans le champ du Père. De plus, quand nous nous ouvrons enfin à de nouvelles formes d'action, on les ajoute aux précédentes sans en supprimer aucune autre.

Notez bien surtout que je suis tout à fait conscient qu'il est très facile de faire un tel diagnostic, mais infiniment plus difficile de remédier à cette situation. Je plains les évêques. Celui qui aura le courage d'alléger, en supprimant, s'exposera à une rude bataille dont il aura à souffrir. Et si, respectueux des personnes, il pense qu'il doit attendre et obtenir d'abord un « consensus général », quand il l'aura obtenu, il ne restera plus beaucoup de personnes pour en bénéficier.

J'ai la chance d'avoir vu de près – et donc je peux en témoigner – plusieurs diocèses très vivants, en Amérique latine, qui fonctionnent avec un strict minimum de structures. Je pense à tel ou tel évêque, qui une fois par an, convoque une « Assemblée du peuple de Dieu » (prêtres et laïcs responsables). Cette Assemblée fixe deux ou trois objectifs. Et l'année suivante, elle vérifie les résultats avant d'en décider de nouveaux. Mais encore une fois, je suis réaliste et sais qu'il est beaucoup plus facile et moins coûteux de construire du neuf que de restaurer de l'ancien !

Si les prêtres vieillissent, le « recrutement » n'est pas brillant. Qu'en pensez-vous ?

– Vous avez raison de parler de « recrutement » en souriant, car l'Église n'est pas une administration qui « recrute » du personnel. C'est le Seigneur qui appelle à travers elle. Mais pour qu'Il appelle, *il faut qu'il y ait des jeunes à appeler.*

J'ai été responsable du « Service des vocations » dans mon diocèse. Nous avons travaillé en commun (trois diocèses : Rouen – Le Havre – Évreux). Très riche collaboration. Dès le début nous nous sommes dit, que ce n'était pas en multipliant les participants à ce « Service des vocations » et en obtenant d'eux qu'ils fréquentent fidèlement les Congrès nationaux ; en peaufinant la « Journée des vocations » avec affichages, distribution de tracts, etc., que surgiraient par enchantement des volontaires pour un service d'Église. Nous avons lancé des week-ends pour toutes les catégories d'âges. Puis un grand Rassemblement de jeunes. Un des premiers en France. Et les jeunes sont venus, nombreux. Spécialement pour les week-ends des Quatrièmes/Troisièmes. Il y avait un besoin. Après la profession de foi, les prêtres de paroisses tentaient de poursuivre leur action avec quelques-uns. Ils nous envoyèrent leurs jeunes. Ils ne parvenaient pas à les faire entrer dans les mouvements. Le Service des vocations perdait de sa spécificité. J'ai pensé qu'il fallait quelque chose de nouveau (voyez-vous, moi aussi j'ajoute à ce qui existe déjà !! ...). Au Havre, nous avons créé, avec l'accord de notre évêque, le Service C 4-3, puis C 2-1[33]. Ils vivent encore, et vivent très bien, sans moi. Je vous l'ai dit, je n'ai pas fait de miracle et ne

---

33. C 4-3 : *Chrétiens en 4°/3° – C 2-1 : Chrétiens en 2°/1°, terminales*.. Interrogeant les prêtres et les animateurs des petites équipes informelles qui vivaient ici ou là, nous leur avons demandé ce que désiraient les jeunes et ce qu'ils souhaitaient eux-mêmes pour les accompagner. Réponse : – Quelques fiches pour aider à regarder la vie, à l'apprécier à la lumière de l'Évangile et susciter une petite action – Quelques propositions de temps forts dans l'année, puis un Rassemblement. Nous leur avons « servi » ce qu'ils désiraient. Actuellement soixante-deux équipes C 4-3 fonctionnent dans notre petit diocèse. Les Fiches ont été éditées, avec un livret pour animateurs : *Vivre à 100 %*. En collaboration avec Catherine Raffy/Audelan, Pascal Duménil, Sophie Charpentier. Aux Éditions de l'Atelier/Éditions Ouvrières.

m'y attendais pas, mais je reste persuadé que la vraie pastorale des vocations commence d'abord par la pastorale des jeunes.

En Normandie, après en avoir arraché, on replante des pommiers. Mais il faut attendre plusieurs années pour pouvoir en recueillir les fruits. Il faut être patient, la récolte viendra ... si nous plantons. Malgré ce que l'on pense et dit, il y a des jeunes qui attendent, non pas qu'on « discute de leurs problèmes », non pas qu'on « vienne s'occuper d'eux », mais qu'on soit disponible pour les accompagner.

Et puis, il reste à oser envisager des routes nouvelles. Je vous en ai parlé dès le début de nos entretiens. Ce n'est pas vrai que nous vivons aujourd'hui le sacerdoce dans sa forme immuable ! Il suffit de relire l'Histoire de l'Église. Pourquoi s'entêter à ne pas écouter l'Esprit. Il souffle assez fort et finira bien par se faire entendre !

Les prêtres aujourd'hui sont submergés de travail. Vous qui en avez eu et en avez beaucoup, avez-vous pu résister au vertige de l'agenda, d'une suractivité ?

– Je le crois, car très vite je me suis imposé certaines règles. D'abord de ne jamais dire et penser : Je suis « débordé ». Au contraire, me répéter : Tu as le temps de faire ce que tu dois faire ; Dieu ne te demandera pas compte de ce que tu ne pouvais pas faire ; tu n'as qu'une seule chose à faire, celle que tu fais en ce moment, etc. J'ai précisé tout cela il y a longtemps, dans le livre *Réussir.* Et j'ai tenté de respecter ces lignes de conduite.

Mais il ne faut surtout pas les considérer comme des techniques à acquérir. Il y a sous-jacente une profonde attitude spirituelle : la foi en Dieu qui nous attend dans *l'instant présent.* Le Père Victor de la Vierge m'a beaucoup aidé à l'acquérir. Le Seigneur n'est plus dans mon passé. Il n'est pas encore dans mon avenir, même si cet avenir est dans quelques minutes ; mais il est là, à l'endroit où je suis, dans la tâche qui est la mienne, *à cet instant précis,* et il m'attend, tout entier recueilli, pour travailler avec moi. C'est formidable comme cette attitude libère et rend paisible.

Que diriez-vous à un jeune qui vous demande si c'est beau d'être prêtre ?

– Je lui dirais *d'abord* que c'est beau *de donner sa vie*. Toute sa vie. A une femme, à des enfants ; à l'Église ; à la société ... J'admire tous ceux qui se « dévouent ». Par exemple, dans cette multitude d'associations de toutes sortes que l'intelligence et l'imagination des hommes ont créées et continuent inlassablement de créer pour le service de leurs frères. Je me dis que même s'il y a beaucoup d'imperfections humaines dans tout cela, il y a une somme de générosité extraordinaire, et que Dieu contemplant cette effervescence, est fier de ses enfants, qu'ils le connaissent ou non.

Je dirais ensuite à un jeune chrétien, que s'il n'y a pas de vie épanouie qui ne soit vie donnée, il y a bien des façons de la donner, et que le croyant doit être attentif à travers les événements, les personnes rencontrées, toute sa vie, aux signes que Dieu lui fait, exprimant discrètement ses rêves et ses désirs sur lui.

Enfin je lui dirais que s'il a cru entendre dans sa vie, l'appel du Seigneur, confirmé et exprimé par l'Église : « Viens, lâche tout et suis-moi ! » Qu'il se réjouisse ! *Il a de la chance*, car il est alors invité *au plus beau des services*. Mais attention, j'ajouterais que si je crois très fort que c'est « en soi » le plus beau des services, le plus merveilleux pour chacun des hommes est celui auquel il a été invité de toute éternité par le Père.

A la fin des temps, devant le Seigneur, la réussite de notre vie ne se mesurera pas à « l'importance » du service que nous aurons accompli dans l'humanité et dans l'Église, mais à l'intensité d'amour avec lequel nous aurons vécu *celui que Dieu avait rêvé pour nous*.

Votre vie a-t-elle deux versants : l'un avant Vatican II, l'autre après ce Concile ?

– Non, absolument pas. Ce fut pour moi une continuité. Beaucoup voyaient une grande nouveauté apparaître à la suite du Concile, mais tous ceux, prêtres ou laïcs, qui étaient, disons pour faire au plus vite, « de la génération Action Catholique » le reçurent comme une confirmation de ce qu'ils pensaient et vivaient déjà. Dans la liturgie par exemple, nous avions entrepris des changements que la plupart des catholiques n'ont découvert qu'après le Concile.

Comment avez-vous accueilli la conception de l'Église que Vatican II a mise en lumière ?

– L'expression de l'Église comme Peuple de Dieu m'a comblé de joie. Depuis le séminaire, je ne pouvais la concevoir autrement, et en tout cas, pas comme une hiérarchie pyramidale.

Êtes-vous allé vous-même à Rome pendant le Concile ?

– Oui, deux fois trois semaines. Mais je n'étais pas « Père Conciliaire » ! J'ai cependant été invité à l'une des séances dans Saint-Pierre. Je n'ai guère pu suivre les débats, les monseigneurs parlaient en latin ! Et je vous ai dit mon allergie !

C'est le Père Riobé qui m'avait demandé de venir. La présence à Rome de tous les évêques latino-américains me permettait de faire l'économie de nombreux voyages. J'ai pu contacter tous ceux avec lesquels nous collaborions par l'envoi de prêtres français. Je les rencontrais individuellement ou en groupe, suscitant des réunions par pays, ce qui me donnait l'occasion de les entendre exprimer leurs besoins pastoraux, les problèmes que les prêtres envoyés trouveraient chez eux, dans l'Église et dans la société. Et ce n'était pas mince !

Je logeais au Séminaire français, avec la plupart des évêques de chez nous. J'ai beaucoup apprécié cette cohabitation.

Que vous racontaient-ils du Concile en cours ?

– Ils parlaient très librement, aux repas et pendant les quelques moments de détente qu'ils s'octroyaient. Mêlé à eux, je recueillais évidemment leurs impressions et les échos des efforts qu'ils faisaient dans leurs travaux de commissions, pour préparer les différents textes conciliaires, appelés encore schémas. J'osais dire ce que je pensais. Certains me le demandaient très simplement. Je n'étais pourtant pas un « expert » !

Ils paraissaient libérés de cette atmosphère étouffante qui régnait avant la mise en route du Concile. Ceci m'impressionnait. Ils disaient enfin tout haut, ce qu'ils pensaient tout bas. Ils plaisantaient et racontaient de bonnes histoires sur le « Saint-Office » et toutes les condamnations, mises en garde et remontrances qui en émanaient, à la suite des multiples « dénonciations » de ceux qui se croyaient champions de la défense de la foi et des bonnes mœurs. Le pauvre Cardinal Ottaviani[1] en prenait pour son grade !

Il paraît que vous étiez très connu des Pères conciliaires ?

– (Rires) Qui vous a raconté cela ? C'est vrai. Lorsque le Cardinal Martin, mon archevêque, est arrivé au Concile, beaucoup d'évêques, apprenant d'où il venait, l'abordaient pour lui dire : « Vous êtes de Rouen ? Mais c'est le diocèse de Michel Quoist ! C'est donc un de vos prêtres ? » Il était tout étonné de constater que j'avais tant de supporters parmi les évêques (Rires). On le félicitait. Il est devenu très fier de « son Michel » comme il disait, et c'est vrai que nos relations, depuis ce moment-là, se teintèrent d'une discrète nuance d'affection qui me touchait d'autant plus qu'elle continua de s'exprimer quand il prit sa retraite à Lourdes. Il m'envoyait de temps en temps un petit mot d'encouragement pour mon apostolat. Je mesurais là, entre autres, l'impor-

---

1. Cardinal responsable du Saint-Office, avant et encore pendant le Concile.

tance de la relation paternelle, mais en même temps fraternelle, des évêques avec leurs prêtres. Ce n'est pas en multipliant les réunions d'organisation et de réflexion avec eux, qu'ils leur deviendront plus proches, mais en trouvant les petits gestes d'amitié gratuits, qu'ils leur montreront beaucoup plus efficacement que toutes les belles théories, qu'ils ne sont pas pour eux, des patrons d'une entreprise, mais des frères qui travaillent, avec eux, pour le Royaume du même Père.

Qu'on ne voie pas là une quelconque sensiblerie. Mais puisqu'on demande aux prêtres le sacrifice du célibat, puisque ceux-ci n'ont pas, comme les religieux, le soutien direct d'une communauté, et puisque leur amour, fût-il très profond, est un Amour sans visage, qu'ils aient au moins le soutien effectif de leur père dans la mission. Beaucoup d'évêques tiennent à présider l'inhumation de leurs prêtres. Ils bousculent leur programme pour y parvenir. Ils ont certes raison. Mais c'est vivants que les prêtres ont besoin de leur visite, et non pas morts ! La solitude de certains, aujourd'hui plus qu'hier, est quelquefois à la limite de l'humain. Et qu'on ne réclame pas d'eux qu'ils soient tous des héros, même s'ils doivent être des saints.

Une fois de plus, je le reconnais, tout cela est facile à dire, mais bien difficile à vivre. On retrouve là tout le problème de la complexification de la pastorale. Les agendas des évêques, eux aussi, sont bourrés de dates de réunions ! ... Mais je me laisse entraîner et m'éloigne de vos questions. Pardonnez-moi !

Les fruits du Concile

J'y reviens. Lorsque vous étiez non plus à Rome, mais au Havre, comment suiviez-vous le déroulement du Concile ?

– ... De loin ! (Rires). Comme beaucoup d'autres. Au cours de la première session j'avais été surpris de l'enthousiasme de certains évêques qui déclaraient : « Prenons conscience de notre responsabilité, le monde entier nous regarde ! » Je constatais à mon retour en France, que « le monde » ne regardait pas beaucoup ! Les médias (sauf bien sûr la presse chrétienne), après avoir longuement rendu compte de l'ouverture du Concile, n'en parlaient plus guère, et même souvent pas du tout. Les discussions internes dans l'Église ne passionnaient pas. Signe que nous étions loin des préoccupations de ce monde. Une fois cependant, la presse réagit d'une façon inattendue. Monseigneur Lebrun prit un jour la parole dans l'aula, pour défendre la valeur du sport. Intervention tout à fait inhabituelle au milieu des grands problèmes théologiques. Brusquement, les journalistes se réveillèrent. Le Père Lebrun fut assailli de demandes d'interviews et a reçu un courrier tel qu'il n'en avait jamais eu. Il en était tout ému. Ses collègues le mirent gentiment « en boîte », car il n'avait rien d'un sportif. Mais j'espère qu'ils réfléchirent sur l'événement. Ce bon Père qui ne se faisait pas spécialement remarquer, avait un moment rejoint la vie des « hommes de notre temps ».

Le Concile terminé en 1965, puis ses textes publiés, comment fut transmis cet aggiornamento, *au peuple chrétien ?*

– Diversement bien sûr, suivant les lieux et les personnes, mais on peut dire que de gros efforts ont été entrepris dans tous les diocèses. Ce qui a sans doute marqué le plus les esprits, c'est la réforme liturgique. Ceux qui l'ont vécue peuvent évidemment signaler ici ou là des réticences ou même de violentes réactions de personnes ou de groupes ; mais globalement, je fus stupéfait de constater combien l'accueil fut positif, rapide, et quasi-général. Les opposants font toujours beaucoup de bruit, ils occupent pendant un moment le devant de la scène, se font remarquer par les médias (pardon, Monsieur le journaliste !) qui s'empressent de parler d'eux au détriment de la grande masse des satisfaits. C'est également vrai dans l'autre sens. On a monté en épingle, les soi-disant débordements et exagérations de certains. Là encore, il ne s'agit que de cas isolés qui sont remarqués à cause du bruit dont on les entoure.

Comment expliquez-vous le mouvement né autour de Monseigneur Lefebvre ?

– Il est une illustration de ce que je viens de vous dire. Certes, il y a, à la base, des options théologiques. Le rejet des grandes idées maîtresses du Concile, puis l'entêtement qui découle de la lutte engagée, quand on croit détenir la vérité et qu'il faut la défendre contre « les errements des autres ». Mais parmi les fidèles de Monseigneur Lefebvre, combien ont lu et compris tous les textes du Concile ? Pour beaucoup le combat s'est cristallisé autour de la liturgie. La « messe de toujours ! » Quelle aberration ! Il est vrai que la messe est aujourd'hui comme hier – et le sera demain jusqu'à la fin des temps – l'offrande au Père par l'Église, communauté de chrétiens rassemblés, de Jésus mort et ressuscité, et la communion à ce Sauveur qui nous donne sa vie, pour construire son Corps. Mais les formes extérieures sont changeantes *et n'ont fait que changer* depuis le dernier repas du Seigneur avec ses disciples et les assemblées des premières communautés où, mangeant et buvant plus qu'il ne fallait, les fidèles se voyaient vertement remettre en place par saint Paul, non parce qu'ils mangeaient, mais parce qu'ils ne partageaient pas avec leurs frères démunis, jusqu'à la messe de nos mères et grands-mères qui pour s'y préparer devaient veiller, en se lavant les dents, à ne pas absorber la moindre goutte d'eau qui romprait le jeûne eucharistique, les exposant au péché grave ! Quelle bêtise !

Dépoussiérant la messe de tous les ajouts accumulés, le Concile nous a redonné une eucharistie plus fidèle à la Tradition, remettant en valeur, entre autres, la place de la Parole de Dieu. Beaucoup, ignorant l'histoire, ont reçu ses changements comme une révolution « moderne ». Ils se trompent.

Un jour que je devais célébrer dans un milieu jugé assez « traditionaliste », le prêtre que je remplaçais, inquiet de mes réactions, me prévint : « Ne vous étonnez pas, vous constaterez que beaucoup de fidèles communient encore sur la langue ! » Je réagis en effet, mais pas dans le sens que craignait ce bon Père. Je dis avant de commencer l'office : « Surtout, chers amis, soyez très libres. Monsieur le Curé m'a prévenu que certains d'entre vous tiennent à communier de la façon moderne, c'est-à-dire sur la langue. Qu'ils continuent. Mais que les autres n'aient pas honte d'être traditionnels en recevant leur Seigneur dans leurs mains. C'est un geste splendide que saint Cyrille de Jérusalem célébrait en disant : "Quand donc tu t'approches, ne t'avance pas les paumes des mains étendues, ni les doigts disjoints ; mais fais de ta main gauche un trône pour ta main droite, puisque celle-ci doit recevoir le Roi, et, dans le creux de ta main, reçois le corps du Christ, disant : Amen. Avec soin alors sanctifie tes yeux par le contact du saint corps, puis prends-le et veille à n'en rien perdre." [2] »

Comprenez-vous ces catholiques qui n'ont pas accepté le Concile ?

– Je ne les juge pas. Je suis en général persuadé de la sincérité des gens. Mais je trouve qu'on leur a donné beaucoup trop d'importance. Je reviens à ce que je vous disais précédemment. Le bruit qu'ils ont fait et l'attention qu'on leur a portée, ont caché la faiblesse de leur nombre. Mille personnes qui, au nom de l'Évangile, occupent l'église Saint-Nicolas-du-Chardonnet avec des moyens pas très évangéliques, ça se remarque et on en parle, tandis qu'on ne parle pas des dizaines de milliers de personnes qui, au même moment, se réunissent et prient dans les autres églises parisiennes. Je connais bien mon diocèse, et pour cause. Je puis vous dire, qu'en tout et pour tout, un seul prêtre lefebvriste a tenté d'y implanter, au Havre, une communauté. Il rassemblait chaque dimanche ... dans une pièce de son appartement, une douzaine de personnes, au moment où on recensait seize mille pratiquants dans les différentes églises. Je suis sûr que si l'un de vos descendants lointains étudie l'Histoire de l'Église, ses professeurs lui diront qu'un Concile a eu lieu au XXe siècle, lancé par un Pape inspiré, le « bon Pape Jean », qui a généré un mouvement de renouveau remarquable, et que ce Concile s'est distingué des précédents, par le peu d'oppositions qu'il a provoqué. Et ce ne sont que les spécialistes, qui retiendront, *peut-être*, le nom de ce pauvre Monseigneur Lefebvre, sûrement sincère, je le répète, mais bien seul dans son entêtement jusqu'au-boutiste.

Le Concile a-t-il produit tous ses fruits ?

– Oh non ! Il commence. On dit qu'il faut un siècle ou deux pour qu'un Concile y parvienne. De grandes idées comme l'Église peuple de Dieu, l'ouverture au monde, le regard positif sur les autres religions,

---

2. En 316-387.

l'œcuménisme, etc., n'ont pas fini d'être traduites concrètement dans l'Histoire. Elles engendreront des évolutions que certains frileux jugeront et freineront car ils les recevront comme des révolutions. Quand un arbre est planté, il y a des étés où il produit abondamment ses fruits, mais aussi des hivers où la vie semble en lui désespérément stagner, ou même régresser. Il est dépendant du lieu où il est planté, du temps qu'il fait, mais aussi ... du jardinier qui cultive.

Le Concile Vatican II a-t-il été imprégné de l'esprit de l'Action Catholique ?

– Oui, sûrement, en partie. Je vous ai dit que certaines de ses orientations ne nous ont pas étonnés, puisque nous tentions de les vivre depuis longtemps. Personnellement, j'étais heureux que les Pères conciliaires proclament solennellement que l'Église devait s'ouvrir et aller au monde, mais à la limite ... je m'en scandalisais. N'était-ce pas une évidence ! Dès avant ma rentrée au séminaire, j'étais fasciné par cette phrase de l'Évangile : « *Dieu a tant aimé le monde*, qu'il a envoyé son Fils ». Le mystère de l'Incarnation est un bouleversant geste d'amour dont nous n'aurons jamais fini de mesurer la profondeur et les conséquences. Quand je pense que des chrétiens, ou prêtres, ou évêques, reprochent à d'autres, d'aller dire Jésus-Christ dans des milieux qui ne sont soi-disant pas fréquentables ! Comme si nous devions rester dans nos communautés bien chaudes à nous regarder, nous ausculter indéfiniment, et nous servir les uns les autres ! Nous sommes des envoyés, et même faibles et pécheurs, Jésus a besoin de nous, pour que le rejoignant au cœur de la vie, il puisse assouvir sa « passion » de rencontrer tous les hommes dans cette vie. Il nous attend. C'est là que doit naître et se développer l'Église, et non pas être cultivée à part, dans je ne sais quelle serre bien protégée pour être replantée ensuite dans le monde.

Les mutations de l'Action Catholique

Êtes-vous un inconditionnel de l'Action Catholique ?

– Oui. Quoique je n'aime pas beaucoup le mot « inconditionnel ». Il faudrait nuancer. L'Action Catholique est un merveilleux cadeau de l'Esprit Saint à l'Église et aux hommes de notre temps. Mais attention, je ne dis pas « les mouvements » dans leurs formes diverses, qui sont des expressions humaines, pour un temps donné et un monde donné, de cette impulsion providentielle. Je parle de l'esprit et surtout, pour en finir, de la spiritualité de l'Action Catholique. Elle est justement une spiritualité d'incarnation. Chrétiens, nous pensons encore trop souvent, nous aussi, que nous possédons Dieu et que nous sommes chargés d'aller le porter aux pauvres hommes du monde qui ne l'ont pas, mais en nous préservant soigneusement de toute contamination, comme je vous le disais à l'instant. Ce n'est absolument pas cela puisque Dieu, par son Fils Jésus-Christ, *est déjà présent au monde*. Nous devons l'y rejoindre, à l'œuvre avec son Esprit, et le révéler à nos frères, pour travailler tous ensemble au Royaume du Père.

La pédagogie du VOIR – JUGER – AGIR[3] et sa mise en œuvre par l'exercice de la Révision de vie, sont les moyens employés par l'Action Catholique pour vivre cette démarche. Grâce à eux se sont formés et se forment des quantités d'hommes, de femmes et de chrétiens remarquables.

Pratiquée dans sa totalité, la méthode est déjà merveilleusement riche au seul plan humain. Elle structure de vraies personnalités équilibrées et efficaces. Car si l'on s'attarde au VOIR en omettant les autres étapes, on aboutit à ... rien. Si l'on JUGE, sans avoir vu, on se perd dans les idées et le subjectivisme. Si l'on AGIT sans avoir vu et jugé, on risque de grossières erreurs dans la réalisation.

Il est évident qu'en Action Catholique, cet exercice n'est pas une simple technique humaine, et c'est pourquoi j'ai parlé d'une vraie spi-

---

3. Les différents mouvements cherchent toujours des expressions plus adaptées aux personnes auxquelles ils s'adressent. Il est vrai que le « JUGER » ne passe plus facilement, même si l'on sous-entend « à la lumière de l'Évangile ». L'A.C.I. par exemple, parle actuellement de : REGARDER – DISCERNER – TRANSFORMER.

ritualité. Pour un chrétien il s'agit de VOIR dans la foi ; de JUGER à la lumière de l'Évangile ; et d'AGIR non pas au bout d'une simple réflexion, mais en réponse à une invitation du Seigneur à travers toute la vie. C'est ainsi en effet que se sont « formés » des chrétiens complets. Humainement, comme je viens de le dire, et chrétiennement, en unissant profondément leur vie et leur foi.

Les aumôniers d'Action Catholique ont-ils bien tenu leur rôle spirituel ?

– Qui suis-je pour en juger ! Je soulignerai simplement que notre rôle – car je suis concerné moi aussi – est difficile. Je viens de dire en effet que la méthode d'Action Catholique est certes d'un équilibre merveilleux, mais qu'il faut la vivre *dans sa totalité*. Or, je vous ai dit aussi qu'on peut plus ou moins la réduire à une démarche humaine. Dans les équipes, les intéressés eux-mêmes le sentent très bien quand ils expriment ce danger en disant : « On ne va pas assez loin, assez profond ». L'aumônier doit apporter « l'éclairage de foi », c'est-à-dire aider à reconnaître Jésus et son Esprit interpellant à travers les événements – les faits de vie, dit-on en Action Catholique – rapportés dans l'équipe. Cette démarche, pour être complète, doit déboucher dans la prière, qui n'est pas alors déconnectée du réel, mais qui naît de la vie, comme réponse au Seigneur attendant de nous une conversion et une action.

Certains prêtres ont beaucoup de mal à entrer dans cette démarche. Ils ont été « formés » pour « enseigner » et sont quelquefois plus à l'aise dans le rôle de professeurs que dans celui d'accompagnateurs et de révélateurs de Jésus-Christ présent dans la vie. Pour être un bon aumônier d'Action Catholique, il faut être « contemplatif » car nous ne pouvons pas aider les chrétiens à VOIR si nous ne voyons pas nousmêmes. Nous n'avons peut-être pas été toujours assez contemplatifs !

Voulez-vous dire que le prêtre n'est pas seulement un médecin-accoucheur d'une réflexion chrétienne ?

– Exactement. Du moins en ce qui concerne le rôle des aumôniers d'Action Catholique qui rejoignent des chrétiens se réunissant, non pas pour « réfléchir » sur un sujet, « étudier » la Bible ou même uniquement pour prier, mais pour mettre en commun leur vie et tenter d'y rejoindre leur Seigneur qui les invite à bâtir le Royaume du Père avec Lui.

Comment expliquez-vous la diminution des effectifs parmi les mouvements d'Action Catholique ?

– Par la tendance générale des hommes d'aujourd'hui à se replier sur eux-mêmes pour défendre leur propre vie. Qu'ils soient ou non chrétiens, tous les mouvements ont connu une baisse importante. Contre vents et marées, l'Action Catholique tient solidement ; mais vivre de son esprit et de sa spiritualité est difficile, car cela réclame l'engagement de toute la personne. Il faut reconnaître que certains répugnent à le faire aujourd'hui, plus qu'hier.

Les mouvements d'Action Catholique auraient-ils perdu de leur dynamisme missionnaire ?

– Oui, parfois. Ils n'ont pas toujours eux non plus échappé à l'étouffement, par la complexification de leurs structures, et le perfectionnement de leurs techniques, dont je parlais pour l'Église en général. J'ai eu entre les mains par exemple des grilles de révision de vie tellement bien étudiées et fignolées, qu'elles étaient impossibles à utiliser ! De plus, la vie des personnes n'est point uniforme, et à l'intérieur même des milieux sociaux elle se diversifie de plus en plus. Certains mouvements voulant l'atteindre au plus près ont compliqué à l'extrême. La réflexion elle-même, quand elle est trop poussée, à travers des rapports, des comptes rendus et relecture de comptes rendus aux différents niveaux, essouffle ceux qui la pratiquent et mobilise leurs énergies au détriment de leurs véritables engagements.

Par contre, actuellement la JOC, même si ses effectifs ont baissé eux aussi, peut s'enorgueillir d'être un des mouvements (avec l'ACE[4]

---

4. ACE : Action Catholique des Enfants, anciennement Cœurs Vaillants/Âmes Vaillantes.

en monde ouvrier) qui rejoint le plus de non-chrétiens puisqu'elle atteint par exemple des Musulmans.

N'est-ce pas une perte de spécificité ?

– C'est une nouvelle situation à gérer. Mais accueillir les personnes et les respecter telles qu'elles sont, n'est-ce pas évangélique ?

On a pourtant reproché aux mouvements d'Action Catholique d'avoir mis en minuscule le « c » de catholique.

– C'est le va-et-vient des différentes options et attitudes. Quand j'étais jeune, on disait à la JOC : « Il faut faire choc » ; et les militants les plus solides, le Vendredi Saint, réclamaient dans leur usine ou leur entreprise, une minute de silence à trois heures de l'après-midi, en souvenir de la mort de Jésus. La seule année où j'aurais pu après ma « conversion » et avant mon entrée au séminaire, m'y risquer, dans mon bureau, ce n'était déjà plus recommandé. Heureusement ! Je n'aurais pas osé, et je n'étais pas partisan de ces démonstrations trop voyantes. Beaucoup plus tard, tout le monde ne parlait plus que d'enfouissement « dans la masse » et le Cardinal Suhard usait de cette belle expression : « Il faut faire mystère ». La spiritualité du Père de Foucauld attirait, et le livre *Au Cœur des Masses*[5] accompagnait la réflexion et la prière de beaucoup de militants. On revient aujourd'hui à la visibilité. Les grands rassemblements fleurissent partout et l'on construit une cathédrale (!!) alors qu'on préconisait de petits lieux de culte discrets en proximité des grands ensembles. Je crois que s'il faut suivre les grands mouvements de la vie, persuadé que l'Esprit Saint les inspire, il faut veiller à ne pas en être dépendant quand ils deviennent une mode.

Dans l'Action Catholique, j'ai vécu tous ces va-et-vient de l'Histoire. Mais à travers eux je me suis toujours accroché à plusieurs convictions. La première ; c'est que nous devons à tout prix être fidèles à l'Évangile. Je peux certifier qu'en ce qui concerne les mouvements

---

5. Père René Voillaume : *Au Cœur des Masses*, Les Éditions du Cerf.

que j'accompagnais, quand, à cause des directives nationales ou de l'affaiblissement de mon effort personnel, nous nous éloignions de l'Évangile régulièrement médité et mis en commun, nous perdions l'acuité de notre regard et l'efficacité de notre action. Croyez-moi, c'était presque sensible. Et pas étonnant, car je l'ai dit et le redirai problement : on ne peut reconnaître Jésus dans la vie que si on le connaît et le fréquente dans l'Évangile.

Ma deuxième conviction, c'est que si la forme des mouvements, leurs structures et leurs techniques sont importantes, il ne faut pas en être esclaves. Certains de ces mouvements en effet se sont sclérosés, parce qu'ils s'arc-boutaient sur elles comme sur de véritables dogmes. N'oubliez pas : Quand vous m'avez demandé si j'étais un inconditionnel de l'Action Catholique, je vous ai répondu que oui, mais pas forcément des mouvements tels qu'ils sont. Ils doivent être assez souples pour évoluer en fidélité à la vie. En tant que tels, ils n'ont pas les promesses de la vie éternelle. D'autres peut-être naîtront, fidèles à l'esprit et la spiritualité, mais sous des formes nouvelles.

Enfin ma dernière conviction, et pour en finir la plus importante : si dans les mouvements, du sommet jusqu'à la base, il n'y a pas suffisamment de membres, à commencer par les aumôniers bien sûr, qui soient *des passionnés de Jésus-Christ et de sa mission*, la merveilleuse pédagogie de l'Action Catholique continuera, au moins pendant un temps, à former remarquablement des hommes, mais non plus des chrétiens ... et cette mission du Seigneur attendra d'autres ouvriers.

La crise de la JEC

Vous avez été également, et longtemps, aumônier diocésain de la JEC. Comment avez-vous vécu la crise du mouvement ?

– Comme un échec de l'Église de France face à des jeunes, aux qualités humaines et chrétiennes remarquables, et qui furent victimes, pour en finir, de leur générosité. J'ai été mêlé à cette crise – ou plutôt aux deux crises, car il y en eut deux – par l'intermédiaire de permanentes nationales originaires du Havre. Les « filles à Quoist », disait-on au

S.G.[6] Par elles, j'ai connu et rencontré plusieurs équipes dirigeantes successives. Au moment de la crise la plus grave, l'une ou l'autre responsable affolée me téléphonait à une ou deux heures du matin pour me demander mon avis. Ils discutaient âprement en équipe, des positions à prendre.

Et que leur disiez-vous ?

– D'éteindre leurs cigarettes et d'aller dormir ! (Rires)

Puis encore ? La crise portait sur le « mandat » que les évêques s'apprêtaient à retirer à la JEC. Qu'en pensiez-vous ?

– Pie XI qu'on a appelé le Pape de « l'Action Catholique » l'avait en effet définie comme « *la participation des laïcs à l'apostolat hiérarchique* »[7], c'est-à-dire que les mouvements en général recevaient la responsabilité, « le mandat », de représenter l'Église dans les différents milieux où ils étaient présents et agissants. Il est vrai qu'il y avait un risque, c'est évident. En période de turbulence dans la société et dans le monde – qu'on pense par exemple à la guerre d'Algérie, à Mai 68, aux grands conflits sociaux, etc. – les libres prises de positions des mouvements engageaient ainsi l'Église. C'était une véritable révolution, par un certain pouvoir confié à des laïcs, même si ceux-ci étaient accompagnés par des prêtres – leurs aumôniers – nommés par la hiérarchie. Les mouvements, d'ailleurs, réclamaient assez logiquement d'être consultés dans ces choix.

Spécialement en France, ces laïcs prirent très au sérieux leur responsabilité et l'Épiscopat dans son ensemble, et à la demande du Pape[8], jouait remarquablement le jeu de la confiance.

---

6. S.G. : Secrétariat Général, à Paris.
7. Encyclique « *Ubi arcano* » en 1922.
8. En 1929, le Cardinal Verdier, archevêque de Paris, recevait en effet la charge de développer systématiquement l'Action Catholique en France.

Ils n'ont pas fait confiance aux jeunes de la JEC puisqu'ils leur ont supprimé le « mandat ». Leur reprochez-vous ?

– Je regrette profondément l'abandon du principe en général, car c'est toute l'Action Catholique qui fut atteinte. C'était un recul. Une reprise en main par l'Église hiérarchique d'un pouvoir qu'elle avait un moment partagé avec les mouvements.

En ce qui concerne la JEC, je ne peux juger du déroulement des événements en eux-mêmes. J'étais au courant par les jeunes, mais n'assistais pas aux débats houleux avec le Cardinal Veuillot, archevêque de Paris. Je n'ai pas eu en main le texte des rapports, propositions et contre-propositions. Je ne le voulais pas. Les jeunes avaient leurs aumôniers nationaux pour les assister. Je tenais à rester discret.

De guerre lasse, le Cardinal soumit une série de questions aux jeunes. Ils devaient répondre : oui ou non. Ceux-ci m'assurèrent qu'ils ne pouvaient dire que « oui-mais ». C'était à prendre ou à laisser. A la majorité, ils ont dit non. Ce fut la rupture. Quelques-uns de ces jeunes ne s'en remirent jamais, du moins en ce qui concerne la foi ; car humainement ils ont fait leur chemin, s'engageant profondément, à de très hauts niveaux, puisque comme quelques-uns de leurs prédécesseurs issus de l'ACJF[9], puis la JOC et la JAC, certains devinrent ministres.

Le Cardinal Veuillot était une personnalité de premier plan. Homme de doctrine, rigoureux dans ses raisonnements comme dans ses attitudes. Je ne l'ai rencontré qu'une seule fois, à Rome, pendant le Concile. Monseigneur Riobé qui l'aimait beaucoup, depuis qu'il avait collaboré avec lui à Angers, voulait me le faire connaître. Il avait suscité une petite rencontre intime, avec son frère Recteur de la Catho d'Angers et Monseigneur Lebourgeois. Il m'y invita. Je désirais lui parler de « l'affaire ». Recueillir son point de vue, après avoir entendu celui des jeunes. Le Père Riobé me le déconseilla. « Laisse-le tranquille, me dit-il, il a souffert de cet affrontement. Je veux lui offrir une soirée de détente. Il n'en prend jamais. C'est un bourreau de travail. Tout est minuté dans sa vie. Tu verras, à dix heures pile, il prendra

---

9. ACJF : Action Catholique Jeunesse Française.

congé, même si nous n'avons pas fini de dîner ... ! » Ça n'a pas manqué. Il s'est levé au milieu d'une discussion, nous laissant seuls l'achever. Peut-être n'était-ce pas l'homme idéal pour dialoguer avec les jeunes ? C'est toujours le même problème, il y a les idées, les principes, et ceux qui les mettent en œuvre.

Quelles leçons tirer pour aujourd'hui ?

– On ne refait pas l'Histoire. Pour une fois l'Église était en avance. Trop ? Il faudra un jour se poser à nouveau la question. Actuellement – et malheureusement souvent poussés par la nécessité plus que par conviction doctrinale – on met en place des « équipes d'animation pastorale » qui prennent en charge des « groupements interparoissiaux », accompagnées par un prêtre « modérateur ». Ces laïcs reçoivent mission officielle de la part de leur évêque. Leurs responsabilités ont beau être soigneusement précisées dans des « lettres de missions », il ne faut pas être grand prophète pour prévoir que, dans la pratique, naîtront des conflits. Ces « laïcs formés » dont j'ai parlé précédemment, n'accepteront pas de n'être que des fidèles exécutants de directives, sans prendre eux-mêmes des initiatives. Jusqu'où ?

Il y avait des risques de dérapage dans le « mandat » confié aux mouvements. Il y en aura demain dans ces heureux partages des responsabilités. En tout cas, si les laïcs dans les mouvements ont pu prendre des positions discutables ou commis des erreurs, la hiérarchie ecclésiastique devrait rester humble et ne pas juger trop sévèrement. N'a-t-elle pas, elle aussi, commis bien des erreurs ?

A quoi faites-vous allusion en évoquant des positions discutables de la hiérarchie ?

– Je n'ai pas le goût de m'attarder sur toutes les erreurs du passé. Il est facile de condamner après coup. Mais tout de même, comment ne pas reconnaître toutes les compromissions de l'Église avec certains pouvoirs établis, ses silences devant des injustices criantes ! Qu'on pense aux Juifs persécutés. En France, aux allégeances au gouvernement de Vichy. Plus récemment en Amérique latine, au soutien apporté à certaines dictatures militaires. Voyez l'attitude de la majorité des évêques en Argentine, tandis que des centaines de chrétiens, et parmi eux des prêtres, des religieux, des religieuses, étaient arrêtés, torturés, assassinés ! etc. etc.

Croyez-le bien, tout cela n'atteint absolument pas ma foi. L'Église est humaine en ses responsables, et ceux-ci sont faillibles. Mais pourquoi ne le reconnaît-elle pas, et pourquoi est-elle jusqu'à présent, incapable de demander pardon, tandis qu'elle est si intransigeante et sévère quand il s'agit des erreurs de ses membres ? Je vous l'ai dit, loin de moi de me mettre en dehors. Je suis solidaire. Mais plus d'une fois avec d'autres, j'ai été révolté. Certains ont réagi. Protesté publiquement. Je me suis tu. A quel titre aurais-je parlé ? Et puis je me méfie de moi, j'y ai fait allusion plus d'une fois. Je suis capable d'être très violent, et la violence n'apporte pas la paix. C'est, suivant l'expression de Don Helder Camara, « tenter d'éteindre un incendie avec un lance-flammes ». Était-ce de la sagesse ? De la faiblesse ? Je ne sais pas. Mais quelquefois je regrette ...

Que faire quand se produisent des déviations ou des erreurs dans l'Église ?

– Dialoguer. Je viens d'en parler, les chrétiens ne supporteront plus qu'on leur dise, sans discussion : « Il faut penser cela, il faut agir ainsi. » Ce n'est pas un manque de foi de leur part, mais un signe de maturité. Le tout petit enfant se range à l'avis de son père : « Papa sait ce qu'il faut penser et ce qu'il faut faire ». Adolescent, il se heurte à son autorité. Quelquefois violemment. Adultes, si père et fils se respectent, ils discutent. Il faudra souvent discuter. C'est un piège : la discussion, quand elle prend trop d'importance, tue l'action.

L'affaire des prêtres-ouvriers

L'histoire contemporaine de l'Église de France compte un chapitre douloureux peu avant Vatican II : les prêtres-ouvriers. En avez-vous connu au Havre ?

– Oui. D'abord à Paris, pendant mes études à la Catho. Puis au Havre. Une équipe de la Mission de France était implantée dans la ville – et l'est encore –, une autre à Harfleur, commune de la banlieue. Dans cette dernière, un prêtre originaire du diocèse, ami de nous tous : Jean-Marie Huret, qui ne s'est pas « soumis ». Il a donné son témoignage dans un beau livre *Prêtre ouvrier insoumis*[10]. Un autre prêtre qui n'était pas passé par le séminaire de la Mission de France, est parti au travail, envoyé par son équipe paroissiale, avec l'accord de l'évêque.

Est-ce parce que des prêtres étaient mal à l'aise dans un ministère traditionnel, qu'ils étaient envoyés au travail ?

– Non, absolument pas par une décision de confort personnel, mais à la suite de la parution de *La France, pays de mission ?*[11] et la prise de conscience que l'Église était devenue totalement étrangère au monde ouvrier, c'était la volonté passionnée de le rejoindre. Quand on aime, on désire vivre la vie de ceux qu'on aime, partager leurs souffrances et leurs luttes. Dieu n'a pas voulu sauver l'homme, de loin, mais en s'identifiant à lui, en son Fils Jésus-Christ. Et Jésus avant de prêcher, et rassembler un peuple, a vécu la vie de tous ses frères. On oublie souvent qu'il a travaillé pendant quinze ou vingt ans, sans se faire remarquer. Et les apôtres travaillaient. Saint Paul en était fier.

La question des prêtres-ouvriers divisait-elle une paroisse de l'Action Catholique ?

– Parmi les chrétiens, il y avait bien sûr des réactions diverses. Certains ne comprenaient pas, mais je crois pouvoir dire que la majorité en

---

10. Jean-Marie Huret, *Prêtre ouvrier insoumis*, Les Éditions du Cerf.
11. *La France, pays de mission ?*, des abbés H. Godin et Y. Daniel.

admiraient plutôt. En tout cas sûrement ceux qui étaient en-dehors de l'Église. Le roman de Cesbron, *Les Saints vont en enfer,* n'est probablement pas étranger à cette admiration. La presse parlait d'eux. C'était tellement nouveau. Je vous le disais : ceux qui font ce que ne font pas les autres, sont tout de suite remarqués. Et ce qu'ils faisaient était remarquable. Les PO comme on les appelait, étaient la pointe visible du grand mouvement missionnaire qui soufflait sur le pays. Ne dit-on pas que le Cardinal Suhard, archevêque de Paris, bouleversé par la lecture de *La France, pays de mission ?* – à l'origine, un rapport qu'il avait demandé à l'abbé Godin et qu'il voulut qu'on publie – se fit conduire plusieurs fois en banlieue à l'entrée ou la sortie de grosses usines, pour voir la foule des ouvriers, afin que ceux-ci demeurent présents à son esprit, son cœur et sa prière !

L'Action Catholique Ouvrière (ACO), en revanche, se montrait quelque peu réticente. Les militants chrétiens qui luttaient depuis longtemps dans leur milieu se demandaient tout bas ce que venaient faire ces francs-tireurs importés parmi eux. A leurs aumôniers, ils demandaient de les soutenir dans leur action, de les animer, mais non pas de les rejoindre. Il n'y eut pas de conflit, mais un apprivoisement mutuel.

Comment avez-vous apprécié la fermeture du séminaire de la Mission de France, puis l'arrêt de l'expérience des prêtres-ouvriers ?

– Douloureusement. En ce qui concerne le séminaire, je n'ai pas suivi toutes les tractations qui ont précédé sa fermeture. J'étais allé trois ou quatre fois à Lisieux, séduit par la personnalité du Père Augros et son accueil fraternel. J'avais emprunté quelques polycopies de cours à des séminaristes. J'admirais l'effort réalisé pour chercher une façon plus actuelle d'aborder les problèmes, même théologiques, et bien sûr cet enthousiasme missionnaire à l'ombre de la « petite Thérèse », grande patronne des Missions.

Je n'étais pas un inconditionnel acharné des PO, sensible aux quelques réticences de l'ACO, et les comprenant, mais je fus comme beaucoup d'autres, profondément heurté et scandalisé par l'arrêt brutal de cette expérience – certains disaient même de cette « épopée » – élan brisé, comme on tire un oiseau en plein vol. Comme si saint Pierre rappelait saint Paul. Les prêtres-ouvriers avaient tenté d'épouser le monde ouvrier. On leur demandait de rompre, d'être infidèles à cette alliance bénie par leurs évêques, ... pour être fidèles « à l'Église » ! Comment pouvaient-ils ne pas être déchirés ? Ils le furent. Il leur fallait bien choisir entre deux fidélités ... et deux infidélités ! Et tout cela à partir de quels arguments ! Ces prêtres étaient en danger. Ils ne pouvaient vivre leur vie sacerdotale dans le monde ouvrier ! Quelle insulte à tous les chrétiens qui, eux, vivaient bien leur baptême en son sein ; et quelle insulte pour ce monde ouvrier dont on continuait de dire imperturbablement qu'il était si cher au cœur de l'Église ! Comment pouvaient-ils le croire, au moment où naissait une espérance, lamentablement brisée.

Les évêques de France furent courageux. Ils s'étaient engagés. Ils se défendirent et défendirent leurs prêtres. Ils se soumirent. Que pouvaient-ils faire d'autre ? Vous me demandiez tout à l'heure à quoi je faisais allusion en évoquant les positions discutables de la hiérarchie ; cette lamentable histoire ne fut-elle pas une erreur et une injustice ?

Pourquoi parlez-vous d'erreur et d'injustice ?

– Elles le furent, puisque quelques années plus tard, certains prêtres retournèrent au travail ... avec la permission de Rome, mais il est vrai, assortie de quelques conditions ridicules, et qu'aujourd'hui ils y sont, peu nombreux certes, mais envoyés par leurs évêques, et « sans conditions ».

Lors du cinquantenaire de La France, pays de mission ? *(1993), la mission épiscopale du monde ouvrier demandait pardon, dans une déclaration officielle.*

– Oui, c'est un beau geste de chrétiens. Mais il ne vient pas de Rome, et c'est de Rome que vint l'interdiction. Dans chaque diocèse on connaît les noms et probablement les adresses des premiers PO, de ceux qui ont eu à souffrir de l'Église. Si ceux qui vivent encore recevaient une lettre d'apaisement et d'excuses ! ... mais je rêve, l'Église n'est pas encore prête à de telles démarches, sauf indirectement en célébrant, après coup, ceux ou « ce » que l'on a condamné. Ça viendra. Le Pape Jean-Paul II est capable de gestes spectaculaires. Il l'a laissé entrevoir, pour les célébrations de l'an deux mille. Mais déjà quelques-uns se sont élevés pour conseiller la prudence ! Il faut prier pour que notre Église – dans ses responsables – ose faire ce qu'elle demande aux autres : demander pardon pour ses erreurs.

Êtes-vous opposé à l'idée qu'un prêtre soit un homme séparé ?

– A quoi bon évoquer ce problème, puisqu'il est actuellement bloqué ? J'ai souffert souvent et comme beaucoup, de ne pas vivre la vie de ceux auxquels je m'adressais. Mais je vous l'ai dit, s'il était à refaire, à l'appel de l'Église, pleinement heureux, je referais ce choix. Je vous ai dit aussi que je souhaitais un clergé qui ne soit pas monolithique. Que certains prêtres puissent matériellement et non seulement spirituellement partager pleinement toutes les conditions de vie de leurs frères chrétiens. En ce qui concerne le célibat, un jour, mon évêque m'a dit : « Je suis tout de même impressionné de l'attachement à ce choix si souvent répété par le Pape ». Le soir, une fois de plus, j'ai réfléchi. Et je me suis dit que moi, j'étais impressionné par les désirs d'évolution si souvent exprimés dans le Peuple de Dieu. Je crois que le Saint Esprit est présent partout.

A l'époque du grand souffle missionnaire dans l'Église de France, vous avez également connu le Père Épagneul, le fondateur des « Frères missionnaires des campagnes ». Dans quelles circonstances ?

– J'étais encore au séminaire de Saint-Jean-les-Deux-Jumeaux. Le Père Épagneul y avait été professeur. Il y revenait de temps en temps et nous parlait de ses projets. Plus tard, pendant mes grandes vacances scolaires, je désirai me retirer dans le silence pour réfléchir et prier. Il m'invita à La Houssaye-en-Brie[12].

---

12. La Houssaye-en-Brie (Seine-et-Marne), village où résidait le Père Épagneul, quand il créa les Frères Missionnaires des Campagnes, en 1943.

Voulait-il vous embaucher ?

– Oh non ! Je ne connaissais rien au monde rural, mais, il disait : « Je veux avoir les réactions d'un jeune sur mes projets ». Il me communiqua les règles qu'il était en train de rédiger. A sa demande, je lui fis quelques remarques. Il en tint compte. J'en fus impressionné. Je n'étais que séminariste ! J'ai toujours admiré les grands hommes – j'en ai rencontré plus d'un – qui demandaient leur avis à beaucoup plus petits qu'eux. Au-delà de l'humilité que révèle cette démarche, je crois qu'ils signent ainsi l'authenticité des œuvres qu'ils entreprennent.

L'effervescence des charismatiques

Vous parliez précédemment des récentes périodes de l'Église. Celle d'« enfouissement » et celle de visibilité recherchée. Depuis une dizaine d'années la foi explicite s'affirme davantage à travers les mouvements charismatiques. Qu'en pensez-vous ?

– Comment porter un jugement global alors que cette appellation de « charismatiques » recouvre des réalités si diverses, depuis des groupes de prière relativement classiques, jusqu'aux communautés nouvelles qui ont fleuri et se développent, certaines solidement, en passant par des assemblées où les expressions de foi sensibles sont telles, qu'elles mettent mal à l'aise, quand elles ne choquent pas profondément, ceux qui viennent du dehors pour s'associer à la prière. J'ai tout vu, mais je le reconnais, plus à l'extérieur – aux États-Unis, au Canada, en Irlande – qu'en France. J'ai aussi beaucoup entendu. Des témoignages enthousiastes, comme des rejets brutaux.

Vous me connaissez assez maintenant, pour savoir que je ne suis guère porté vers l'extériorisation de la prière. Je préfère rejoindre mon Seigneur dans le silence et la solitude, ce qui ne veut pas dire hors du monde, loin de là, mais dans cet au-delà intérieur, de moi-même, des autres, des événements, où Jésus et son Esprit me font signe et m'attendent. C'est là ma maison à moi, parmi toutes les maisons du Père.

Les mouvements charismatiques sont-ils un renouveau pour l'Église ?

– Renouveau ? Le mot me semble un peu prétentieux. Il faut patienter pour voir, après l'effervescence, les résultats durables. Lorsque l'on fait la fête et débouche une bouteille de champagne un peu trop chauffée, ça fait beaucoup de bruit, et l'on arrose tous les convives. Puis, la mousse monte rapidement dans les verres, et déborde. Il faut attendre, pour qu'au deuxième service les coupes soient convenablement remplies.

Il y a eu beaucoup de mousse dans certains milieux charismatiques. Aux dires de quelques responsables, elle retombe, et c'est heureux. Un mouvement s'amorce vers plus de discrétion et d'approfondissement de la prière dans le silence. Peut-être aussi dans les grandes communautés, davantage de solidité doctrinale. L'aisance avec laquelle certains fidèles, et même responsables, sautaient allègrement par-dessus les « causes secondes » comme disent les théologiens, étaient choquantes[13].

Si un mouvement charismatique vous invitait à lui prêcher une retraite, iriez-vous ?

– Pourquoi pas ? J'ai bien accepté, il y a une dizaine d'années, de prononcer le « discours-homélie » de clôture du Congrès nord-américain des charismatiques, dans le magnifique stade olympique de Montréal. La presse fit état de cinquante-cinq à soixante-quinze mille participants (!) Je sus plus tard, en voyant un programme où son nom avait été barré, que je devais remplacer le Cardinal Suenens[14], probablement empêché. Je pris conseil. On me dit qu'il fallait y aller.

---

13. Causes secondes : ce qui nous arrive, venant de Dieu « *cause première* », passe par des « *causes secondes* » : personnes, événements qui se succèdent résultant du croisement des libertés humaines. Dieu peut agir directement, mais il respecte ces libertés. Ce n'est pas lui qui crée l'événement, mais il y est présent pour nous aider à le vivre positivement.
14. Archevêque de Malines – Bruxelles, de 1961 à 1979.

Au moment de prendre la parole, juché sur le podium, j'étais assez mal à l'aise. L'ambiance était tellement survoltée !

Pourtant, vous êtes vous-même passionné, et vous ne manquez pas de vous enflammer...

– Justement, si je m'enflamme, c'est pour le ciel sur la terre, pas sur le ciel « dans les airs ! » Or, épousant le magnifique ovale du stade, fenêtre ouverte sur le ciel bleu, un avion tournoyait, tirant une immense banderole : « Le Christ est ressuscité, nous en sommes témoins ! » Ce fut pour moi le déclic ...

– Oui, m'écriai-je, le Christ est ressuscité ...

Que n'avais-je pas dit là ! La foule debout, les bras battant l'air, une cascade d'Alléluias déferlait sur le stade.

– Attendez, laissez-moi parler !

Je repris : Oui, le Christ est ressuscité mais ...

Nouvelle explosion, plus forte encore, si c'était possible, que la précédente. J'attendais. La foule se calmait d'un côté, puis redémarrait de l'autre. Je me disais : « Est-ce qu'on va passer ainsi tout l'après-midi ? » Alors je me suis fâché (pour de bon, je le confesse, et malgré mes bonnes résolutions) : – Arrêtez ! Vous êtes bien comme ces « maudits français »[15], incapables d'obéir ! Faites donc en votre cœur provision d'Alléluias, et vous en aurez en réserve pour lancer un merveilleux feu d'artifice ... quand j'aurai fini de parler !

Ce que je fis pendant plus de trois-quarts d'heure. J'avais choisi l'Évangile du « Jugement dernier » dans saint Matthieu[16]. A la fin des temps, Jésus nous dira : « J'ai eu faim, j'ai eu soif, j'étais un étranger, nu, prisonnier ..., et vous m'avez nourri, accueilli, vêtu, visité ; ou vous avez omis de le faire. Or, l'affamé, l'assoiffé, l'étranger, le prisonnier, C'ÉTAIT MOI ! »

---

15. Parlant de nous avec leur délicieux accent et leur humeur, les Québécois, emploient de temps en temps cette expression, « Ce maudit français ». Sourire complice envers leurs lointains cousins.

16. Matthieu, chap. 25, 31-45.

– Oui, le Christ est ressuscité, mais il est parmi nous. Il n'a d'autre visage aujourd'hui que le visage de nos frères. Vous le retrouverez ce soir dans vos familles, votre immeuble ; demain à votre travail, dans tous vos engagements humains. Il vous attend pour que vous œuvriez avec lui au Royaume de son Père. Évangéliser, ce n'est pas seulement proclamer sur les places, que Jésus est ressuscité ; c'est vous investir tout entier, là où vous êtes, pour « convertir » les mentalités et les ambiances de vos milieux ; transformer les structures sociales, économiques, politiques. Tout, absolument tout doit être *pénétré d'évangile*. C'est la tâche que Jésus ressuscité nous a confiée, nous assurant qu'il nous enverrait son Esprit Saint pour nous donner la force de l'accomplir ! ...

Et je me suis enflammé, en effet. Faites-moi confiance ! Avec ensuite, comme toujours, cette sourde crainte – dont je vous ai parlé – d'avoir fait trop de bruit et couvert la voix de mon Seigneur. N'avais-je pas fait moi aussi « beaucoup de mousse » ? Et ce n'est pas facile, je vous assure, d'entendre les acclamations de dizaines de milliers de personnes, sans au passage en garder quelques-unes pour soi, ne serait-ce que quelques instants.

L'Église, ses erreurs, sa vérité ...

Le Pape Jean-Paul II nous invite à une nouvelle évangélisation. Qu'en pensez-vous ?

– Il nous rappelle en effet avec insistance, que nous n'avons jamais fini d'évangéliser, que nous ne devons pas nous arrêter sur nous-mêmes, nous contentant de gérer la vie de nos communautés rassemblées. Ce n'est évidemment pas l'évangélisation en elle-même qui est nouvelle. Il s'agit toujours de ce même Jésus, passionné des hommes et qui veut les atteindre tous, de même que le monde dans lequel ils vivent et qui les façonne en même temps qu'ils le façonnent. Mais ces hommes et ce monde bougent. Ils sont acteurs et lieu d'une histoire qui se déroule dans le temps. Ce sont eux qui sont nouveaux, pâte toujours nouvelle pour un même levain. C'est chaque jour que l'Église et nous-mêmes dans l'Église sommes invités à une « nouvelle évangélisation ».

L'Église a-t-elle été un obstacle pour vous-même ?

– Voilà bien l'exemple d'une question piège, qui montre la nécessité de préciser de quel aspect de l'Église on parle quand on s'exprime sur elle. Le mystère de l'Église, ce qu'elle est, sa « nature » : Corps du Christ, n'a jamais fait de problème pour moi, *quand je l'ai eu découvert*. Mais son aspect visible, sa réalisation dans l'Histoire et la manière dont elle parle d'elle-même, ont été un obstacle – et le demeurent toujours – tellement important, que je l'aurais rejetée si je n'avais pas rencontré la personne de Jésus.

Vous êtes néanmoins devenu prêtre de l'Église.

– Bien sûr, mais j'avais alors découvert ce qu'elle était, son être même et non son paraître, c'est-à-dire son visage humain.

L'Église a-t-elle été exclue, ou assumée dans votre prière ?

– Exclue ? Sûrement pas : je prie chaque jour pour elle à l'eucharistie avec tous mes frères croyants : « Souviens-toi, Seigneur, de ton Église répandue à travers le monde ; fais-la *grandir dans ta charité ...* Et maintenant nous te supplions Seigneur, *affermis la foi et la charité de ton Église au long de son chemin sur la terre ...* » Si nous prions pour elle, c'est donc qu'elle a besoin de nos prières. Et donc qu'elle n'est pas parfaite.

Là est le nœud du problème et de cette confusion dramatiquement entretenue dans notre attitude et notre langage. D'une part nous affirmons notre foi : « Je crois *en l'Église*, une, sainte, catholique et apostolique. » Et d'autre part nous constatons dans l'histoire de cette *même Église* qu'elle est jalonnée d'erreurs, de compromissions, de violences extrêmes et de scandales. ON ne peut pas fermer les yeux en tentant d'échapper à la réalité ! Alors, y a-t-il deux Églises ? Une qui est unie, sainte ... et une autre qui est désunie, pécheresse ? Une qui parle sans jamais se tromper, tandis qu'une autre accumule les erreurs ? Une qui dicte notre conduite avec intransigeance, et une autre qui est loin de vivre ce qu'elle enseigne ? Comment voulez-vous que ceux qui nous regardent nous comprennent et aient envie de nous suivre !

Il y a un fait que tous les observateurs, scientifiques ou non, relèvent régulièrement, à savoir cette masse de gens qui proclament et certains très sincèrement : « Nous voulons bien de Jésus, mais pas de l'Église. » Et croyez-vous que parmi les jeunes je ne suis pas tout particulièrement affronté à ce problème ? N'est-ce pas l'Esprit qui nous fait signe inlassablement à travers ces cris. C'est pour cela que je vous ai dit que je souhaitais de toutes mes forces, avec beaucoup d'autres bien sûr, que l'Église enfin sache reconnaître ses torts et demander pardon. Qu'elle abandonne aussi son langage triomphaliste : l'Église « lumière du monde », qui possède la Vérité, et qui « experte en humanité » dicte aux hommes ce qu'ils doivent penser et faire, condamnant ceux qui s'écartent de son enseignement.

Si l'Église était humble dans son comportement historique, un obstacle énorme tomberait entre elle et le monde ; beaucoup moins d'hommes la quitteraient, tandis que d'autres la rejoindraient. Car ce qu'ils lui reprochent, ce n'est pas d'être faillible, mais de ne pas le reconnaître.

Vous souhaitez que l'Église demande pardon et vous lui reprochez de ne pas se montrer humble. Cependant vous n'aimez pas du tout qu'on s'attarde à se regarder soi-même. Ne soutenez-vous pas deux attitudes contradictoires ?

– L'Église ne s'attarde pas dans cette attitude, elle n'y est pas entrée ! Il est évident qu'il ne faudrait pas qu'elle passe sa vie à genoux. Elle doit être fière de ce qu'elle est. Mais il faut à tout prix que nous expliquions clairement que si elle est, dans sa nature, c'est-à-dire dans le cœur du Christ, une, sainte, parfaite ... elle est imparfaite, dans sa pérégrination, « au long de son chemin sur la terre ». Elle a, pendant ce pèlerinage, à « *devenir ce qu'elle est* », peu à peu. C'est seulement à la fin des temps qu'elle sera sans tâche l'épouse du Christ.

Quand vous parlez ainsi de l'Église, pensez-vous précisément au Pape et aux évêques ?

– A tous les membres de l'Église. Tout le Peuple de Dieu. Car le problème est le même pour les chrétiens. Nous sommes fils de Dieu, sauvés par Jésus et en lui ressuscités. Nous sommes « saints » ; mais nous avons, nous aussi, à *devenir ce que nous sommes* pour constituer ensemble – et bien sûr le Pape et les évêques compris, chacun à sa place – le Corps du Christ, jusqu'à son achèvement.

D'ailleurs, je souhaite que l'on parle davantage de « Corps du Christ ». On a trop parlé de l'Église. Je le dis d'autant plus que des voix plus autorisées que la mienne s'élèvent actuellement pour le demander. Je suis sûr que si l'on remettait davantage en valeur la doctrine du Corps mystique exposée par saint Paul, on rendrait un sérieux service à ... l'Église.

Toute foi est-elle menacée d'orgueil ? On le voit aujourd'hui : toutes les religions entraînent des crispations, voire des intégrismes.

– L'homme est orgueilleux. S'il découvre une pépite de vérité, il se croit en possession de tout le gisement et se prend pour le maître de tous. De sa minuscule pépite, il fait un gigantesque bloc incassable, capable d'écraser tous ceux qui ne pensent pas comme lui.

Mais les chrétiens disent posséder la vérité, toute la vérité.

– La vérité pour les chrétiens, c'est une personne, Jésus, qui a déclaré : « JE SUIS LA VÉRITÉ ». Dieu le Père nous a tout dit en Lui, mais nous n'avons pas terminé d'explorer et de comprendre, en Église, le mystère infini de son amour[17].

Êtes-vous satisfait que Vatican II n'ait prononcé aucune condamnation ?

– Ah oui ! Car ensuite on est emberlificoté avec toutes ces condamnations qu'il faut essayer de faire comprendre ou de réviser.

Mais la vérité existe, vous venez de le dire. Ne change-t-elle pas ?

– Ce n'est pas la vérité qui change. Elle est immuable. Mais notre compréhension de cette vérité et la façon de l'exprimer. Regardez

---

17. Éphésiens, chap. 3, 18-19.

l'Écriture Sainte, quel énorme chemin l'Église a parcouru pour enfin la recevoir et la comprendre au-delà de ces mots d'hommes, prononcés et écrits à une époque donnée de l'histoire, pour des communautés précises. Comme beaucoup j'ai été stupéfait et heureux, follement heureux, de la récente parution du document sur *l'interprétation* de la Bible dans l'Église, émanant de la très officielle Commission biblique pontificale[18]. Voilà un texte extraordinaire d'ouverture. Toutes les « grilles de lecture » sont envisagées, sans condamnation : méthode historico-critique, analyse structurale, interprétation psychanalytique, lecture selon la théologie de la libération ou une théologie féministe, etc. C'est formidable, non !

L'Église change-t-elle ?

– Oui, heureusement. Et pourquoi s'en effrayer ? Il faut s'en réjouir. Il n'y a que les morts qui ne changent pas. Ou plutôt, si : ils se décomposent. Or, l'Église est vivante. Elle reste elle-même, mais se développe. Regardez vos enfants : dans quinze ans, ils auront grandi, et dans trente, plus encore. Ils seront toujours vos enfants, à la fois identiques et différents.

Les dogmes eux ne changent pas.

– Non, mais la compréhension de ces dogmes en profondeur évolue. C'est le même problème. Ils sont exprimés avec des mots d'hommes, à une époque donnée. Il faudrait, pour les lire et les comprendre sans faire d'horribles contresens, adopter les mêmes méthodes que pour la lecture de la Bible. Au-delà des mots forcément imparfaits, il faut rechercher ce que l'Église a voulu dire et décréter solennellement. Je ne sais pas si vous avez eu l'occasion de lire dans le journal *La Croix*, l'article du Père Xavier de Chalendar. Je ne connais pas ce Père, mais

---

18. *L'interprétation biblique dans l'Église*. Texte publié dans *la Documentation Catholique*, 2 janvier 1994, n° 2085. Voir également le livre publié aux Éditions du Cerf, avec préface du Cardinal Ratzinger et allocution de Jean-Paul II du 23 avril 1994.

si je le rencontrais, je lui tresserais une couronne et la lui remettrais car ... il pense exactement comme moi (Rires)[19].

Si tout est relatif, n'y aurait-il donc rien d'absolu ?

– Mais je n'ai pas dit cela ! J'ai dit que ce n'est pas la vérité qui est relative, mais *les mots pour la dire*.

Il faut pourtant bien que l'Église s'exprime.

– Oui, mais c'est justement pour cela que lorsque les responsables parlent – surtout en ce qui concerne l'attitude des chrétiens en face du monde et leur comportement moral – comme je vous l'ai dit plusieurs fois, je souhaite qu'ils ne parlent pas d'une façon définitive. Mais, qu'aidés de l'Esprit Saint, ayant écouté les voix qui s'élèvent dans le Peuple de Dieu, ils s'expriment humblement, comme des pèlerins qui cherchent le chemin de l'Évangile dans le monde d'aujourd'hui.

Et j'ajouterai – sans vouloir être insolent, je vous assure ! – : qu'ils parlent moins ; car à vouloir trop dire, et surtout trop longuement, trop sûrement et trop sévèrement on ne trouve plus personne pour vous écouter et vous prendre au sérieux.

---

19. Xavier de Chalendar : « J'ai lu avec un intérêt soutenu le long texte de la Commission Biblique pontificale sur « l'interprétation de la Bible dans l'Église » (...)
M'est alors venue une autre réflexion, comme en rêve (à interpréter ...). Verra-t-on un jour une commission pontificale produire un document de ce genre pour apprendre à lire les textes du magistère : documents conciliaires, dogmes infailliblement promulgués, encycliques pontificales d'hier, d'aujourd'hui ou de demain ? J'ai bien lu : « Tous les membres de l'Église ont un rôle à jouer dans l'interprétation des Écritures » et : il faut « prendre en considération le caractère historique de la révélation biblique » et rappeler que « les deux Testaments expriment en paroles humaines qui portent la marque de leur temps la révélation historique que Dieu a faite, par divers moyens, de lui-même et de son dessein de salut ». J'ai vu (en rêve) toutes les conséquences qu'il y aurait à tirer pour le travail des théologiens, et celui des fidèles, si sur le texte, au lieu de « Écritures » et de « révélation biblique », était écrit : « Enseignement du magistère ».

221

N'êtes-vous pas gêné qu'il y ait dans l'Église et même parmi les évêques, des différences d'opinions et d'attitudes.

– Bien sûr que non, le contraire me scandaliserait et me peinerait ! Tenez, un jour, je parlais devant plus d'un millier de jeunes, au Brésil. Quatre de leurs évêques étaient au premier rang. On m'avait dit que l'un d'eux était très conservateur, un autre très « en avant ». Au moment de la période des questions, un jeune m'interpelle :

– Père, que pensez-vous des évêques brésiliens ?

Question piège. Je tentais de me défiler. Sans succès.

– Ils sont sympathiques, comme tous les évêques du monde !

– D'accord, reprend le jeune, mais que pensez-vous de leurs positions ?

– Écoute, lui dis-je alors, l'Église est un peuple immense, innombrable, qui chemine sur la terre, à perte de vue. Certains chrétiens marchent en tête, d'autres sont très loin en queue du cortège. Leurs évêques les accompagnent tous. Les uns sont en avant qui trouvent que derrière on ne marche pas assez vite. D'autres sont en arrière qui pensent qu'en tête on accélère dangereusement, car devant, c'est l'inconnu. – Vous et vos évêques, je ne sais pas où vous vous situez, mais je sais que vous êtes tous de cette Église voulue par Jésus-Christ, et que vous marchez tous dans la même direction !

Ils ont ri et applaudi. Les évêques aussi ! Que pouvaient-ils faire d'autre ?

Vous savez, l'Église vient de naître, elle ne fait que commencer son très long pélerinage !

L'homme et les voyages

Qu'est-ce qui vous fait courir le monde ?

– Jamais je ne suis allé dans un pays étranger pour y faire du tourisme, fût-il spirituel. Je me suis méfié. L'envie et la curiosité d'aller « ailleurs » peut se cacher sous des camouflages apostoliques. J'ai horreur de cet habillage religieux. Si j'ai beaucoup voyagé, c'était pour accompagner les jeunes dans les camps dont je vous ai parlé ; pour accomplir la mission qui m'a été confiée dans tous les pays d'Amérique latine ; enfin pour répondre aux demandes de conférences, cours, sessions ou retraites, qu'on me fait dans tous les pays où sont traduits mes livres. Je ne réponds pas à toutes les sollicitations. Loin de là. Je me détermine rapidement pour ce qui me semble le plus important et bien sûr, en fonction de mon agenda. Une fois décidé, je ne reviens pas sur la décision. Hésiter serait perdre du temps.

Avez-vous réellement couru le monde comme un homme pressé ?

– Pressé oui, mais pas bousculé. Je vous ai dit mes petits secrets : une seule chose à la fois, en essayant de m'y mettre tout entier[1]. Je ne veux pas me laisser déborder, à aucun prix. J'y perdrais en efficacité, et surtout je mettrais en danger ma paix et mon attention aux autres. Tenez, je vous dis tout. Une seule fois, j'ai été subitement atteint par un terrible vertige, une angoisse fulgurante, inattendue. J'étais en avion, de retour d'Amérique latine. J'avais rencontré beaucoup de prêtres français, mesuré l'énorme travail qui serait à faire avec eux. J'en avais la responsabilité. Puis j'ai pensé aux tâches qui m'attendaient à mon arrivée. J'étais écrasé, mesurant brusquement la petitesse de mes moyens en face de l'immensité de ces tâches. Jamais je n'avais éprouvé cela. J'y réfléchissais bien sûr, mais c'était autre chose. Tout autre chose ! Alors j'ai dit : « Seigneur, pardonne-moi, je suis idiot, je suis en train de perdre du temps, ce temps

---

1. Cf. le livre *Réussir* et la prière « Seigneur, j'ai le temps », dans *Prières*, p. 114.

que tu me donnes. » J'ai ouvert mon agenda, regardé la première réunion que j'avais à l'arrivée, et je l'ai préparée.

Avez-vous seulement donné de votre temps pendant vos voyages ?

– Oh non ! J'ai essayé de donner ma vie pour que le Seigneur, tant bien que mal, puisse s'en servir. C'est pour cela qu'à aucun prix je n'ai voulu « profiter » pour moi de tous ces déplacements. J'aurais eu l'impression de voler un bien qui ne m'était pas destiné. Je n'ai pas eu grand mal, croyez-moi. Peut-être un reste d'éducation, à l'exemple de ma mère et de sa fidélité sans faille au « devoir d'état » ; la pensée aussi de mes copains qui dans les paroisses, avec persévérance, recommençaient chaque année à organiser la catéchèse, peaufiner la préparation et la célébration des sacrements, etc. ; et bien sûr, cette conviction profonde que mon Seigneur m'invitait à travers toutes ces activités à venir travailler avec lui au Royaume, et non pas à faire la fête, pour mon plaisir.

Tenez, encore un souvenir. Une des rares fois où j'ai cédé à l'envie d'une détente « pour moi ». C'était à nouveau pendant une tournée de visites des prêtres français en Amérique latine. Je devais rencontrer l'un d'eux, chargé de tous les villages de pêcheurs le long de soixante à soixante-dix kilomètres de côtes magnifiques, au Brésil. Un prêtre jovial, tout donné au Seigneur et à ses frères, mais qui ne m'assaillerait pas de « grands problèmes » à résoudre. J'avais décidé de rester chez lui une journée pour me reposer, rêvant de soleil et de bains de mer. Quand je suis arrivé dans sa cabane de planches, au toit de taules ondulées, il se mit à pleuvoir, comme jamais il n'avait plu ici, me dit-il. Nous sommes restés calfeutrés à l'intérieur, dans l'humidité et le froid, occupés à vider les récipients, qui débordaient de l'eau recueillie du plafond partout percé. J'ai bien ri de moi !

Pourtant il n'est pas interdit de se détendre !

– Non, je le conseille aux autres. Mais il faut faire attention de ne pas trop céder à ce besoin. Il devient vite tyrannique. Et puis, je suis fait comme ça. C'est tout. J'essaie de ne pas me tendre, pour n'avoir pas besoin de me détendre.

Les paysages, les personnes, la souffrance

Qu'avez-vous le plus admiré au cours de vos voyages ?

– Les personnes, toujours.

Jamais les paysages ?

J'admire la nature, je suis capable de m'extasier devant elle. J'aimerais avoir le loisir de la contempler longuement. Mais on m'emmène de salle en salle, pour discuter ou pour parler. Je vous assure que je pourrais faire une étude très sérieuse sur tous les lieux de réunions et de rassemblements dans beaucoup de pays du monde ! (Rires)

Il semble néanmoins dans vos livres que vous vous êtes imprégné de la nature et des paysages que vous avez ainsi traversés. Comment avez-vous pu faire ?

– A l'œil du cœur, il ne faut qu'une seconde pour prendre une photo. Je me sers des déplacements. Je suis heureux quand on m'annonce un long parcours. En voiture, je peux regarder ; mais le paysage fuit derrière moi trop rapidement avant que j'aie pu l'apprivoiser. Et puis, surtout, il y a ceux qui me transportent. Si moi, je prends place dans l'auto en me disant : Je vais enfin pouvoir apercevoir quelque chose de ce pays inconnu, ceux qui me conduisent, je le sais, se disent : On va enfin pouvoir parler, poser des questions. Et ils ne s'en privent pas, pendant tout le trajet. Que voulez-vous que je fasse ? Je ne peux tout de même pas regarder dehors, en ignorant ceux qui, heureux, s'adressent à moi ! Je suis venu pour eux et non pour les paysages. Ça me coûte, je l'avoue, et quelquefois je dois m'y reprendre en plusieurs fois pour abandonner mes coups d'œil à travers la vitre, et me retourner définitivement vers mes interlocuteurs, pour être tout à eux.

Vos voyages vous ont-ils donné plus de souffrance ou plus d'admiration ?

– Les deux sont mêlées. Il est difficile de répondre. Il faudrait distinguer à partir des lieux et des circonstances. D'une façon générale, j'admire beaucoup tous les efforts apostoliques de ceux qui me font venir. Je rencontre des gens remarquables qui remuent ciel et terre, tentant de rassembler du monde, pour leur donner l'occasion d'entendre quelques échos de l'Évangile. Ils sont heureux quand la soirée est réussie, et moi je suis heureux de leur bonheur. Ils sont récompensés. C'est pour cela que je regrette toujours de devoir refuser tant et tant de demandes. Certains sont déçus qui aspiraient à ma venue. Mais il y a l'autre aspect, le spectacle de la souffrance si souvent rencontrée. Et je pense spécialement à l'Amérique latine. Quasiment tous les prêtres français, partis là-bas, demandaient d'être envoyés vers les plus pauvres. Et visitant ces prêtres, je rencontrais les pauvres et mesurais leurs souffrances. Ailleurs aussi, il est vrai ; car ce ne sont pas les beaux quartiers ou les magnifiques musées d'art, qu'on me faisait parcourir, mais les zones de misère extrême. J'en ai vu également au Japon, en Corée, aux États-Unis ... peut-être plus lamentables encore. Comme dit l'Abbé Pierre, dans les pays les plus développés, ceux qui tombent du train se blessent davantage, car le train va plus vite.

Face à la souffrance que provoquent les voyages, préféreriez-vous rester chez vous ?

– Ah non alors ! Ce serait lâche. Mais attention, il ne s'agit pas de voyeurisme. Après mon premier voyage en Amérique latine, j'ai donné mon appareil de photo et n'en ai jamais racheté. Je ne voulais pas photographier la misère, même pour tenter d'alerter ceux qui n'imaginent pas jusqu'où peut aller la détresse de certaines gens. Mais je n'ai pas fermé les yeux. J'ai voulu voir, quand on me faisait voir. Et surtout ne pas oublier. Il n'est pas difficile de garder quelques scènes atroces en mémoire ; mais s'ouvrir assez grand le cœur pour qu'*au-delà de la sensibilité,* passant les zones de l'émotion inévitable, la souffrance des autres vous pénètre au point que vous puissiez dire en toute vérité qu'au moins un peu, *vous la partagez,* ça c'est difficile. Et pourtant j'en suis sûr c'est cela être chrétien et prêtre, encore plus. Jésus, lui, cœur ouvert à l'infini, a épousé toutes les souffrances humaines. Ce serait trop facile que nous nous disions ses disciples, en ne le suivant que dans la joie des noces de Cana, ou dans la lumière de la Transfiguration, tout en refusant de faire, ne serait-ce que du bout des pieds, quelques petits pas sur la route de la croix. Mais rassurez-vous, je ne suis pas masochiste, mais simplement un amant de Jésus-Christ et avec lui de tous mes frères. J'essaie de participer. Mais hélas, ça ne va pas très loin ! Il faudrait aimer davantage.

Monseigneur Riobé, l'Abbé Pierre et l'Amérique latine

Comment avez-vous connu Monseigneur Riobé, que vous évoquez souvent quand vous parlez de l'Amérique latine ?

– Je l'ai rencontré avant qu'il soit évêque. J'étais à la Catho, à Paris. Il avait entendu dire que nous tentions, à quelques prêtres de Rouen, de vivre entre nous une spiritualité du clergé diocésain : les prêtres communautaires de Notre-Dame. Lui, de son côté, cherchait quelque chose. Nous avons fraternisé très profondément.

Je crois avoir compris, dès nos premières rencontres, combien de richesses se cachaient en ce prêtre aux réactions il est vrai quelquefois imprévisibles pour ceux qui ne le connaissaient pas. J'appréciais ses lumineuses intuitions qui, malgré ce qu'on en pense, étaient soumises à une large réflexion et méditation – j'en suis témoin – avant d'être traduites en interventions publiques qui dérangeaient. C'était un prophète et, comme tous les prophètes, il eut à souffrir des sages.

Pourquoi est-il venu vous chercher pour vous occuper de l'Amérique latine ?

– Il faut dire d'abord qu'ayant, pour en finir, rejoint la Fraternité sacerdotale Jesus Caritas[2], alors qu'il était vicaire général au diocèse d'Angers, il en fut rapidement nommé responsable international. A ce titre, il voyagea beaucoup pour rencontrer les prêtres et prêcher des retraites, spécialement en Amérique latine. Plus tard, évêque, c'est lui qui fut choisi par l'épiscopat de France, pour trouver et organiser le dé-

---

2. Association de prêtres attachés à la spiritualité du Père de Foucauld.

part de prêtres volontaires[3] pour ce continent qu'il connaissait particulièrement bien.

Voilà pour le Père Riobé. Mais vous ?

– Je suis obligé de faire un long détour ... C'est de la faute de l'Abbé Pierre ! L'histoire commence en effet pendant l'hiver 1954. L'Abbé Pierre venait de lancer son fameux cri de détresse devant la misère épouvantable que provoquaient les grands froids. Avec beaucoup d'autres, je m'engageais, sur place. Au Havre, encore en pleine reconstruction, la situation était dramatique. Des familles entières vivaient dans des caves. Les blockhaus abandonnés par l'armée allemande servaient d'abris à certains. D'autres couchaient dehors. La nuit, je faisais équipe avec le capitaine de l'Armée du Salut pour les inviter à rejoindre des endroits chauffés aménagés à la hâte. Mais très vite je me suis dit : « L'hiver passera, la misère restera et l'émotion retombera ». Je voulais transformer cette émotion en réalisation : faire construire des logements pour les cas les plus dramatiques. Ce fut ce que plus tard on appela les immeubles l'Abbé Pierre. Il fallait une association. Elle fut créée avec des personnalités reconnues dans la ville.

Pour canaliser et stimuler la générosité, je voulais tenter d'obtenir la venue de l'Abbé Pierre, afin de le faire parler à un meeting populaire, à la Gare Maritime. Avec le cinéaste du Port Autonome, je préparais un grand film sur l'extrême misère du logement au Havre. C'était délicat : le maire était ancien ministre de la Reconstruction. Par précaution, je projetai d'abord ce film devant les prêtres de la ville et devant mon archevêque. Il me donna son feu vert.

Il restait à arracher l'Abbé Pierre à l'Hôtel Rochester. Expédition inoubliable. On m'avait prévenu : Il est épuisé, venez le chercher avec une voiture confortable. Je rencontrai le patron d'une entreprise havraise de négoce qui possédait un véhicule de luxe pour transporter ses clients im-

---

3. On appelle souvent ces prêtres, « Prêtres Fidei Donum », des premiers mots de l'Encyclique de Pie XII (1957), demandant aux évêques des Églises plus riches d'envoyer des prêtres dans l'ensemble des pays de mission et spécialement en Afrique. Appel complété par Jean XXIII quelques années plus tard, plaidant la cause de l'Amérique latine.

portants. Il se mit à ma disposition et, plus tard, devint président de « l'Association Techmo » dont je vous ai parlé. Il avait été bouleversé par l'aventure.

La soirée eut lieu. Extraordinaire. Des usines et bureaux avaient fermé plus tôt leurs portes pour que leurs ouvriers et employés puissent y participer. Plus de cinq mille personnes se pressaient dans l'immense hall. Le film fut projeté sur un écran géant, puis l'Abbé Pierre prit la parole. A la sortie, les grandes poubelles que nous avions disposées se remplirent de billets, de chèques et même de bijoux en or. Tous ces dons devaient servir, sous l'égide de l'Association des bâtisseurs, à offrir un toit aux plus démunis.

Le lendemain, à l'aube, l'Abbé Pierre repartait sur Paris et, à mon grand étonnement, au milieu de sa vie absolument délirante du moment, il se souvint de moi.

Peu de temps après, il me téléphona qu'il serait de passage au Havre, embarquant pour les États-Unis, où d'ailleurs il devait faire un triomphe. Il me proposa une rencontre. Il me retrouva comme un frère, avant que j'aille le conduire au bateau. D'autres occasions se succédèrent les unes aux autres. Sans grands discours, nous nous comprenions, je crois, de plus en plus.

Un jour, il me dit : « Il faudra que tu m'accompagnes dans l'une de mes tournées de conférences et de visites aux Communautés d'Emmaüs. Tu es sociologue (!), ton regard sera différent du mien. Ce sera un enrichissement. » Il insista plusieurs fois. Je finis par demander à mon archevêque la permission de partir cinq semaines avec lui, en Amérique latine.

– Je ne prends jamais de vraies vacances, dis-je, je crois que je peux me permettre de dérober ce temps au diocèse.

Monseigneur Martin accepta.

Avant de partir, rencontrant Monseigneur Riobé, je lui fis part du projet de voyage. « Tu sais, me dit-il, que l'épiscopat vient de me charger de susciter l'entraide de la France avec l'Amérique latine, en envoyant des prêtres volontaires pour y travailler. Observe, prends note et donne-moi un rapport. Tes remarques me seront utiles ... » Au retour, je lui envoyai mes impressions et réflexions. C'est à partir de ce moment-là, qu'il voulut que je vienne travailler avec lui.

Et vous y êtes allé ?

– Oh non, pas tout de suite ! Le Père Riobé croyait qu'il pourrait facilement obtenir que je sois détaché pour ce travail. Il était trop pris, me disait-il, pour s'en occuper directement. Il se heurta à quatre refus de Monseigneur Martin. A la cinquième tentative, celui-ci accepta, à la condition que je reste au Havre et que je garde toutes mes activités sur le diocèse. C'était de la folie ... et miracle, je ne suis pas devenu fou. Vous voyez !

Ce voyage avec l'Abbé Pierre vous a-t-il permis de bien le connaître ?

– C'est évident. On ne se côtoie pas du matin jusqu'au soir tard, au cours d'un périple qui vous emmène au Danemark, en Suède, au Canada, aux États-Unis, puis dans presque tous les pays d'Amérique latine, sans partager beaucoup sur tout ce que nous vivons et, pour en finir, sur nous-même.

Qu'est-ce qui vous touche le plus chez l'Abbé Pierre ?

– La qualité de son attention aux autres. Absolument la même pour n'importe quel chiffonnier d'Emmaüs parmi ceux qui étaient installés à ce moment-là sur « le Mont des ordures »[4] à Lima, et rencontrés le matin, qu'au Président de la République du Pérou, qui l'après-midi nous recevait en tête-à-tête dans son Palais. J'accompagnais le Père dans toutes ses rencontres et ses interventions au milieu des plus horribles misères du monde, comme auprès des plus grands de ce monde.

---

4. El Monte : le lieu à la périphérie de la ville, où chaque jour, des files de camions viennent déverser les ordures. Des pauvres habitaient sur place, pour être les premiers à pouvoir fouiller les détritus. Les enfants y disputaient leur nourriture aux cochons qui venaient chercher la leur. La Communauté d'Emmaüs s'était installée là (cf. *A cœur ouvert*, p. 133 à 136).

Je n'intervenais pas beaucoup. J'écoutais. J'observais. Et j'admirais ! Le soir j'essayais de l'arracher à tous ceux qui le retenaient. Ceux qui voulaient encore poser une question, et les derniers, qui tentaient d'obtenir un autographe dont il ne voulait pas les priver. « Attends, me disait-il, ça leur fait plaisir. »

Le matin quand il fallait partir tôt, je le réveillais. Il dormait, assommé par les somnifères. Et puis nous priions ensemble, chaque jour l'eucharistie ; et ce n'est pas rien !

Avez-vous fait d'autres voyages avec l'Abbé Pierre ?

– Non. Nous avions un projet, mais le Père partait trop longtemps. Je ne pouvais m'absenter pour l'accompagner pendant tout son périple. Nous nous étions alors donné rendez-vous en Inde, chez Mère Térésa. Mes visas étaient prêts. Mais il a fait naufrage à Valparaiso. On le retrouva parmi les cadavres. Un officier s'aperçut qu'il bougeait encore. Après quelques jours d'hôpital, il était à nouveau debout, et repartait. Mais ses plans avaient été bousculés. Il me télégraphia son retard. Je n'ai pu le rejoindre.

Avez-vous cependant rencontré Mère Térésa ?

– Non. Par contre, j'ai rencontré une autre femme extraordinaire, Sœur Emmanuelle, la chiffonnière du Caire. D'abord dans une séance de signatures, au Salon du Livre, à Paris[5]. Nous signions l'un à côté de l'autre. Plusieurs fois, ensuite, quand je préparais un ouvrage sur elle dans la collection « Paroles de ... »[6]. Je crois que je vous ai parlé de cette collection où je désire réaliser chaque année un livre-cadeau qui présente un personnage connu. Plutôt que d'écrire sur celui-ci, j'ai pensé qu'il était préférable de présenter ses propres paroles, pour faire connaître son message.

---

5. Elle signait son livre *Chiffonnière avec les chiffonniers*, paru aux Éditions de l'Atelier/Éditions Ouvrières.
6. Paroles de Sœur Emmanuelle, *Une vie avec les pauvres*, Éditions de l'Atelier/Éditions Ouvrières.

Voyez-vous, quand je pense à tous ces grands personnages : l'Abbé Pierre, Mère Térésa, Sœur Emmanuelle, Jean Vanier, le Père Joseph Wresinski et quelques autres moins connus, je me dis que ces témoignages de vies entièrement données aux plus démunis font beaucoup plus pour proclamer l'Évangile, que toutes nos belles déclarations sans cesse répétées sur notre « option préférentielle pour les pauvres ». Il ne s'agit pas de parler, mais d'agir. Je me le répète souvent. Car moi aussi, je parle, je parle ! ...

Quels liens avez-vous gardés avec l'Abbé Pierre ?

– Des liens d'amitié, une connivence toute spéciale qui nous permet de nous retrouver en harmonie profonde à chacune des occasions que providentiellement nous offre la vie. L'une d'elles fut bien sûr la parution de *La voix des hommes sans voix*[7]. Le Père, depuis longtemps, m'avait confié beaucoup de documents, notes et enregistrements de ses conférences. Je voulais en faire profiter le plus grand nombre possible. Lorsque je lui ai demandé la permission d'éditer ce livre, il m'a dit :

– Attends plutôt que je sois mort !

– Pourquoi, lui ai-je répondu ? Vous avez prononcé des paroles fortes qui valent pour les hommes d'aujourd'hui.

– ... Et puis, fais ce que tu veux a-t-il conclu. A toi, je ne peux rien refuser !

Il a le secret de ces petits mots chaleureux qui dynamisent. Quand il me téléphone, je suis heureux. Comme d'autres, je lui dois beaucoup.

Le CEFAL : un diocèse à l'échelle d'un continent

Quelle a donc été votre mission au CEFAL [8] ?

– Il n'existait pas. Ma mission, justement, a été de le créer et ensuite de le développer. Le Père Riobé, je vous l'ai dit, avait commencé

7. Également de la collection « Paroles de ... », Éditions de l'Atelier/Éditions Ouvrières.
8. CEFAL : Comité Épiscopal France Amérique latine.

à envoyer quelques prêtres dans le cadre de la Commission épiscopale des Missions à l'extérieur en général. Il désirait un Comité spécial pour l'Amérique latine. Je l'ai mis sur pied. D'abord la structure juridique obligatoire ; puis la rencontre des prêtres volontaires, pour évaluer leurs motivations ; la visite à leurs évêques, pour obtenir leur accord ; les réunions et sessions pour l'information des partants. Parallèlement, la réception et le tri de toutes les demandes arrivant d'Amérique latine ; le contact avec les évêques des différents pays ; la connaissance de leurs besoins. Ensuite la nomination des prêtres ; leur départ ; et sur place, leur formation : apprentissage de la langue à Cuernavaca au Mexique, pour l'espagnol ; à Pétropolis au Brésil, pour le portugais. Enfin l'organisation de la coordination sur place et la visite de tous ces prêtres engagés dans les différents pays, comme des évêques dont ils dépendaient.

Et je ne parle pas de la collaboration étroite avec les autres secrétaires généraux au niveau de l'Europe, puis avec Rome. Je vous en ai déjà dit quelques mots. Ce serait passionnant, mais beaucoup trop long de décrire en détail cette énorme activité, effort de l'Église de France, pour participer avec l'Église d'Amérique latine à l'évangélisation de ces peuples merveilleux et si attachants.

Lorsque j'ai laissé cette responsabilité, cent quatre-vingt-cinq prêtres français travaillaient là-bas. Immense « diocèse » à gérer à la dimension d'un continent. Tous les mois, j'allais à Orléans, une petite journée, pour faire le point avec le Père Riobé. Il me faisait totalement confiance. Trop peut-être ? Au moment des décisions, très vite, il concluait : « Tu es plus au courant que moi, à toi de trancher. » Il m'appelait en riant son « évêque auxiliaire », en ajoutant : « Tu vois, je suis capable de déléguer mes pouvoirs ! » Peut-être lui reprochait-on, dans son diocèse, de ne pas le faire assez ?

Cette mission supposait de votre part une connaissance concrète des différents pays d'Amérique latine. Comment avez-vous acquis cette connaissance ?

– Peu à peu, spécialement par les prêtres. Ils écrivaient régulièrement, surtout au début. Je disposais ainsi d'une documentation de premier ordre qui me donnait une vision d'ensemble de la réalité assez extraordinaire. Quand je discutais avec les évêques, là-bas, certains s'étonnaient : « Mais vous nous connaissez et nous comprenez parfaitement ! » Et puis, surtout, il y avait sur place un prêtre français dont je ne vous ai pas encore parlé : le Père François de l'Espinay. Tout le monde l'appelait « le baron » (il l'était d'ailleurs, je crois). Un homme extraordinaire. Il tenait un peu, sur place, le rôle de vicaire général du CEFAL. Il n'avait « aucun lieu où reposer sa tête », circulant sans cesse à travers tout le continent, avec pour tout bagage une petite valise qu'une ficelle empêchait de s'ouvrir, et sa machine à écrire extra-plate, sur laquelle il me tapait sa lettre quasi hebdomadaire : un véritable fourre-tout dans lequel il demandait une paire de chaussures pour tel prêtre qui ne pouvait pas en trouver sur place, puis aussitôt après il m'exposait son inquiétude pour tel autre qui, surveillé par la police militaire, risquait un jour ou l'autre d'être arrêté[9]. Je lui répondais évidemment à chaque fois. Lien étroit assez extraordinaire, qui ne fut jamais rompu malgré les milliers de kilomètres qui nous séparaient.

Quel était le but de vos visites aux prêtres ?

– D'abord et avant tout, leur faire savoir que nous étions tout proches d'eux, connaissant leur vie, leur travail, leurs problèmes. Je voulais me rendre compte, *de visu,* dans quel état de santé ils se trouvaient ; s'ils avaient de quoi vivre et manger convenablement ; comment ils étaient logés ... Ensuite, mais ensuite seulement, venaient les problèmes, ... les grands problèmes ! On en discutait, mais surtout j'écoutais et, une fois de plus, j'admirais. Je n'allais tout de même pas leur donner « des consignes » élaborées en France au Comité – si loin d'eux –, et encore moins à la Commission Romaine où, à cette époque, pas un seul Latino-américain ne siégeait. Quelquefois je suscitais une réflexion, un petit recentrage de foi en leur disant que c'était entre eux, pour en finir, à se déterminer. Je crois qu'ils étaient heureux et fiers de cette confiance. Je suis sûr en tout cas qu'elle produisit de bons fruits.

---

9. C'était à l'époque des dictatures militaires. Les prêtres français étaient particulièrement surveillés. Prêchant l'Évangile, ils étaient considérés comme « subversifs ». Deux furent arrêtés. Trois ont été assassinés.

... Et puis, je repartais. Si vous saviez comme ça me coûtait de laisser certains dans la situation où ils se trouvaient. Quelquefois à la limite du raisonnable. Je me souviens de Pierre qui avait construit lui-même sa baraque dans la boue d'un bidonville au Chili, trois mètres sur trois, sans eau, sans électricité, sans w.c., naturellement. Il voulait être comme tout le monde.

– Je croyais, me dit-il, y être parvenu. Or, j'avais repéré une vieille femme qui venait tous les jours me regarder travailler.

Elle me dit un soir :

– Ah ! Padre, comme on est heureux que vous soyez là. Vous êtes le premier prêtre à venir habiter parmi nous !

Puis après un long silence.

– Vous avez de la chance, vous êtes riche !

– Mais pourquoi ?

– *Vous avez du bois neuf* !

Pauvre Pierre, il n'avait pas réussi à s'identifier totalement à ceux dont il voulait à tout prix épouser la vie.

Je me suis laissé entraîner une fois de plus. Je ne voulais pas raconter d'histoires. Car il faudrait un livre entier pour ne pas trahir la vie de ces hommes, très divers par leur origine, leur tempérament, les pays où ils travaillaient, mais tellement admirables de générosité.

Solidarités latino-américaines

Vous êtes allé à Medellin, à la Conférence des évêques latino-américains, en 1968[10]. *Vous y représentiez l'épiscopat de France ?*

– Le Père Riobé n'avait pas pu venir. J'accompagnais Monseigneur Lebourgeois, membre du CEFAL. Mais en effet, il me laissa seul au

---

10. Medellin en Colombie. Les travaux furent ouverts par Paul VI. La Conférence eut une grande répercussion sur les orientations de la pastorale dans le continent.

bout de deux jours. J'avais été désigné pour travailler à la commission Jeunesse. Je participais à la rédaction du schéma qui devait en sortir. Mais j'étais gêné par la langue. J'avais essayé, sans succès, d'apprendre l'espagnol. Heureusement que certains membres se débrouillaient bien en français.

Pourquoi avez-vous, au bout de sept ans, abandonné votre charge de secrétaire général ?

– Parce que j'avais tellement reçu que je pensais qu'il était juste qu'un autre bénéficie de cet enrichissement. Tout était bien en place. Il suffisait d'entretenir et de développer encore. Et puis je pensais que ce n'était peut-être pas très raisonnable pour moi de continuer la vie que je menais. N'oubliez pas que je n'avais rien lâché de mes activités au Havre. Tout était programmé, minuté. Je crois que je n'ai jamais manqué de réunions auxquelles j'avais promis d'assister, ni de rendez-vous fixés avec les jeunes qui se faisaient régulièrement accompagner dans leur cheminement. Il suffisait de prévoir et de s'organiser. Mon planning était strict. Le temps n'est pas extensible, mais on peut faire beaucoup de choses quand on *essaie* de remplir chaque instant « jusqu'au bord ».

J'ai beaucoup regretté que, lorsque j'ai prévenu le Père Riobé que je voulais arrêter, il m'ait répondu : « Si tu arrêtes, j'arrête. Trouve-moi un remplaçant. » Il fallut mettre sur pied une nouvelle équipe. Ce fut le Père Bardonne qui devint l'évêque responsable[11].

Vos voyages vous ont amené à rencontrer Don Helder Camara.

– Oui, souvent. Des prêtres français travaillaient dans son diocèse, à Récife. Je l'avais connu lors de mon voyage avec l'Abbé Pierre, lorsqu'il était auxiliaire du Cardinal de Rio. Il avait lu le livre *Prières* et prétendait que je lui avais fait « un bien immense » (!) C'est pour cela que je vous ai dit qu'à chacune de nos rencontres, il me disait qu'écrire était ma principale responsabilité. Inutile de dire combien je l'admire :

---

11. A ce moment-là, auxiliaire de Rouen. Il est actuellement évêque de Chalons-sur-Marne.

un homme de prière qui, depuis son séminaire, se relève toutes les nuits pour réserver deux heures au Seigneur ; un tribun hors pair ; un visionnaire, mais aussi un organisateur remarquable ; et puis un pauvre parmi les pauvres. Il n'a jamais voulu habiter dans les palais épiscopaux, et ne possède même pas de voiture. « Quand je sors, dit-il en riant, on me reconnaît : plusieurs s'arrêtent pour me conduire. Je suis champion de l'auto-stop ! »

D'autres évêques latino-américains vous ont-ils impressionné de la sorte ?

– Oh oui ! J'ai côtoyé au Concile, puis très étroitement pendant huit jours à Medellin, toutes les grandes figures de l'épiscopat. Je ne vais pas vous les nommer. J'en oublierais. Et puis ne dire que quelques mots sur eux serait les dénaturer. Il paraît, hélas, que la « nouvelle vague » ne comporte pas des hommes de leur stature ou, en tout cas, de la même orientation !

Vous est-il arrivé d'avoir peur en voyage ?

– Peur, de quoi ? Pourquoi ? Je ne vois pas ... Si ! peut-être, une fois, une petite appréhension, en Irlande, à cause des circonstances. A Londres, j'avais rencontré un pasteur très connu qui m'avait dit : Je projette d'organiser à Belfast – c'était au moment des affrontements les plus chauds – une rencontre de jeunes catholiques et protestants. Il faut que vous veniez leur parler, me dit-il, vous êtes le seul (!) à pouvoir vous adresser à eux, car vous êtes lu dans les deux communautés. J'ai dit oui. Mais il est vrai que c'était risqué.

Les responsables de chaque Église donnèrent leur accord. Ils seraient présents. Tout était organisé pour que soit respectée une participation identique de chaque groupe, jusqu'aux interprètes qui se relayèrent : un catholique, un protestant. Dès mon arrivée à l'aéroport, des soldats surveillaient, puis fouillaient tout le monde à l'entrée de l'immense chapiteau où s'entassaient plus de mille jeunes. Il s'agissait d'une nuit entière de recueillement, de réflexion et de prière pour la paix. Au petit matin, je risquai un geste, demandant aux jeunes de se mêler les uns aux autres – ils se regroupaient souvent par communauté –, de se lever pour faire une grande chaîne en se tenant la main : un catholique, un protestant. Et nous réciterions ensemble un Notre Père ... J'avais à côté de moi une toute jeune fille. Elle restait droite, les bras le long du corps. Impassible. Elle vit que je la remarquais. Alors elle se pencha vers moi et me murmura à l'oreille : « Ils ont tué mon petit frère. » Je ne la regardai plus, pour ne pas la gêner. A un moment pourtant elle prit ma main, me la serra très fort ; alors relevant les yeux, je vis qu'elle avait pris celle de son voisin. Mais elle pleurait ...

Cette nuit-là, en effet, une fois ou l'autre, quelques instants, je me suis dit : « Et s'il explosait une bombe au milieu de tous ces jeunes ? »

Laissant votre charge de secrétaire général du CEFAL, avez-vous pris vos distances avec l'Amérique latine ?

– Je ne suis jamais intervenu auprès de mes successeurs. Je voulais les laisser entièrement libres. Par contre, délicatesse de leur part, je reçois de temps en temps une carte signée « des anciens », lorsqu'ils les réunissent par pays, comme ils ont maintenant l'habitude de le faire. Et régulièrement ceux que j'ai connus me font parvenir la lettre circulaire qu'ils adressent à leurs familles et leurs amis.

Je n'oublie rien. Comment le pourrais-je ? Ils me sont toujours présents, et les situations pastorales dans lesquelles ils sont engagés influent toujours sur mes réactions face aux problèmes de la France. Comment par exemple se plaindre perpétuellement du manque de prêtres chez nous, quand me revient sans cesse le souvenir de cet évêque brésilien qui, au Concile, me courait après, littéralement, pour me supplier : « Envoyez-moi des prêtres ! Dans mon diocèse, nous sommes ... quatre ! Dites-le au Père Riobé. »

C'était l'exemple extrême, il est vrai, mais il y avait d'autres cas, oh ! combien dramatiques ... Et des générosités stupéfiantes, comme celle de cet autre évêque qui venait de perdre l'un de ses prêtres sur les quatorze qui travaillaient sur son immense territoire et, alors que je lui proposais de lui en envoyer un pour le remplacer, répliquait : « J'ai la joie d'en ordonner bientôt un nouveau, alors, remercie de tout cœur le volontaire, et propose-le pour un autre diocèse plus démuni que le mien. »

Vous avez aussi créé une association : « Échange Amérique latine ». De quoi s'agit-il ?

– Au retour de mon voyage avec l'Abbé Pierre, j'ai dit au Père Riobé : « Quel que soit l'effort que nous ferons pour l'envoi de prêtres volontaires, ce ne sera toujours qu'une goutte d'eau par rapport aux besoins énormes de ce continent. Il faut faire autre chose. » Sur place, j'avais posé la question à certains évêques :

– Vous avez des gens de grande valeur. Pourquoi n'en détachez-vous pas pour la pastorale des mouvements, la catéchèse ... ?

– Nous le souhaitons, mais il faut les payer. Nous ne le pouvons pas.

– Et si je trouve des salaires, en France ... ?

Dieu sait si ma proposition a trouvé bon accueil ! Avec quelques laïcs, j'ai alors fondé cette association, demandant au Père Riobé d'en être le président. Actuellement, c'est mon évêque, Monseigneur Saudreau, qui a accepté cette charge. J'en demeure le vice-président.

Il s'agit donc de fournir aux évêques, prêtres et responsables latino-américains, *et sur leur demande*, les moyens matériels de libérer quelques jeunes ou adultes comme permanents ou semi-permanents pour les mouvements d'Action Catholique, la catéchèse, les responsables de communautés de base, etc. ; de participer aux frais de déplacements de sessions, retraites, stages pour leur formation ; enfin de rester en lien avec eux par les nouvelles qu'ils nous envoient et qui sont régulièrement transmises à nos adhérents par une circulaire trimestrielle. Si nous les aidons un peu, eux nous enrichissent infiniment plus de leur témoignage.

L'Association, actuellement, a en charge cent quatre permanents, dans dix pays d'Amérique latine. En trente ans d'existence, pas une seule fois nous avons failli aux engagements que nous avions pris. Mais, hélas, beaucoup de demandes ne peuvent être honorées. Si quelques lecteurs de nos entretiens pouvaient nous rejoindre, ce serait formidable[12] ! Pardon pour la pub !

Quelle est l'originalité de cette association par rapport à l'action d'autres organismes français, tels que le Secours Catholique ou le CCFD ?

– Oh là, là ! D'abord l'importance. Nous sommes une toute petite chose, par rapport à ces grandes institutions. Du moins avons-nous l'avantage de ne travailler qu'avec des bénévoles, sans aucune dépense de fonctionnement. Ce qui fait que sur cent francs reçus, 95, 33 francs exactement sont envoyés pour le salaire des permanents. Mais ce qui nous distingue, surtout, c'est que nous ne soutenons que *des personnes* directement engagées *au service de l'évangélisation*. C'est peut-être moins spectaculaire que la construction de locaux d'œuvres, de séminaires, etc. ; mais les nombreux témoignages que nous recevons montrent combien nous sommes utiles. Don Helder est un de nos enthousiastes supporters.

Seul devant le lac de Tibériade

Vous avez donc beaucoup voyagé. Quel pays auriez-vous aimé visiter, où vous n'êtes pas allé ?

– Visiter ? ... mais tous ceux que j'ai parcourus, puisque je vous ai dit que je n'ai pratiquement rien vu. De temps en temps, me tombent sous les yeux de magnifiques photos de paysages et de monuments, ou je regarde un reportage à la télévision. Ce sont des pays où je suis allé. Je suis émerveillé et me dis : « Quand je pense que je suis allé là-bas et que je n'ai pas pu contempler ces beautés. » Bien sûr ! que j'ai alors un petit pincement de cœur. C'est humain, non ? Mais je ne regrette rien.

---

12. J'ai rédigé une « lettre tract » qu'on peut demander au secrétariat « Association Échange Amérique latine », 17 rue Percanville, B.P. 1029 – 76061 Le Havre Cedex –Tél. 35-21-38-32. Les adhérents s'engagent pour une (ou plusieurs !) part de cent vingt francs par an, pendant une période de deux ou trois ans, payables annuellement, semestriellement, au choix. Chaque adhérent reçoit la circulaire de nouvelles, tous les trimestres.

Êtes-vous allé en Terre Sainte ?

– Non. Je vous l'ai dit, une fois j'ai fait une longue tournée au Liban. Parlant à Tyr et à Sidon, j'étais impressionné. Je pensais évidemment que Jésus avait foulé ce sol. Mais une fois de plus, je n'ai pas eu le temps de m'attarder à cultiver de beaux sentiments !

La Terre Sainte vous fait-elle peur ?

– Oui. J'ai refusé tout pèlerinage en Palestine. Ce qui ne veut pas dire que je ne comprends pas ceux qui y participent. Sauf s'ils en abusent ! (Rires). Moi, je craindrais trop d'être déçu. D'abord, il faudrait parler. Encore parler. Même si je n'étais pas l'animateur – ce dont je serais incapable – je n'échapperais pas au refrain toujours répété : « Vous nous direz bien un petit mot ! » Et puis – tant pis si je vous scandalise – il faudrait être aimable, gentil avec tous les pèlerins ... et quand on commence à faire attention aux autres, on n'a très vite plus le temps de faire attention à soi (oh !). Je voudrais être seul. *Seul.* Qu'on me laisse quelques heures devant le lac de Tibériade, ou mieux encore au puits de la Samaritaine où je pourrais dire à mon Seigneur : « Donne-moi à boire, de cette eau que tu nous offres ... *pour que je n'aie plus soif !* »

J'y ai songé. Rêvé ? Mais à chaque fois je me suis dit : « Tu es idiot, pourquoi courir là-bas pour chercher ton Seigneur ? Il t'attend là, assis sur le bord de ton cœur ». J'ai fermé les yeux. Et quelquefois, dans la nuit, je l'ai reconnu et, dans le silence, entendu.

L'homme et la prière

Qui vous a appris à prier ?

– Ça ferait bien de dire : mes parents. Ce n'est pas le cas. Ma mère priait beaucoup, mais la voyant prier et devinant une vie spirituelle profonde, je n'en ai pas été bouleversé, ni même éveillé. J'ai donc trouvé tout seul ma voie vers le Seigneur. Comme je vous l'ai raconté au début, dès que j'ai eu la certitude que Dieu existait, j'ai voulu le rencontrer et lui parler. Au fur et à mesure de mes découvertes, me sont venus les mots simples, les expressions quotidiennes du langage de l'amitié et de l'amour. Surtout quand j'ai compris que Dieu était tout proche, puisqu'il était en moi, et surtout lorsque j'ai cru de toutes mes forces qu'il était l'Amour.

La JOC a-t-elle été une école de prière pour vous ?

– Oui, parce que nous regardions à la fois l'Évangile et la vie. C'était d'abord, en fait et avant tout, une éducation de la foi. Nous apprenions, peu à peu, à voir le Seigneur bouger au cœur de cette vie, et nous inviter à travailler avec Lui. Se nouait alors naturellement un dialogue, suivant les aspirations de chacun. Il ne s'agissait pas de réciter des prières d'une part, et de vivre une vie profane d'autre part. Prière et vie c'était tout un ... et pour moi, ce fut une découverte extraordinaire.

Donc, vous êtes pour les écoles de prière ?

– (Rires) Vous voulez me faire réagir, car vous savez que j'ai horreur de cette expression « École de prière ». A proprement parler, on n'« apprend » pas à prier, de même qu'on n'apprend pas à embrasser et faire l'amour. La comparaison, je vous le concède, est très irrespectueuse pour ceux et celles qui ouvrent des écoles de prière. Je ne mets absolument pas en doute la sincérité et la profondeur du travail que certains accomplissent. J'ai rencontré des personnes qui en ont grandement bénéficié. Tout dépend comment ces écoles ou ces sessions fonctionnent, quel est leur style, ce qu'on y fait et ce qu'on y dit. Car il y a de tout ! ...

Il faut ajouter que, malgré ce qu'on prétend, ces formations ne sont pas toujours à la portée de tous (possibilités matérielles de trouver le temps, argent, culture, etc.). Certaines également risquent de créer une confusion entre prière et exercices de concentration. Ces derniers peuvent être bons pour se préparer à certaines formes de prières, mais ils ne sont pas la prière.

Gamin, je ne pouvais supporter de nous entendre demander au catéchisme ou à l'église, de nous « recueillir » pour prier. Car pour la plupart d'entre nous, il s'agissait alors de se composer une attitude, fermer les yeux, joindre les mains ... Naturellement je n'avais, en ce qui me concerne, qu'une envie, ouvrir un œil pour voir ce qui se passait, ou pincer mon voisin.

Beaucoup plus tard j'ai découvert le sens profond du terme. C'est devenu pour moi « re-cueillir » toute sa vie, physique, affective, spirituelle, dans les grands bras de son JE, afin de venir, riche de tout son être, au-devant de son Seigneur pour le prier ; au-devant des autres pour les rencontrer ; au-devant de chaque instant pour les remplir. Ce re-cueillir est nécessaire, mais ce n'est pas encore prier.

Je prie avec mes mots

Avez-vous recours à des formules de prières ?

– Elles me gênent plutôt, bien qu'elles aient fait partie de ma formation au séminaire. J'ai été obligé de me couler dans des formules toutes faites. C'était du prêt-à-porter religieux. Je ne le méprise pas, même si j'ai du mal à l'endosser. D'autres y sont à l'aise et tant mieux pour eux !

Je ne parle pas bien entendu du « Notre Père » que Jésus lui-même nous a enseigné. Mais je vous ferai remarquer que c'est la seule prière qu'il nous a apprise.

244

Justement, vous arrive-t-il par exemple, devant une scène ou un événement, de dire un Notre Père ou un Je Vous Salue Marie ?

– Non, si je prie, c'est spontanément, d'un petit mot de moi. J'ai du mal à comprendre que lorsque le Seigneur nous fait signe à travers la vie – car c'est de cela qu'il s'agit – on lui réponde par une formule toute faite, pour exprimer sa joie ou sa souffrance.

On a tout compliqué. Tellement, que la plupart des personnes que l'on rencontre, vous disent, quand on parle de prière : « Je ne sais pas prier ! ». Ça me rend furieux. Tenez, il n'y a pas longtemps, je demandais à un homme très jeune encore : Est-ce que tu pries ? Non, jamais, répondit-il, je ne sais pas ...Puis il ajouta : Mais je pense souvent à Dieu dans la journée. Alors je lui ai dit comme à tous ceux qui me font le même aveu : Sais-tu dire bonjour ? Bonsoir ? Pardon ? Aide-moi ? Merci ? etc. Oui, n'est-ce-pas ? Alors tu sais prier ! Sers-toi de tes mots de tous les jours pour parler à Dieu comme à un ami, ou peut-être même à ton amour. Tu le combleras de joie. Et puis plus tard peut-être, tu en viendras même à te passer de mots ...

Pourtant, je vous entends de temps en temps vous exclamer : Jésus, Marie, Joseph ! ou encore : mon Dieu je vous l'offre !

– Oui, et bien d'autres expressions ... pieuses et inattendues. Mais toujours avec un sourire. Vous l'avez remarqué ? C'est comme si dans une cavalcade je lançais des confettis vers la reine de la ville (Rires). Il se passe quand même quelque chose au fond de moi ... Mais comme je ne peux pas m'exprimer d'une autre façon, c'est un petit clin d'œil que j'envoie au Seigneur. Je m'amuse souvent avec Lui, et Lui sait bien ce que ça veut dire. La même chose quand je chante (hum !! ...) quelques phrases d'un vieux cantique. Ceux qui me connaissent m'entendent arriver : Tiens, voilà Michel ! Qu'est-ce qu'ils se disent ? Que je suis gai ? Peu importe ... Ce sont quelques-unes de mes façons de penser au Seigneur et de l'exprimer en riant. Je ne vais tout de même pas faire mes déclarations d'amour tout haut, devant tout le monde.

Cacheriez-vous une certaine pudeur ?

– Oui, par exemple en voyant quelqu'un avec qui je vais échanger un peu profondément, je ne vais pas m'exclamer devant tous : Oh ! Seigneur, merci de la rencontre que tu me permets de faire ... Alleluia ! Alleluia ! ... Non, ce n'est vraiment pas mon genre (Rires). Ça me gêne. Pour moi et pour les autres d'ailleurs.

Auriez-vous aussi de la pudeur à parler de votre prière personnelle ?

– Oui, beaucoup, et plus ça devient ... personnel ! Comment voulez-vous qu'il en soit autrement ? On ne demande pas à quelqu'un de parler des secrets de ses relations conjugales. C'est un peu la même chose, et même en plus profond, puisque le partenaire est Dieu. Mais je veux tenter de jouer le jeu, puisque j'ai accepté de répondre à vos questions.

Cette difficulté, est-ce vraiment de la pudeur, ou l'impossibilité de décrire une expérience spirituelle ?

– Il y a les deux. Car c'est vrai, les mots manquent ou sont maladroits. S'ils convenaient, les mots des mystiques sont aujourd'hui tellement dévalués ! Il faut en trouver d'autres.

Donc, je n'arriverai pas à tout vous faire dire sur votre expérience spirituelle ?

– Tout, non probablement. Et n'allez pas me faire passer pour un mystique. C'est vrai qu'il y a quelque chose mais ...

Parler de sa prière, c'est en quelque sorte la trahir, au lieu d'essayer de la traduire. Est-ce vouloir recomposer artificiellement une expérience de vie ?

– Oui, sûrement. Mais il faut bien un peu ... Si je tâche de trouver les mots, ce n'est pas pour moi, mais c'est entre autres pour les jeunes, qui viennent à nouveau me voir pour se faire accompagner dans leur expérience spirituelle. Mes explications doivent bien avoir recours à des mots, pour être entendus et même ... publiés. Ceux-ci changent selon l'époque. Je dois adapter mon langage pour me faire comprendre aujourd'hui, mais encore une fois – et surtout pour eux – ce sont toujours les mots de l'amour qui le permettent le mieux.

Vous disiez, il y a un instant : Je ne vais tout de même pas faire une déclaration d'amour tout haut, devant tout le monde. La prière serait-elle donc pour vous une « déclaration d'amour » ?

– Non, pas seulement une déclaration, mais *un dialogue d'amour.* C'est Dieu qui le premier « s'est déclaré ». Il a engagé ce dialogue d'abord avec un Peuple, en faisant alliance avec lui, puis par son Fils unique, le Verbe (la parole) qui s'est fait chair. C'est-à-dire que Jésus est venu, nous traduire en mots d'homme, en vie d'homme entièrement offerte, l'amour infini de son Père pour toute l'humanité, et pour chacun d'entre nous en particulier. La prière chrétienne est donc d'abord une réponse d'amour à cette révélation d'amour, inaugurant un dialogue de toute une vie avec Jésus-Christ et par Jésus-Christ et son Esprit-Saint. On est ici, voyez-vous, bien loin de l'apprentissage de toutes les gymnastiques de concentration, des attitudes à prendre, des formules à réciter, etc. Elles ne sont pas à mépriser, je vous l'ai dit, mais le danger est de les confondre avec la prière. Elles ne peuvent, au mieux, qu'en être les préliminaires.

Mais il reste évident que cette réponse d'amour peut prendre de multiples formes, suivant le tempérament de chacun, la culture de son pays, l'évolution de sa rencontre avec le Seigneur ... On peut exprimer son amour en parlant, en chantant, par des gestes ou des silences, seul ou avec d'autres, etc. Mais jamais le souci de la « technique » ne doit étouffer la mystique.

Mais peut-on tout de même échapper à un certain entraînement à la prière, pour ne pas employer le mot apprentissage, qui vous irrite ?

– Si l'on veut progresser ou aider quelqu'un à progresser dans la prière, il faut découvrir ou faire découvrir toujours plus l'Amour infini de Dieu. Plus on approche cet Amour et plus on le comprend, moins on ne peut lui résister, et moins on a à se préoccuper de la manière dont on va lui répondre. Ainsi l'amoureux trouve en lui-même, peu à peu, les paroles et les gestes pour rejoindre son amour. C'est alors la lente et merveilleuse découverte d'une union qui s'instaure et se développe à travers une vie.

Avez-vous rencontré des gens qui prient sans jamais mettre les pieds dans une église ?

– Oui, bien sûr. Mais il est difficile de leur poser des questions sur un sujet si personnel, et nul ne peut juger du contenu de leur prière. A quoi, ou à qui s'adressent-ils ? Certains croient sincèrement en Dieu. Mais à quel Dieu ? D'autres se réfèrent à un absolu, pressentant quelque chose. Beaucoup vivent sans savoir d'où vient leur vie, et certains, de plus en plus nombreux, hélas, pensent qu'elle ne les mènera nulle part. Mais ils possèdent cette vie. Ils la tiennent entre leurs mains. A ceux qui viennent me voir, je dis : Puisque vous l'avez reçue gratuitement, ne soyez pas des profiteurs. Faites-en bénéficier les autres autour de vous. Les proches et les lointains. Il y en a tellement qui attendent ! Et moi, je sais que les mettre sur le chemin des autres, c'est les mettre sur le chemin de Jésus-Christ. Peut-être un jour le reconnaîtront-ils et pourront-ils lui parler ?

Toute vie est-elle ainsi porteuse d'une prière qui ne s'est pas encore exprimée ?

– Oui, mais certaines de ces vies sont comme des pellicules qui n'ont pas été développées. Elles ne leur révèlent pas le visage de Celui qui leur a donné cette vie. Et pour remercier, il faut savoir qui remercier. Pour épouser, il faut entendre l'invitation de l'amant ...

La prière des aveugles et des muets

Pourquoi certains ne rencontrent-ils pas Dieu et ne peuvent-ils pas ainsi le prier dans la clarté ?

– Je ne sais pas. C'est ma hantise. Il y a sûrement de notre faute, nous qui ne sommes pas capables de le faire connaître à nos frères. Il y a la liberté humaine. Nul ne peut être obligé de s'ouvrir à un amour qui vient. Mais pourquoi certains, pas meilleurs que d'autres – et j'en suis – semblent privilégiés, et ayant reconnu leur Seigneur, même si c'est dans la nuit, le voient qui les accompagne et leur offre sans cesse de s'unir à eux pour ensemble ne faire qu'un au service du Père.

Je ne sais pas.

Certains ne peuvent donc pas prier ?

– Ils prient ... indirectement, par Jésus, le Christ, qui nous porte tous en lui, éternellement devant son Père. Ils prient aussi par ceux de leurs frères qui prient sur cette terre, comme l'aveugle voit par les yeux du voyant. C'est pour cela que les « privilégiés sans mérites » dont je parlais à l'instant, sont responsables pour eux et pour les autres. Sinon, ce serait terriblement injuste. C'est aussi pour cela que Jésus désire que quelques-uns d'entre nous quittent, tout pour se consacrer avec lui à être des « voyants, dialogueurs d'amour » (contemplatifs), pendant une vie entière. Je l'ai déjà dit et le redirai, ils ne se séparent pas du reste de l'humanité, ils portent la prière des aveugles et des muets.

Une vie écrasée peut-elle malgré tout s'ouvrir à la prière ?

– Pas à une prière pleinement consciente si la souffrance, quelle qu'elle soit, *ne laisse une place suffisante à la liberté.*

Pour que la prière de nuit des opprimés puisse devenir prière de jour, il faut d'abord lutter de toutes nos forces pour libérer les victimes des épreuves qui les écrasent, au point de les empêcher d'être eux-mêmes. C'est la tâche de tous les soignants du corps et de l'âme : médecins, infirmières, psychiatres, chercheurs des laboratoires, etc. ; mais aussi le combat de tous ceux qui se battent contre la torture, le taudis, l'exclusion, toutes les conditions de vie inhumaines. Alors, l'opprimé pourra peut-être apercevoir à travers l'engagement de celui qui lutte un reflet de la tendresse de Dieu pour lui, et de son cœur entrouvert laisser enfin monter une prière.

Ceux qui ne prient pas, parce qu'ils ne savent pas à qui adresser leur prière, peuvent-ils malgré tout, vivre une vie droite, qui plaît au Seigneur ?

– Oui, heureusement. Il y a tant et tant d'hommes à qui la bonne nouvelle qu'ils ont un Dieu pour père, n'a pas encore été annoncée, ou de telle façon qu'ils n'ont pas pu l'entendre ! Comment ceux-là pourraient-ils y répondre ? Ceux qui sont, comme je les appelle, « nés de père inconnu » peuvent tout de même faire porter du fruit à la vie qu'ils ont reçue, même s'ils ne connaissent pas, et pour cause, le nom et le visage de celui qui leur a donné cette vie. D'ailleurs, ce n'est pas la qualité de notre prière, ou notre prière tout court, qui à la fin des temps mesurera l'authenticité de notre réponse d'amour à notre Seigneur, mais la qualité des services rendus à nos frères, spécialement les plus souffrants. L'évangéliste saint Matthieu nous le rappelle de la façon la plus catégorique qu'il soit, dans le long passage qu'on appelle le Jugement dernier (Matthieu 25, 31-46). Il nous précise que, ni ceux qui sont « sauvés », ni ceux qui sont « condamnés » ne savaient que c'est Jésus qu'ils servaient ou repoussaient.

Alors, à quoi bon connaître Jésus-Christ et le prier, si une vie au service des autres nous assure le bonheur éternel ?

– Si nous devons prier, c'est *d'abord pour exaucer Dieu,* qui le premier nous prie. Je l'ai dit, j'en suis persuadé, *Dieu nous cherche* pour nous révéler son amour en Jésus-Christ. Il n'aura de cesse que lorsque tous les hommes auront été rejoints par son fils Jésus et, s'unissant à Lui, pourront avec Lui, dire enfin librement Notre Père.

Je ne me souviens plus si j'ai raconté cette histoire dans un de mes livres. Une amie très chère, au moment de la Libération, venait de mettre au monde un petit garçon. C'était une résistante très engagée. Elle était repérée. Les Allemands en retraite allaient traverser le village où elle était cachée. Elle s'enfuit, sans avoir eu le temps d'aller chercher son enfant, gardé par une voisine. Quand elle revint plusieurs jours après, le village, en partie détruit, avait été évacué. Longtemps elle ignora si son fils était encore vivant.

Je retrouvais sa trace. J'avais cherché parce que je savais que sa maman était « aimable »[1] et qu'il pourrait être fier d'elle.

Mon amie me raconta la première rencontre : Je me suis assise, me dit-elle, je ne tenais plus debout. Lui se précipita à mes genoux et de ses longs doigts tendus il détailla mon visage, en répétant : c'est toi ma maman, c'est toi ma maman ... !

Alors brusquement je me dis : ce grand et beau garçon avait tout. Il vivait « bien » de la vie que lui avait donnée sa mère, mais en même temps il lui manquait tout, car il n'en connaissait ni le nom ni le visage, et ne pouvait donc pas, dans la clarté, lui rendre tout l'amour qu'elle lui avait donné. C'est cela « rendre grâce ».

Il y a longtemps, j'aimais beaucoup l'expression « Je cherche le Seigneur ». Elle me paraissait tellement bien décrire la liberté de l'homme qui au cœur du monde s'avance à tâtons à la recherche de son Dieu. Mais j'ai réalisé que je me trompais lourdement. Je renversais les rôles. Depuis le temps que Dieu rêve à moi, à nous, chacun en particulier ! Amoureux infini de sa créature. C'est lui qui nous cherche. Il a envoyé son propre fils pour nous trouver, et nous libérer de tout ce qui nous empêche (les péchés) de voir les signes qu'il nous faits, d'entendre les appels qu'il nous adresse. Et ce fils, dévoué jusqu'à la mort, nous a dit qu'il serait capable de laisser tous ses frères rassemblés pour courir après un seul d'entre nous qui ne connaîtrait pas encore ou ne reconnaîtrait plus son Père[2].

Dieu ne nous cherche pas d'abord pour quêter notre amour, mais pour nous révéler le sien. Ensuite, il nous laisse libre d'y répondre et d'engager ainsi ce dialogue d'amour qui est le cœur même de la prière.

---

1. Au sens propre : on pouvait l'aimer.
2. Matthieu 18, 12-14.

Dieu s'attache-t-il à notre prière ?

– Oh oui ! Tel un amoureux qui recherche et s'attache au moindre geste, comme au moindre mot, qui révèle une réponse positive de celui ou celle qu'il aime. Combien de fois des jeunes sont venus me dire : J'aime telle fille (ou tel garçon), mais je ne sais pas si de son côté, ses sentiments sont les mêmes. Et de guetter un regard, un sourire, un geste révélateur, qui puisse faire espérer un début de réponse à son brûlant désir. Même si aujourd'hui les jeunes vont vite dans leur déclaration d'amour, il y a de douloureuses attentes, et quelquefois des êtres qui se croisent sans se rencontrer. Dieu nous attend. Il est patient. Depuis le temps qu'il rêve à nous, nous appelant de toute éternité par notre nom, espérant qu'à son Fils, croisant notre chemin, nous ouvrirons la porte de chez nous, pour qu'avec lui et son Esprit il puisse s'y installer. Il suffit d'un petit geste de notre liberté. Un seul. Car Dieu ne forcera jamais la porte ... Mais encore une fois, c'est lui qui fait les premiers pas.

L'enfer, le purgatoire, le ciel

Beaucoup croient que Dieu nous attend « au ciel ».

– Hélas oui. On nous l'a dit de cette façon, et sans explications Et les hommes ont levé la tête pour chercher Dieu, je ne sais où. Dans les nuages ! Alors qu'il a fait en son Fils le déplacement jusqu'à nous ... et que celui-ci nous a dit que désormais *il resterait avec nous jusqu'à la fin des temps,* (Matthieu 28, 20).

Certes, il fallait bien des images pour rendre compte de cette merveilleuse réalité. Mais toute représentation matérielle et spatiale est pauvre pour exprimer les choses spirituelles. Et pourtant ...

J'explique aux jeunes que Jésus lui-même pour délivrer son message, puis ses apôtres pour le transmettre, se sont servis des connaissances des gens de leur époque et des représentations qu'ils se faisaient de l'univers. Les anciens, en effet, situaient l'habitation de Dieu « dans les hauteurs », « au ciel », c'est-à-dire au-dessus de ce grand voile bleu qu'ils apercevaient et qu'ils imaginaient tendu entre deux solides piliers, plantés « aux extrémités de la terre ». Immense voûte percée de trous pour laisser passer la pluie et la lumière des étoiles. En-dessous, au centre de la terre se situait « les enfers », c'est-à-dire le séjour des morts. Nul n'était parvenu aux extrémités de la terre. C'était trop loin. Et nul n'était assez grand pour toucher le ciel. Et pourtant, orgueilleux, les hommes l'avaient tenté : « Ils voulurent construire une tour qui atteigne le ciel », la Tour de Babel. Mais pour l'homme livré à ses seules forces, le ciel est hors de portée. Ils se disputèrent. Ils ne se comprenaient plus car « ils ne parlaient plus le même langage » ... Ils furent dispersés sur la surface de la terre[3].

C'est ainsi que reprenant les représentations et les mots mêmes de la Tradition et de l'Évangile, nous disons que Dieu est « descendu du ciel » en son Fils Jésus ; que celui-ci nous a enseigné à prier son Père « qui est aux cieux » ; qu'il a été crucifié, « est descendu aux enfers » (est mort) puis, ré-suscité, est « remonté au ciel » pour « s'asseoir à la droite du Père », d'où « il reviendra » à la fin des temps ; et que en attendant il nous a envoyé l'Esprit-Saint qui est « descendu sur les apôtres », etc.

Il s'agit bien sûr de ne pas prendre ces images dans leur sens littéral. Mais ce n'est pas toujours facile de purifier notre imagination, qui malgré tout nous emmène *dans des lieux*, alors qu'il s'agit *de manières d'être*. Le ciel, le purgatoire, l'enfer, ne sont pas en effet des endroits où nous allons, mais des états dans lesquels nous entrons.

Entrer « dans le ciel » c'est être unis à Jésus-Christ, vivant de sa Vie, riches de son amour infini (être « en état de grâce », disent les catéchismes). Nous ne sommes pas « tout entier dans le ciel » car nous ne sommes pas encore parfaitement unis à Jésus, « le chemin », qui nous fera définitivement pénétrer au cœur même de la Trinité. Nous pourrons alors, en Lui, avec Lui, et tous nos frères, aimer comme on aime en Dieu.

Pour y parvenir il faut purifier notre amour. C'est le « purgatoire ». Nous y sommes également, dès maintenant, quand nous « brûlons » en

---

3. Genèse 11, 1-9. En parallèle, la venue de l'Esprit-Saint à la Pentecôte réunira les hommes désunis, et tous se comprendront car ils parleront le langage de l'Amour.

nous toutes les scories du non-amour (le péché) et assumons la souffrance de ne pas encore aimer avec tout notre être. Il en est ainsi humainement dans le mariage qui fait « entrer deux personnes en amour ». Cet amour n'est pas parfait du jour au lendemain. Il se purifie tout au long d'une vie d'efforts pour vaincre l'égoïsme qui retient la vie pour soi, au bénéfice de l'amour qui la donne à l'autre et la reçoit de lui. Accepter d'aimer, c'est accepter de se détacher, donc de souffrir. Et cette souffrance éprouvée et assumée est signe de la purification de l'amour.

Quand l'Église décrète solennellement qu'un homme est un saint, c'est qu'elle juge qu'il a terminé sa purification au cours de sa vie terrestre. Mais pour la plupart d'entre nous, elle devra se poursuivre au-delà du temps. Car nous aussi – comme le petit bébé à sa venue au monde ne peut pas encore « voir » son père et découvrir son amour – nous ne pourrons pas, à la sortie du ventre de notre terre-mère (notre naissance à la vie éternelle) regarder Dieu face à face et correspondre pleinement à son Amour. Mais nous « brûlerons d'envie » de le découvrir dans la Lumière totale.

Et cette souffrance acceptée sera la dernière étape avant la Rencontre définitive[4].

L'enfer non plus n'est pas un lieu, mais un état. Être « en enfer » c'est être complètement replié sur soi : « enfer-mé ». L'enfer est déjà sur terre, et nous y sommes, quand hermétiquement clos sur nous-mêmes, nous refusons de donner notre vie aux autres, tout en refusant l'accueil de la leur. Coupés de nos frères, nous nous coupons de Jésus et de notre Père. La vie de Dieu ne circule plus en nous, comme la sève dans les sarments détachés de la vigne[5]. C'est la mort. Le péché « mortel », dit le catéchisme.

---

4. Saint Paul écrit aux Corinthiens (1ère Corinthiens 13, 12) : Nous voyons actuellement dans un miroir, en énigme, mais alors ce sera face à face. A présent je connais de façon partielle, mais alors je connaîtrai comme je suis connu ».
Et Saint-Jean dans sa Première Épître (1ère Épître 3, 2) : « Dès maintenant nous sommes enfants de Dieu et ce que nous serons n'a pas encore été manifesté. Nous savons que lors de cette manifestation nous lui serons semblables, *parce que nous le verrons tel qu'il est.* »

254

Y aura-t-il des hommes qui, au-delà du temps, seront éternellement coupés de leurs frères et de leur Père ? En enfer.

– L'Église n'a jamais osé l'affirmer. En tout cas, avec beaucoup d'autres, je ne le pense pas. Certes, il faut laisser ouverte cette terrifiante possibilité sous peine de restreindre la liberté de l'homme ; mais je crois qu'aucune vie n'est à ce point totalement close sur elle-même, qu'elle ne puisse laisser pénétrer un rayon de la Lumière du Seigneur. Ainsi dans une pièce noire, un seul trou fut-il minuscule, permet au soleil qui brille à l'extérieur, de s'insinuer à l'intérieur. Jésus n'attend qu'un geste de notre liberté, ne serait-ce qu'un sourire offert, une main tendue, un regard, un mot, pour venir en nous prier par nous, au moins à voix basse, dans la nuit ...

Mais en faisant le détour par le purgatoire et l'enfer, je me suis éloigné de votre précédente question : rencontrer Dieu « au ciel ». Pardonnez-moi. C'est tellement important de comprendre que nos relations avec le Seigneur *c'est aujourd'hui que nous les vivons.* Alors, continuons de dire que Dieu est « dans le ciel », mais sans perdre de vue que « le ciel » est déjà là. *Sur terre*[6]. Je le répète, si dès maintenant nous sommes grands ouverts à Jésus, nous vivrons de sa Vie et de son Amour. La vraie mort, ce n'est pas cesser de vivre physiquement, mais c'est cesser d'aimer.

Dieu nous attend-il donc ici, sur cette terre, dans notre vie même, pour nouer ce dialogue d'amour dont vous parliez ?

– Exactement. Et il ne nous attend pas seulement dans « le déroulement » de notre vie et de celle de nos frères, mais « à la source » même de notre vie. En nous-mêmes. Dans notre corps, notre cœur, tout notre

---

5. « Si quelqu'un ne demeure pas en moi, il est jeté dehors comme le sarment, et il se dessèche, on le ramasse et on le jette au feu, et il brûle... » (Jean 15, 6).
6. « La venue du Royaume de Dieu ne se laisse pas observer et l'on ne dira pas : voici il est ici ! ou bien : il est là ! Car voici que *le Royaume de Dieu est au milieu de vous* » (Luc 17, 20-21)

être. Là où l'amour infini de notre Père nous atteint et nous engendre[7]. La vie c'est notre premier rendez-vous d'amour. Notre vie. Tout homme, quel qu'il soit, chrétien ou non, et même croyant ou non, *parce qu'il est vivant,* est « naturellement » en contact avec Dieu. C'est pour cela que notre première attitude d'homme et celle que nous devons essayer d'obtenir de nos frères, c'est d'accueillir consciemment notre vie, de l'accepter, de la respecter, car en l'accueillant, nous accueillons celui qui nous la donne, même si nous ignorons son identité.

C'est aussi pour cela qu'il nous faut tenter de vivre le plus parfaitement possible notre vie quotidienne, là où nous sommes, dans le moment où nous la vivons, pour que Dieu puisse, sans être gêné, la vivre avec nous. C'est ce que nous appelions notre « devoir d'état ». Il y a longtemps que je me suis dit : Fais bien ce que tu as à faire. Va jusqu'au bout de tes actions humaines, même petites. Si tu accomplis ton travail d'homme, tu permettras à Jésus d'accomplir son travail de Dieu. Le Père Varillon dit et redit plus savamment sous différentes formes : si tu humanises, tu permets à Dieu de diviniser[8].

J'ai souvent raconté l'histoire d'Anne-Marie[9], cette jociste qui se nourrissait chaque jour de l'Évangile et disait à sa façon, toute simple : « Je tiens à lire le matin ce que Jésus me dit pour ma journée », ajoutant : Lorsque, à l'usine, je n'en peux plus physiquement et moralement, je vais quelques instants ... aux toilettes, le seul endroit où je peux être seule, et là, je me mets à genoux, et je repense à ce qu'Il m'a dit le matin ...

Or, un jour, Anne-Marie était en réunion avec son équipe. Les filles partageaient leur méditation sur « les Noces de Cana »[10]. Comme souvent, elle restait silencieuse. Je l'interpellais :

---

7. « ... Dieu a créé l'univers et tout ce qui s'y trouve ... C'est en lui que nous avons la vie, le mouvement et l'être... », Actes 17, 24-28.

8. Cf. son livre magnifique, *Joie de croire, joie de vivre,* au Centurion. A lire, absolument.

9. C'est en pensant à elle que j'ai choisi le nom d'Anne-Marie pour le journal *Donner, ou Le journal d'Anne-Marie, op. cit.*

10. Jean 2, 1-12.

– Et toi, Anne-Marie, qu'est-ce que le Seigneur t'a dit à travers cet évangile ?

– Oh, rien !

J'insistais.

– Si peu de chose ! ... Moi, j'ai pensé aux serviteurs. Je me suis dit : s'ils n'avaient pas bien fait leur travail, c'est-à-dire rempli les urnes « jusqu'au bord » comme le précise l'évangile, Jésus aurait fait moins de vin. Alors pendant ma semaine, lorsque j'avais envie de bâcler un travail quelconque, je me répétais : Jusqu'au bord ... jusqu'au bord ! pour que, de ce travail et de mon effort, Jésus puisse faire du bon vin.

Anne-Marie ne sait pas que depuis plus de trente ans, grâce à elle, je me suis souvent répété : « Jusqu'au bord ... jusqu'au bord ! » Et beaucoup d'autres avec moi, car certains me l'ont dit, qui m'avaient entendu leur raconter son histoire.

Si tu veux prier...

Que veut dire Jésus quand il affirme : Si tu veux prier, retire-toi dans ta chambre et ferme la porte ? S'agit-il bien de s'abstraire de la vie ?

– Oui, quelquefois, comme Anne-Marie à l'usine. Mais se retirer n'est pas forcément s'isoler dans un lieu, c'est aussi se retirer à l'intérieur de soi-même, pour y trouver la Source de sa vie. C'est emplir pleinement chaque instant présent, comme les serviteurs leur cruche d'eau. C'est aller jusqu'au bout de nos actes si petits soient-ils. Se « retirer », c'est alors tenter d'atteindre « l'au-delà intérieur » de notre vie, des personnes que nous rencontrons, des actions que nous menons, des événements que nous vivons, pour rejoindre ce lieu mystérieux où nous attend le Père qui nous fait être, et le Fils qui nous donne sa Vie. Autrement dit, c'est se retirer de l'en deçà extérieur, ou plûtot le traverser pour atteindre l'au-delà intérieur.

Est-ce dans ce sens que vous écrivez dans A cœur ouvert[11] : C'est en apprenant à vivre qu'on apprend à prier ?

– Exactement. Mais je précise : c'est en apprenant à vivre la vie à plein, *dans toutes ses dimensions.* Je vous ai dit au début de nos entretiens que pour connaître quelqu'un, il ne faut pas en rester à des banalités superficielles, mais apprendre qui il est, en profondeur. C'est-à-dire le « voir » jusque dans son enracinement infini. Il en va de même pour la vie : il ne faut pas s'arrêter comme nous le faisons souvent à l'écume des jours, au brouhaha d'une foule, comme si l'au-delà à la succession des événements, mais *atteindre cet au-delà dans notre vie présent* ; au lieu de penser et se comporter comme si l'au-delà était seulement le lieu d'union à Dieu quand nous aurons franchi la barrière du temps. Il s'agit là du long et patient effort de la révision de vie en Action catholique.

C'est pour cela que je suis sûr, absolument sûr, qu'on peut rencontrer Dieu sans quitter le monde ni délaisser l'homme.

On apprend donc à connaître Dieu en apprenant la vie et on apprend à connaître la vie en apprenant l'homme.

– Oui. A vouloir rencontrer Dieu hors de la vie et des hommes, on ne rencontre que du vent, puisque Dieu est vie et qu'il s'est fait homme.

Et les religieux ou religieuses, qui sont contemplatifs ?

– *Ils vivent* eux aussi. Une vie différente de la nôtre certes, mais c'est *dans cette vie* qui est la leur que Dieu les attend. Au-delà de leur silence, dans la contemplation. Au-delà de leur travail et de leur vie fraternelle dans la communauté. Et c'est la qualité de ce travail et la profondeur de cette vie fraternelle, qui mesure exactement l'authenticité de leur vie filiale avec le Père.

---

11. N° 288, p. 189.

Mais pour nous qui sommes « dans le monde », il n'est tout de même pas interdit de nous isoler temporairement pour chercher Dieu dans le silence, au fond de nous-même ?

– Non, sauf si cette quête intérieure est une fuite de la vie plus ou moins déguisée. Une manière de nous démobiliser en échappant aux combats des hommes, d'autant plus grave quand il s'agit d'une dérobade sous le couvert d'un « approfondissement de la foi ».

Au long de ma vie, j'ai dû me battre pour dégager du temps « gratuit » pour Dieu. L'action qui me réclamait ne m'a pas laissé, comme je le désirais, des moments suffisants pour une prière silencieuse. A d'autres périodes de mon existence, c'est le désir de rester seul avec mon Seigneur qui l'emportait et j'étais quelquefois obligé de faire effort pour retourner à mon travail. C'est surtout vrai dans les moments où l'engagement devient pesant. Ces moments que j'appelle « nuit de l'action », où en face de l'immensité de la tâche à accomplir, on souffre de la petitesse de nos moyens, et où s'insinue alors le doute : à quoi bon ce déplacement, cette réunion, cette prise de parole, cette rencontre, cette page à écrire ?

Il faut être vigilant et loyal avec soi-même pour discerner quel est le véritable appel du Seigneur[12] : notre « vocation » personnelle ; quel est son désir sur nous. C'est-à-dire ce pour quoi nous sommes faits essentiellement.

Il est vrai qu'à certains moments, celui qui accepte le compagnonnage avec Jésus, perçoit nettement ses discrètes invitations : « Laisse ton travail, viens t'asseoir à côté de moi. Ne serait-ce qu'une minute. J'ai besoin que tu sois là. Pour moi ». *Il a envie de nous.* Il ne faut jamais oublier qu'il nous désire plus que nous le désirons.

Je suis persuadé, maintenant, que le véritable critère d'authenticité de notre action avec le Seigneur, c'est quand cette action nous renvoie à la prière. Et celui de la véritable prière : lorsqu'elle nous renvoie à l'action.

---

12. Heureux celui qui peut se faire accompagner par un ami prêtre, ou un chrétien qui connaît un peu par expérience ce qu'est une vie avec Jésus-Christ.

C'est notre infirmité et notre faiblesse de ne pas pouvoir tout le temps faire coïncider les deux. Mon rêve, si peu souvent réalisé ! Il y a quarante ans que j'ai écrit en sous-titre au livre *Prières* : « Quand toute la vie devient prière ! ... »

Justement, vos Prières utilisent le langage de la séduction. Comment est-il lié à votre expérience spirituelle ?

– C'est ma vie ! S'il n'y avait pas cette intime « séduction » du Seigneur, il n'y aurait rien. Mais beaucoup de chrétiens ont eux aussi rencontré le Seigneur. Et des jeunes ! J'en suis le témoin émerveillé. Mais beaucoup aussi, hélas, ignorent ce qui leur arrive. Ils en restent, comme je l'ai déjà dit, à essayer de respecter quelques lois morales et religieuses sans imaginer que c'est une véritable histoire d'amour qu'ils ont à vivre avec le Christ. Il faudrait leur expliquer. Mais, je l'ai dit aussi, nos mots ne leur disent plus rien. Et certains vont chercher ailleurs des réponses à leurs désirs profonds.

Les années passant, la séduction ne faiblit-elle pas ?

– Oui, quand on se perd de vue.

Récemment je disais à un garçon qui m'avouait ne plus lire l'Évangile et ne plus prier alors qu'il en avait l'habitude : Fais attention, en ne fréquentant plus le Seigneur, tu risques de l'oublier et un jour de ne plus le reconnaître dans ta vie. Mais surtout, lui, doit s'ennuyer de toi ! Pourquoi le priver de toi ?

Pouvons-nous prier sans avoir la nette impression que nous sommes en train de prier ?

– Non, pas prier à proprement parler, car la prière est une réponse libre et consciente à l'amour de Dieu pour nous. Mais oui, si vous voulez parler de l'union avec le Seigneur. Quand elle se noue à un certain niveau de profondeur, elle demeure heureusement, même quand elle ne s'exprime pas par une prière consciente. Ne continuez-vous pas d'aimer votre femme quand, occupé par votre travail, vous ne lui parlez plus et même vous ne pensez plus à elle ? Il en est ainsi avec Jésus-Christ. Si la rencontre d'amour est authentique, c'est-à-dire bien au-delà d'une émotion sensible, elle persiste et éclaire notre route, comme un cierge qui continue de brûler quand on l'a allumé. Mais c'est là un autre sujet, « un état » que l'on peut décrire, mais qui ne peut se comprendre pleinement que s'il s'expérimente.

Êtes-vous donc absolument sûr qu'il est toujours possible de prier dans la vie ?

– Absolument sûr ! Et non seulement sûr que l'on peut, mais sûr que l'on doit. Le Seigneur ne nous cherche pas ailleurs. Il nous attend là où nous sommes[13]. Seulement attention ! Si je dis que c'est possible, je ne dis pas que c'est facile.

A cause d'un retard et d'une tasse de café ...

Parlons maintenant de la prière sur le monde. De quoi s'agit-il ?

– De deux moments très forts de mon cheminement, où j'ai une fois de plus, bénéficié de coups de projecteur du Seigneur, assez pénétrants et bouleversants pour que j'en garde définitivement le souvenir. Je les ai transcrits dans les mots d'une prière et le texte d'une longue méditation.

Et d'abord, la prière. Je venais d'être nommé responsable des mouvements de jeunes du territoire qui correspond à mon diocèse actuel. Un prêtre m'avait donné rendez-vous chez lui, pour parler des équipes d'Action Catholique qu'il avait lancées. Il était en retard. C'était son habitude. Je m'impatientais, (c'était mon habitude à moi : perdre du temps ! ...). Je me suis approché de la fenêtre de son bureau. De là, on apercevait les toits des maisons du quartier. Je regardais ... Soudain je

---

13. C'est le titre et le sens du livre *Dieu m'attend* : une suite d'exemples et de réflexions très simples, sur des événements de la vie. Un regard de foi, conclu par une prière. Aux Éditions de l'Atelier/Éditions Ouvrières.

me suis dit : Michel, plutôt que de t'énerver, tu ferais mieux de prier ... Et j'ai prié, sur la ville. Puis sur la région. Puis sur le monde ... Et gagnant le bureau de l'abbé, j'ai écrit d'un seul jet l'essentiel de ce que j'avais dit au Seigneur. Relisant le texte, je n'ai pas changé un seul mot. Plus tard, y réfléchissant, j'étais impressionné, pour deux raisons.

D'habitude, lorsque j'écris une prière, si je respecte scrupuleusement l'intuition première, par contre je cherche et corrige beaucoup pour tenter de mettre dans les mots, ce que le Seigneur, je crois, m'a un peu inspiré. Je vous l'ai dit, je voudrais tellement être limpide et vrai, pour laisser passer son message. Cette fois, j'étais heureux de n'avoir pas eu à corriger.

La deuxième raison de mon émotion c'est que je me suis aperçu que ressortait dans ce texte ma méditation devant les plans, les pointages, les statistiques de mon étude sur les quartiers de Rouen, trois ou quatre ans auparavant. J'avais donc porté en moi cette vie passionnément étudiée, y rejoignant cet « au-delà intérieur » dont nous parlions tout à l'heure, et demandant au Seigneur la grâce de regarder ainsi toute la vie de mes frères les hommes.

Si vous le permettez, je vous lis cette prière :

« Je voudrais monter très haut, Seigneur,
Au-dessus de ma ville
Au-dessus du monde
Au-dessus du temps
Je voudrais purifier mon regard et t'emprunter tes yeux.

*
* *

Je verrais alors l'Univers, l'Humanité, l'Histoire, comme les voit le Père.

Je verrais dans cette prodigieuse transformation de la matière

Dans ce perpétuel bouillonnement de vie,

Ton grand Corps qui naît sous le souffle de l'Esprit

Je verrais la belle, l'éternelle idée d'amour de ton Père qui se réalise
    progressivement :

Tout récapituler en toi, les choses du ciel et celles de la terre.

Et je verrais qu'aujourd'hui comme hier, les moindres détails y participent,

Chaque homme à sa place,
Chaque groupement
Et chaque objet.
Je verrais telle usine et tel cinéma.

La discussion de la convention collective et la pose de la borne-fontaine.

Je verrais le prix du pain qu'on affiche et la bande de jeunes qui va au bal.

Le petit enfant qui naît et le vieillard qui meurt.

Je verrais la plus petite parcelle de matière et la moindre palpitation de vie,

L'amour et la haine,
Le péché et la grâce.

Saisi, je comprendrais que devant moi se déroule la grande aventure d'amour commencée à l'aurore du Monde,

L'Histoire Sainte qui selon la promesse ne s'achèvera que dans la gloire après la résurrection de la chair.

Lorsque tu te présenteras devant le Père en disant : C'est fait, je suis l'Alpha et l'Oméga, le commencement et la fin.

Je comprendrais que tout se tient,
Que tout n'est qu'un même mouvement de toute l'Humanité et de tout l'Univers vers la Trinité, en toi et par toi, Seigneur.

Je comprendrais que rien n'est profane, des choses, des personnes, des événements.

Mais qu'au contraire tout est sacré à l'origine par Dieu

Et que tout doit être consacré par l'homme divinisé.

Je comprendrais que ma vie, imperceptible respiration en ce grand Corps total,

Est un trésor indispensable dans le projet du Père.

Alors, tombant à genoux, j'admirerais, Seigneur, le mystère de ce Monde.

Qui, malgré les innombrables et affreux ratés du péché,
Est une longue palpitation d'amour, vers l'Amour éternel.

Je voudrais monter très haut, Seigneur,
Au-dessus de ma ville
Au-dessus du monde
Au-dessus du temps
Je voudrais purifier mon regard et t'emprunter tes yeux. »[14]

Quel est le deuxième « coup de projecteur » qui vous a éclairé pour votre prière sur le monde ?

– C'était au Brésil. De Curitiba, dans le Sud, on m'emmenait en voiture vers une autre ville, plus au Nord, où je devais parler le soir. Quatre cents kilomètres et plus qui n'en finissaient pas de s'étirer sous un soleil de plomb. Nous roulions un moment, le long de champs de café. A perte de vue. Des ouvriers innombrables s'affairaient, pour un salaire de misère. Brusquement je me suis dit : Quand je suis au Havre, avec mes camarades prêtres, dans la salle à manger de la Centrale[15], et que nous prenons notre café à la fin du repas, nous ne pensons pas que nous buvons la sueur et le sang, non seulement de ces centaines de travailleurs, mais de cette multitude d'hommes qui, de près ou de loin, parce qu'ils vivent, parce qu'ils travaillent, là où ils sont, nous permettent de passer entre nous ce moment agréable. Car pour que ce café arrive à notre table il ne suffit pas du labeur des cultivateurs, mais aussi des transporteurs qui achemineront les sacs vers le port. Et des ouvriers qui ont fabriqué les camions et les bateaux. Et les mineurs qui ont arraché le minerai à la terre, etc., etc.

Je réalisai alors une fois de plus – mais avec cette intensité particulière qui fait distinguer une simple réflexion intellectuelle d'une compréhension profonde dans la foi – que nous sommes liés les uns aux autres. Tous indispensables. Tous participants de cette humanité solidaire, non seulement d'aujourd'hui, mais d'hier et de demain. Un seul

14. *Prières, op. cit.*, p. 27-28.
15. Centrale d'Action Catholique, où habitaient plusieurs aumôniers « détachés » au service des Mouvements.

Corps aux milliards et milliards de membres, Corps qui doit devenir *le Corps total du Christ* au fur et à mesure que chacun de ses membres s'ouvre librement à Jésus et reçoit de lui sa vie.

Le soir je griffonnai rapidement les grandes lignes de ma longue réflexion (... quand mon conducteur se taisait !) et les bribes de ma prière. Deux jours après, j'écrivis « au propre » le texte édité dans *A cœur ouvert*[16]. J'avais tellement peur d'oublier ce que le Seigneur m'avait redit avec une telle force que ce jour-là je l'avais entendu. Car il parle dans ma vie et souvent je ne l'entends pas. Il me fait signe et je ne le vois pas. Mais je sais qu'il continue, comme jadis, de guérir les sourds et les aveugles quand on le lui demande. Alors j'ai confiance. Et voyez, il m'exauce quelquefois.

Pourquoi cette prière « Je voudrais monter très haut » et ce texte sur la tasse de café, ont-ils pour vous une si grande importance ?

– Parce qu'ils éclairent et expriment ma vue de foi sur la présence et l'action de Dieu au cœur de l'histoire humaine. Et parce qu'ils donnent ainsi un sens à tous mes efforts pour prier, dans et à travers toute la vie.

On n'est vraiment chrétien que lorsqu'on a rencontré Jésus, mais *Jésus-Christ total* dans ce que j'appelle – pour le faire comprendre aux jeunes – ses deux dimensions : sa dimension historique et sa dimension « mystique » (quoiqu'ils n'aiment pas le mot et qu'il faille le leur expliquer).

Si on s'arrête à un regard de foi – en fait foi adolescente – sur Jésus de Nazareth, venu chez nous il y a deux mille ans ; que les apôtres ont vu, entendu, « touché de leurs mains »[17] ; qui a parlé, vécu, souffert, est mort, puis est ressuscité, on essaie de le suivre et de « l'imiter ». On s'oriente alors vers une religion du souvenir. On fête la naissance de Jésus à Noël, on se souvient de sa Passion pendant la Semaine Sainte ; on célèbre sa résurrection à Pâques, la venue de l'Esprit-Saint à la Pen-

---

16. P. 45-46, n° 25.
17. Première Épître de saint Jean 1, 1.

tecôte, mais comme de merveilleux événements *du passé*. Au contraire, si on accède à une véritable foi adulte, c'est-à-dire à la dimension mystique du Christ, on comprend que Jésus, s'étant uni par amour à tous les hommes ses frères, se les étant « incorporés » sans en exclure aucun de sa communion, *nous sommes tous devenus ses membres* [18], et ce qu'il a vécu historiquement il y a deux mille ans, nous le vivons, avec Lui, en Lui, par Lui, dans toute l'histoire de l'humanité. Autrement dit, Jésus-Christ continue de naître, de vivre, de souffrir, de mourir et de ressusciter, chaque jour, en nous et avec nous, si à notre tour, consciemment, nous nous unissons à Lui[19]. Son mystère d'amour parfaitement vécu et accompli en son humanité, il y a deux mille ans, se détaille aujourd'hui en ses membres. Il est au centre de toute l'histoire humaine, mais la recouvre tout entière. Rien ne lui échappe. RIEN.

C'est pour cela, que si l'on accède un peu à ce regard de foi sur le monde, qui est le regard du Père, la prière ne peut plus être une démarche religieuse de l'homme pour se re-lier à un passé et à un Dieu qui nous attendrait « au ciel », mais un effort *pour vivre un présent avec Jésus-Christ* qui, lui, nous attend sur terre, pour achever la mission d'amour que lui a confiée son Père.

Tout dépend de notre regard

Pour cette prière sur le monde, vous avez eu de la chance. Vous avez rencontré un grand nombre de gens très divers. Vous avez beaucoup voyagé, ce qui vous a permis d'avoir une vue très large. Mais tout le monde n'est pas comme vous !

– Détrompez-vous. Tous les hommes peuvent, et j'en suis sûr doivent, prier sur le monde. Pas besoin d'aller en Amérique du Sud ou ailleurs. Pas besoin de monter en avion. Il suffit de monter ... dans le

18. C'est là toute la doctrine du Corps Mystique dans saint Paul, qu'on a semble-t-il négligé, et qu'il faudrait j'en suis sûr remettre en valeur.
19. Dans le livre *Le Christ est vivant !* (Éditions de l'Atelier/Éditions Ouvrières), j'ai essayé d'expliquer que le mystère de la Création, celui de l'Incarnation et de la Rédemption, se déroule ainsi dans le temps et que nous en sommes, avec Jésus-Christ, les acteurs.

bus ou dans le métro ; d'aller faire son marché dans une « grande surface » ; de rentrer le soir le long de la Seine au Havre et de voir la zone industrielle scintiller de mille feux ; ou simplement de lire son journal ou bien d'ouvrir son poste de télévision au moment des nouvelles ... Tout dépend de notre regard. Jusqu'où pénètre-t-il ? Est-ce qu'il reste à la surface des choses ? Est-ce qu'il s'insinue plus profondément parce qu'il est habité de sympathie et d'amour ? Ou plus encore est-ce qu'il est riche de la vraie foi, qui nous donne un petit quelque chose de cette « façon de voir » du Père.

Si je suis disponible, d'esprit et de cœur – ce qui n'est pas souvent le cas, hélas ! – j'aime me mêler à la foule ou simplement la regarder et me dire que là, le Christ est en train de naître, de vivre, de grandir, mais aussi de souffrir, de mourir et de ressusciter, *sous mes yeux*. Mais souvent il reste seul. Il n'est pas reconnu, comme jadis le voyageur sur le chemin d'Emmaüs. Il faudrait beaucoup de « contemplatifs dans la vie ! »

Vous affirmez que tout le monde peut avoir une expérience de prière comme vous. Pourtant, un PDG ne prie pas comme un ouvrier, un manuel comme un intellectuel : leurs vies ne sont pas identiques. Quel est le rôle des conditionnements particuliers ?

– D'abord, je vous ai dit qu'il y a évidemment bien des formes de prière, comme il y a bien des manières de vivre et d'exprimer un amour. Mais en ce qui concerne cette démarche de foi dans la vie, c'est *à chacun de prier avec sa part d'humanité*. La sienne et celle qui l'entoure. Nous sommes d'abord personnellement responsable de la tranche de vie qui est la nôtre. Et collectivement responsable de toute l'histoire humaine. Si je suis PDG, je dois prier avec ma responsabilité de PDG, avec les personnes dont je suis humainement responsable, avec mes collègues PDG, mon syndicat professionnel, etc. Si je suis ouvrier du bâtiment, je dois prier avec ma responsabilité de carreleur ou de plâtrier, de maçon ou de couvreur ; avec mes camarades de chantier, avec mon entreprise, ma profession, son organisation, ses luttes ... Si je suis étudiant avec l'Université, etc.

Voilà pourquoi je répète que nous, prêtres, nous devons aider les chrétiens à être présents *là où ils sont*, dans leur milieu, leur profession, leur quartier, leurs loisirs. Je ne dis plus comme avant « là où le Père les a envoyés », car c'est nous qui devons décider (souvent d'ailleurs en obéissant aux événements, qui sont, je l'ai dit, au croisement des différentes libertés humaines) ; mais je dis, là où le Christ attend notre OUI pour continuer son incarnation, comme il avait besoin du OUI de la petite Marie, fine pointe de l'humanité, pour mettre « pied à terre ». Jésus n'a pas atteint « sa taille adulte » comme dit saint Paul[20]. Il a besoin de nous pour grandir !

Vous parlez sans cesse de l'évangile et de la vie. Cette double attitude se trouve dans chacune de vos prières, précédée d'un ou plusieurs passages du Nouveau Testament. Pourquoi ?

– Parce que ce double regard est absolument nécessaire. Je dois m'imprégner gratuitement de l'Évangile, non pas pour « l'appliquer » plus ou moins artificiellement dans ma vie, mais pour connaître Jésus, sa façon de voir, d'agir, de réagir, et pour acquérir ainsi peu à peu des réactions d'Évangile dans ma vie. Si je ne connais pas Jésus, à travers l'Écriture, ou si je le « perds de vue » comme je le disais au garçon dont je vous ai parlé, je ne peux plus le re-connaître sur ma route. Le voir qui me fait signe. L'entendre qui m'appelle.

Est-ce acquérir ainsi l'esprit de Jésus ?

– Oui, mais au sens fort du terme. Non pas son esprit, avec un petit *e*, comme on dit : j'admire tel homme, tel saint, et je vis de son esprit. Mais il s'agit de *l'Esprit-Saint,* qui est une personne que Jésus nous a envoyée, comme il l'avait promis. Il nous éclaire sur notre route, et nous donne la force de son Amour pour reconnaître Jésus et travailler avec lui. Car il s'agit bien de travailler avec lui et pas seulement de le rencontrer pour filer ensemble un bel amour. Il continue de nous dire : Viens, suis-moi, pour accomplir avec nous sa mission. Tout chrétien est un embauché pour le Royaume.

---

20. Éphésiens 4, 12-13.

L'étude intellectuelle de l'Évangile n'est pas à négliger.

– Sûrement pas. Il faut des spécialistes qui nous donnent un bon texte et les clefs nécessaires pour le lire intelligemment. Mais il ne faut jamais oublier que si l'Évangile est fait de mots d'hommes, écrits par des hommes, il est aussi le véhicule à travers lequel Dieu lui-même s'exprime. Chaque dimanche, à l'Eucharistie, après la proclamation de l'Évangile, nous disons : Acclamons la Parole de Dieu !

Tout est une question d'équilibre. Certains se sont rendus aveugles en s'acharnant dans une démarche trop cérébrale, à laquelle ils n'étaient pas préparés. Ils ont analysé, souspesé, classé, disséqué Jésus. Ce Jésus de laboratoire, passé au scalpel n'est plus Jésus vivant, et l'Évangile est devenu un champ opératoire. J'ai aussi rencontré des gens qui prenaient chaque phrase ou chaque mot de l'Écriture au pied de la lettre, et qui s'enfermaient dans les pires aberrations.

Y a-t-il des passages de l'Évangile sur lesquels vous ne puissiez pas prier ?

– Oh oui ! Mais ce n'est pas grave. Un épisode qui ne me parle pas, je le passe. Avec un sourire, je dis au Seigneur : Je ne comprends rien à ce que tu me racontes là. J'y reviendrai une autre fois ! ...

De fait, un autre jour, cet épisode s'éclaire à partir de ce que je viens de vivre, et probablement parce que je suis, ce jour-là, plus disponible à l'Esprit-Saint.

La fréquentation de l'Évangile est une longue manducation. Le grand Bossuet disait qu'il faut s'y présenter comme on se présente à l'Eucharistie.

Vous priez sur le monde. Vous priez dans la vie. Mais comment pouvez-vous prier devant chaque personne ? Même celle qui est antipathique, voire repoussante ?

– J'essaie ... mais je n'y arrive pas. N'imaginez pas que je prie tout le temps, et surtout que ma prière est riche de toute la vie de tous les hommes. Loin de là ! Je suis comme tout le monde, un apprenti de la prière.

En ce qui concerne les personnes, celles que je rencontre sur mon chemin, celles qui me demandent de « prier pour elles », si j'essaie de n'en exclure aucune, je ne les note pas sur je ne sais quel répertoire pour pouvoir ensuite en lire la liste au Seigneur. Ce serait impossible : j'en oublierais ... ! (Rire). Surtout, j'aurais l'impression de prendre ces personnes du bout des doigts, pour les présenter au Seigneur, sans m'investir moi-même. C'est d'une démarche très différente et beaucoup plus profonde qu'il s'agit, parce que beaucoup plus engageante. En fait, j'essaie – et une fois de plus j'insiste : « j'essaie » d'être présent le plus totalement possible aux personnes que je rencontre ou qui viennent vers moi. *Je les regarde* – c'est important pour moi – ; *je les écoute* parler de leurs joies ou de leurs souffrances, et je tente de les accueillir et d'accueillir toute leur vie. Et je sais que si je suis assez disponible, assez vide de moi (on est tellement pré-occupé) pour qu'il y ait de la place en moi, elles pénètrent au plus profond de mon être en apportant avec elles tous leurs bagages de vie. Alors je les porte. Et quand je me mets devant Dieu, c'est riche ou pauvre de cette moisson de vie. Et Lui la fait mûrir au soleil de son Amour.

C'est cela, pour moi, la prière pour les autres. Une double contemplation et une double communion. Vers les hommes et vers Dieu, pour devenir terrain de rencontre.

Il y a longtemps que j'ai tenté d'exprimer ces deux démarches dans deux de mes prières. La première : « Seigneur, pourquoi m'as-tu dit d'aimer tous mes frères, les hommes ? »[21] exprime « l'invasion » des autres dans le cœur de celui qui leur ouvre ses portes ; sa panique, lorsqu'il constate qu'ils viennent de plus en plus nombreux et « qu'il n'y a plus de place pour lui, chez lui » ; et Dieu enfin qui le rassure : « Ne crains rien, tu as tout gagné, car tandis que les hommes entraient chez toi, moi, ton Père, moi ton Dieu, je me suis glissé parmi eux ... ». En effet, celui qui accueille les autres chez lui, accueille Dieu.

---

21. *Prières, op. cit.,* p. 131-132.

La deuxième prière : « Devant toi Seigneur »[22] essaie de décrire en quelques mots l'autre versant de la contemplation : vers Dieu. De même qu'il faut essayer d'être vide de soi-même pour pouvoir accueillir les autres, il le faut également pour pouvoir accueillir Dieu et lui permettre de rencontrer en nous ceux que nous « portons en notre cœur ». Cette prière est pour moi un sommet. Il faudrait peut-être s'appeler saint Jean de la Croix pour avoir expérimenté jusqu'où elle peut entraîner.

L'expérience des mystiques

Pourquoi ? Auriez-vous l'impression que votre expérience spirituelle est incompréhensible ?

– La démarche n'est pas incompréhensible, puisque je la comprends ; mais la vivre c'est autre chose, car je dis dans cette prière :

« J'accepte de ne rien sentir, de ne rien voir, de ne rien entendre ... Vide de toute idée, de toute image, dans la nuit ... Me voici simplement ... devant toi Seigneur ».

C'est là un état extrême de purification. Il faut franchir bien des étapes pour y parvenir pleinement. Les grands mystiques les ont décrites : saint Jean de la Croix, sainte Thérèse d'Avila ... Mais je crains que certains lisant cette prière ne l'aient pas bien comprise. Il ne s'agit pas de se nier soi-même, mais de réaliser peu à peu et d'en *faire l'expérience*, qu'on ne rencontre pas Dieu dans des images, des sentiments, des idées, mais *en les traversant sans s'y arrêter ;* au-delà, toujours au-delà, jusqu'à la nuit du rien, pour pouvoir recevoir la LUMIÈRE du TOUT !

J'ai plusieurs fois trouvé cette première partie de la prière, citée dans des revues – même une revue carmélitaine – mais elle avait été tronquée de sa deuxième partie où je dis :

(...) Mais, Seigneur, je ne suis pas seul (devant Toi).
Je ne peux plus être seul.
Je suis foule, Seigneur, car les hommes m'habitent.

---

22. *Prières, op. cit.*, p. 153-154.

Je les ai rencontrés, ils ont pénétré en moi ...
(...)
Je te les amène aussi en me présentant à toi.
Je te les expose en m'exposant à toi.
Me voici.
Les voici.
Devant toi, Seigneur.

Ne retenir qu'une partie de la prière, c'est la déséquilibrer et perdre l'authenticité de notre démarche. La rencontre des autres dans leur vie, et la rencontre de Dieu vont de pair. Ce sont les deux commandements qui s'unissent en un seul. Que l'on soit au carmel ou en pleine vie, c'est riche de toute l'humanité, à commencer par ceux qui nous entourent, que nous devons nous présenter devant Dieu. Et c'est cette double fidélité d'amour qui permet à Jésus, comme je le disais, de continuer son Incarnation, c'est-à-dire la descente de l'Amour dans tout l'humain ; jusqu'au jour où Il pourra se présenter avec nous tous devant le Père en disant : C'est fait, « j'ai tout récapitulé en moi, les choses du ciel et les choses de la terre ! »[23] Et nous y participons, chacun à notre place, à la mesure de la qualité de notre union aux hommes et de notre union à Dieu. C'est merveilleux !

Mais, vous êtes un mystique !

– Ben, oui ... (rires) ! Après tout, je n'en sais rien.

Cette remarque a l'air de vous gêner. Pourquoi ?

– Parce que je crois avoir compris l'essentiel, depuis longtemps, puisque j'ai écrit ces prières il y a quarante ans, et que je souffre du décalage entre ce que j'ai réalisé d'une part, et d'autre part, ce que je vis réellement et ce que je vois vivre autour de moi.

Heureusement que je suis sûr, que Jésus vient de naître, et que le Grand Christ total est encore tout petit. Nous avons beaucoup de chemin à faire pour qu'il soit « tout en tous », comme dit saint Paul.

---

23. Éphésiens 1, 9-10.

La prière peut-elle procurer de la tranquillité ?

– Non, jamais totalement. Elle est toujours joie et souffrance. D'abord parce que dans notre quête de la vie des hommes, c'est plus souvent leurs épreuves qu'ils nous confient et que l'on recueille, plus que leur bonheur. Pour tout chrétien authentique, mais plus encore pour le prêtre, la charge à porter est parfois très lourde, et la communion à la souffrance devient de plus en plus profonde quand grandit l'amour. Ensuite, si la rencontre de Dieu est quelquefois, dans un court instant, éblouissante, la conscience de notre pauvreté en ressort davantage.

Il y a inséparablement, dites-vous, présence au monde et présence à Dieu, joie et souffrance dans la prière. Ne peut-il y avoir du repos ? La prière n'est tout de même pas un exercice masochiste !

– Il n'est pas masochiste de désirer aimer davantage et de souffrir de ne pas aimer assez. N'est-ce pas déjà vrai pour un amour humain ? L'amoureux dit : « Je t'aime mais je voudrais t'aimer plus encore. » Et s'il y parvient, il se heurte à nouveau à de douloureuses limites, car il voudrait aimer, « à l'infini ». C'est Jésus accueilli, qui sauve son amour. S'il s'ouvre à Lui, s'il s'unit à Lui, alors, mais alors seulement, il peut aimer un peu, comme on aime en Dieu : infiniment.

Il en est ainsi pour la prière. Ce n'est que lorsqu'on a éprouvé sa pauvreté, jusqu'à en souffrir, que l'on comprend qu'il faut librement laisser l'Esprit de Jésus prier en nous et par nous. Et c'est sa prière qui emportera la nôtre jusqu'au Père, en lui donnant comme à l'amour sa dimension d'infini.

C'est beau, mais vos « prières » sont souvent charnelles, sensuelles. Pourquoi ?

– J'en suis heureux, car cela prouve que mes prières traversent vraiment le terreau du charnel. Je ne crois pas en effet à une prière éthérée. Si elle part de l'homme elle porte forcément en elle tous les désirs, mais aussi toutes les scories de l'humain. Celles de nos frères accueillis sur nos routes, et les nôtres. Non, je ne me présente pas pur devant le Seigneur. Mais ça ne me fait rien. C'est la preuve que j'ai accepté le risque de la vie, et que j'ai osé marcher sur toutes les routes humaines et même dans la boue des sentiers. Et si je me présente les pieds sales, je crois de toutes mes forces – je l'ai écrit quelque part – que mon Seigneur me fera asseoir et me les lavera, avant le repas de l'amour. Et si l'eau que je lui offre, comme les serviteurs aux Noces de Cana, est hélas quelquefois polluée, je sais aussi qu'il en fera tout de même le bon vin de son Eucharistie.

Dieu nous cherche tous

Tout homme peut prier avec sa vie et la vie de ses frères. Mais ceux que la vie a blessés, comme les handicapés mentaux, peuvent-ils prier, eux aussi ? Comment voyez-vous chez eux la vie spirituelle ?

– Je ne puis vous répondre valablement, car je n'ai aucune expérience d'accompagnement d'handicapés mentaux[24]. Mais sur le fond je n'ai pas de doute. Eux aussi peuvent prier et peut-être plus profondément que nous.

Lorsque j'étais aumônier à l'ancienne Centrale d'Action Catholique du Havre, des handicapés s'y réunissaient pour la catéchèse. Certains faisaient leur première communion. Un jour, l'un d'eux, m'a-t-on dit, avait été remarquable de recueillement ; mais au cours du petit repas de fête qui suivit, un membre de sa famille, se penchant vers sa mère, a chuchoté : « Quel dommage qu'il soit « comme ça », il est si mignon ! » L'enfant a entendu, et surtout remarqué la tristesse se peindre sur le visage de sa maman. Alors il s'est approché d'elle et lui a murmuré à l'oreille : « T'en fais pas, maman, le bon Dieu il m'aime « comme j'suis » ! Celui qui est capable de savoir qu'il est aimé « comme il est », est capable de prier ».

---

24. Il faut connaître le merveilleux travail de l'Arche, de Jean Vanier, et lire certains de ses ouvrages. Je me permets de signaler, dans la Collection « Paroles de ... » que je dirige aux Éditions de l'Atelier/Éditions Ouvrières : *Une porte d'Espérance* – Paroles de Jean Vanier.

Mais tout un chacun peut-il dire : Dieu m'aime comme je suis ?

– Oui, s'il vit de la foi. Car la foi, ce n'est pas croire en Dieu, c'est croire qu'on est aimé de Dieu. Et aimé inconditionnellement, infiniment. Et cet amour de Dieu pour nous est un don absolument gratuit. Par contre, la réponse d'amour nous appartient et c'est cette réponse que Dieu recherche « passionnément », c'est-à-dire jusqu'à la passion. Je le répète : Dieu nous cherche. TOUS. Car il ne peut pas mettre de limite à son amour. Jésus était hanté par « les brebis qui n'étaient pas encore dans la bergerie » ou par « la brebis égarée » !

Mais il arrive de se sentir si sale, si éloigné de Dieu, qu'on refuse alors de faire les premiers pas de la prière !

– Et quoi encore ? (Rires). Pourquoi se sentir si sale devant Dieu ? C'est à nos propres yeux que nous sommes « sales », déçus de nous, honteux ... Aux yeux de Dieu, nous sommes ses enfants chéris, de toute éternité. Il ne s'agit pas de nier le mal en nous ; mais nos péchés si énormes soient-ils ne changent rien à l'amour que Dieu nous porte. De même d'ailleurs que nos « mérites ». Nous ne sommes pas aimés à la mesure de notre sainteté. La petite Thérèse de l'Enfant Jésus n'était pas plus aimée que le dernier des bandits. C'est ÉNORME, n'est-ce pas ? Mais c'est vrai. Et c'est cela la foi : croire que nous sommes aimés INCONDITIONNELLEMENT. La grande différence entre Thérèse et nous, c'est qu'elle, elle y croyait ; et y croyant de toutes ses forces, elle ne pouvait plus « contrister l'Amour ». Le péché, c'est toujours de mal aimer ou de ne pas aimer.

Je vous ai dit qu'on a hélas « chosifié » le péché (comme « la grâce », c'est-à-dire l'amour de Dieu qui nous atteint). On l'a classé en catégories : des plus petits, des plus gros ... comme si on pouvait peser, mesurer l'amour ou le manque d'amour ! On a aussi dénaturé le sacrement de la réconciliation qui est *célébration de l'Amour infini de notre Père*. Démarche libre de l'homme qui certes reconnaît et regrette ses manques d'amour, mais qui vient, non pour s'appesantir indéfiniment sur eux et en faire le répertoire et le classement détaillé, mais pour s'entendre dire par son Père : « Crois-tu que je continue de t'aimer, c'est-à-dire de te donner ma Vie (par-donner) malgré toutes tes bêtises ? » Et si nous le croyons, le prêtre, « au nom du Père, du Fils et du Saint-Esprit » nous affirme que l'AMOUR de Dieu nous envahit à nouveau, puisque nous y croyons et que nous ouvrons notre cœur, ce cœur que nous avions fermé. Le prêtre pourrait ajouter « va en paix, ta foi t'a sauvé ! »

Donc personne n'a d'excuse de ne pas prier ?

– Non, ce sont de fausses excuses. Nous nous cachons derrière notre péché. Ce n'est pas nouveau. Les Sages à la cour du Roi Salomon l'avaient déjà compris quand ils ont rédigé, à partir des mythes de leur temps, le beau poème de la Création : « Ils entendirent le Seigneur qui se promenait dans le jardin à la brise du jour. *Ils allèrent se cacher* au regard du Seigneur Dieu ... Le Seigneur Dieu *appela l'homme* et lui dit : Où donc es-tu ? – L'homme répondit : je t'ai entendu dans le jardin, j'ai pris peur parce que je suis nu et je me suis caché – Et qui donc t'a appris que tu étais nu ? Tu as donc mangé du fruit de l'arbre que je t'avais défendu ?... »[25]

Pauvres hommes qui, à cause de leurs péchés, « nus de mérites », pensent qu'ils ne peuvent plus paraître devant leur Seigneur, qui sans cesse les cherchent et les appellent ! Ce n'est pas Dieu qui se cache. C'est nous. Parce que nous ne croyons pas à son amour, malgré nos péchés.

C'est pour cela que j'ai dit précédemment qu'il ne faut pas tellement parler à l'homme de ses fautes, mais surtout de l'Amour de son Père. Il ne s'agit pas de « l'enfermer dans son péché ». Je pense entre autres aux péchés sexuels que certains hommes d'Église – passez-moi l'expression – ont « mis en valeur », enfonçant l'homme dans sa honte de paraître devant son Dieu. Bien sûr qu'il ne faut pas fermer les yeux et refuser de voir les sommets que nous devons atteindre, mais admettre que nous ne pourrons y parvenir, dans notre vie personnelle et la vie collective de l'humanité, *que progressivement.* L'homme vient de sortir de l'animalité. C'est peu à peu qu'il doit humaniser sa sexualité en l'assumant et la vivant dans l'amour, puis dans l'Amour du Christ. Il y parviendra, attiré par le Père qui l'appelle sans cesse et non pas le condamne.

---

25. Adam et Ève, c'est-à-dire « l'homme » et « la femme » et non pas, bien sûr, Monsieur Adam et Madame Ève (Genèse 3, 8-13).

Face à la souffrance

Le péché ne doit pas nous empêcher de prier, mais on peut être submergé par la souffrance et la révolte en face de cette souffrance. Je pense aux malades et plus précisément aux malades du sida. La révolte ne peut-elle pas les empêcher de prier ?

– Je le crois volontiers, mais je n'ai pas cette terrible expérience d'une souffrance « insupportable » et qui de plus vous apparaît profondément injuste. Comment réagirais-je alors ? Je suis loin d'être sûr de moi. Je me sais habité d'une telle violence, qu'elle pourrait hélas jaillir comme le feu d'un volcan et détruire ... Ou bien, si j'avais la force d'appeler mon Père et assez de foi en lui, je sais aussi que le feu de son amour pourrait être plus fort que celui de ma révolte. Mais l'appelerais-je ? Ou plutôt, est-ce que je ne le repousserais pas ?

J'ai eu beaucoup de mal à ne pas me révolter à l'écoute de ces pieuses et faciles réflexions que certains murmurent aux malades : Dieu aime davantage ceux qui souffrent, etc. Tel quel, c'est faux. Dieu nous aime tous infiniment. Mais en observant les enfants, j'ai découvert quelque chose d'important.

Voilà un petit garçon qui est en train de jouer. Sa maman lui a recommandé d'être sage. Elle le laisse seul, préparant le dîner dans la cuisine pour lui, par amour. Elle entend crier. L'enfant s'est malencontreusement blessé. Il souffre. Elle s'approche pour le prendre dans ses bras, le caresser, l'embrasser. Il y a deux possibilités : ou bien l'enfant se révolte, il trépigne, bat sa mère qui tente de le calmer, et reste seul avec sa souffrance ; ou bien il se laisse atteindre et porter. Sa maman le prenant dans ses bras ne lui enlève pas sa souffrance, mais *elle la porte avec lui*[26]. Ainsi Dieu, avec nous. Une grande épreuve peut nous éloigner de lui – on se révolte - ou bien, nous permettre de découvrir la proximité de son amour et, mystère ineffable, que notre propre souffrance il la partage et la porte avec nous en son Fils Jésus. C'est sa passion, détaillée dans le temps.

---

26. Cf. la prière « Je me laisserai prendre dans tes bras », *Chemins de prières*, p. 304, 311.

Mais il est tout de même des cas extrêmes où les hommes ressentent cruellement l'absence de Dieu. Au camp d'Auschwitz, pendant la Seconde Guerre mondiale, les croyants ne trouvaient pas Dieu dans cette horreur absolue.

– Certains l'ont trouvé. Ils s'appelaient Père Maximilien Kolbe et d'autres, inconnus, peut-être plus nombreux que nous le pensons. Mais les autres, l'immense foule des autres torturés, qui ont hurlé vers Dieu et n'ont pour toute réponse, entendu que son silence, ne savaient probablement pas en effet, que c'est Jésus, qui épousant leurs souffrances et leurs angoisses, *criait avec eux* : Mon Dieu, mon Dieu, pourquoi m'as-tu abandonné ? (Matthieu 27, 46). Mais ils ne savaient pas non plus qu'*en leur nom à tous,* en pensant aux bourreaux, il ajoutait : Père, pardonne-leur, ils ne savent pas ce qu'ils font !

Je l'ai dit sous une autre forme : quand l'accumulation et l'horreur du péché sont tels, que les hommes écrasés ne peuvent plus voir, entendre Dieu et le prier, *c'est Jésus qui pour eux continue de prier.*

Mais les mystiques eux-mêmes éprouvent le doute et la sécheresse spirituelle. Comment l'expliquez-vous ?

– Approchant Dieu plus que nous, ils font plus que nous l'expérience de l'intensité de la Lumière, et plus que nous souffrent des ténèbres, à la mesure de l'illumination reçue.

Ça m'ennuie beaucoup de ne pas être d'accord avec les mystiques (Rires). Beaucoup affirment que Dieu se cache pour les éprouver et purifier leur foi. Je ne crois pas que Dieu joue à cache-cache avec nous, même pour notre bien. Il ne dit pas : je m'en vais plus loin, je me sauve, pour que l'homme me coure après. C'est toujours lui qui court après nous ! (Rires)

Les fameuses nuits mystiques (comme les nuits de l'action), c'est nous qui en sommes les auteurs. Ou bien nous regardons ailleurs et nous ne « Le » voyons plus ; ou bien nos lunettes sont sales, il faut les nettoyer ; ou bien beaucoup plus profondément, au fur et à mesure que Jésus pénètre en nous, il doit traverser des zones opaques pour nous investir tout entier et parvenir au centre de nous-même, là où jaillit notre vie qui doit devenir tout entière VIE du Christ. Quand il passe les tunnels (les nuits), nous ne le voyons plus, mais il avance. Alors il faut croire sans voir, et c'est cette souffrance acceptée qui nous purifie.

Les « mystiques » qui ont expérimenté ce cheminement du Christ en eux, d'au-delà en au-delà, ont décrit les différents « tunnels » qu'il devait franchir, pour les atteindre. Il faudrait faire connaître leurs explications en les traduisant avec des mots d'aujourd'hui. Beaucoup comprendraient, parmi ceux qui sont embarqués, davantage qu'on ne le pense, sur le chemin de Jésus-Christ. Mais on n'ose plus toujours le faire, ou on leur parle de technique alors qu'il s'agit d'amour.

Et vous, vous arrive-t-il de sécher dans la prière ?

– C'est évident. Je suis comme tout le monde. Mais ce n'est pas que je manque de mots, je n'en emploie plus guère. Il me suffit de penser que le Seigneur est là, et qu'il fait en moi son œuvre. Mais vous me faites dire des choses qu'il ne faudrait peut-être pas dire, car cette attitude est un aboutissement. Je ne voudrais décourager personne.

Vos Prières *sont-elles utilisées comme remède contre la sécheresse dans la prière ?*

– Beaucoup m'ont assuré pouvoir ouvrir ce livre à n'importe quelle page et y trouver un élan pour la prière ; même des religieux, des religieuses... et même des évêques (Rires). C'est vrai ! Mais je les supplie de refermer très vite le livre. Il ne faut pas se contenter de prier par procuration. Ils savent parler eux-mêmes. Et se taire. Et se laisser aimer.

Beaucoup de gens regrettent dans leur prière ces fameuses distractions dont on s'accusait jadis en confession. Comment prier parmi les difficultés matérielles, professionnelles ou familiales qui peuvent être très préoccupantes ?

– Mais c'est formidable ! Il ne faut surtout pas « les chasser » comme on nous l'a si souvent demandé. Quelle erreur ! Ces fameuses distractions sont *l'invasion de la vie,* dans la prière. Il faut les accueillir pour pouvoir les donner à Dieu. Elles reviennent ? Il faut recommencer. Et recommencer encore ... Croyez-vous que, pour moi aussi, lorsque je me recueille pour me mettre devant mon Seigneur, c'est *immédiatement* que s'installe en moi le silence ! Mon petit magnétoscope intérieur se met souvent en route. Et il tourne. Il tourne, je vous assure, car il a beaucoup enregistré. Je ne l'arrête pas, je refoulerais. Et la vie resterait en moi sans rejoindre mon Dieu, alors qu'il attend que je la lui donne. C'est pour cela que je viens de vous dire que le silence est un aboutissement. Il nous est donné quand nous avons accepté de donner tout ce que nous possédons.

J'insiste. C'est bien *toute la vie* qu'il faut laisser jaillir. Les choses belles comme les moins belles, celles dont « on se sent si sale ! » (les péchés), comme vous disiez tout à l'heure. Et peut-être celles-là, davantage encore, parce que si on les enterre pour ne plus y penser, elles demeurent en nous, pourrissant et empoisonnant toute notre vie, quelquefois même notre vie physique.

On parle beaucoup aujourd'hui de « la guérison des souvenirs ». Ces souvenirs ce sont les actes que nous avons posés ou les événements que nous avons vécus, et qui nous ont « marqués » douloureusement. Ils ont laissé des traces, des blessures, qui si elles ne saignent plus demeurent en nous. Nous avons quelquefois tellement enfoui ces souvenirs, qu'ils sont enterrés dans notre inconscient. Mais ils sont toujours vivants et nous gênent sans que nous le sachions, alourdissant notre marche et empêchant le Seigneur de nous atteindre.

Quand on se recueille pour la prière, c'est d'abord notre vie récente et celle que nous venons d'accueillir et qui nous envahit, qui se présente. Si l'on est fidèle aux rendez-vous, au fur et à mesure de nos efforts pour tout donner, ce sont les souvenirs anciens qui re-surgissent, même les oubliés. Si nous les donnons, eux aussi, alors peu à peu s'installe en nous le silence, cette liberté et cette paix merveilleuse, qui sont fruit de la présence de Jésus qui a pu enfin venir nous « toucher » et nous sauver ; en sauvant toute la vie que nous lui avons donnée.

Ne serait-ce que dix minutes par jour devant Dieu, essayez de ne rien chasser, mais de tout donner ; et je vous garantis la PAIX[27].

Avancer dans la vie spirituelle, c'est donc accepter d'y laisser des plumes et de se délester de quelques bagages ?

– De tous nos bagages. Jésus nous l'a demandé : « Si tu veux me suivre ... ». Mais nous y tenons, à nos bagages. Nous y sommes « attachés ». Et c'est cela la véritable ascèse : Ne RIEN refuser de tout ce qui nous atteint, mais ne RIEN garder. Un jour que je parlais à des religieuses, je leur ai dit : « Mes sœurs, vous devez avoir le fond du cœur comme une poêle (je ne cite pas la marque, pour ne pas faire de pub !), vous savez, celle qui « n'attache pas ». Sinon certains événements de vos vies « prendront au fond » et vous ne pourrez pas les détacher facilement ... » Elles ont ri (heureusement, je n'aime pas les sœurs tristes !).

Se détacher, ça ne veut pas dire évidemment être indifférent et ne pas aimer, mais ne rien vouloir *retenir pour soi* en aucun cas, non seulement les choses que nous possédons, les événements que nous vivons, mais même les personnes qui nous sont très chères. La maman qui met au monde son bébé, accepte d'être séparée de lui physiquement ; elle inaugure une longue suite d'autres détachements de tous ordres qui, s'ils sont joyeusement acceptés, permettront à l'enfant de grandir ; jusqu'au jour où il partira vivre la vie qu'elle lui a donnée, avec un autre ou une autre. Si elle tente de garder son enfant, elle l'étouffe. Il en est ainsi pour toute notre vie. Tout ce qu'on veut retenir, meurt. Jésus nous l'a dit : « Celui qui veut garder sa vie la perd. Celui qui la donne la trouve. »

Vous avez plusieurs fois évoqué sainte Thérèse d'Avila, mais aussi Jean de la Croix. Pourquoi les aimez-vous ?

– J'ai découvert Jean de la Croix pendant mon séminaire, et ne l'ai pas oublié. Il m'a à la fois effrayé et séduit, à cause de son « nada » :

---

27. « Jette ton souci dans le Seigneur et lui-même te soutiendra » dit le psalmiste (psaume 54). J'ai essayé d'exprimer quelques aspects de cette démarche dans les chapitres « Les soucis qui tuent » et « Le sans-souci » de *Réussir, op. cit.*, p. 70-73 et 74-77.

RIEN. Il s'agit justement de ce que je viens de dire et que j'ai évoqué plusieurs fois déjà : être libre de tout, pour pouvoir accueillir le TOUT. Il est d'une logique implacable. Mais je voudrais avoir le temps, d'assimiler ce qu'il m'a fait découvrir (et d'autres saints, car j'ai fait mon miel auprès de plusieurs amis du Seigneur), en le reliant à ce que j'ai moi-même un peu expérimenté : cet aspect de « contemplation dans la vie ». Je suis sûr, absolument sûr, je vous l'ai dit et redit, que nous avons à regarder et aimer le monde, les hommes, les événements ; à nous plonger dans toute la vie, nous laisser investir totalement par elle afin de permettre à Jésus, le « levain », d'atteindre à travers nous toute la pâte humaine pour la faire lever. Quant à nous, c'est en devenant *pleinement* HOMME, que nous deviendrons en Jésus *pleinement* fils du Père.

Dans cette démarche « d'union à toute la vie » se retrouvent les mêmes étapes, les mêmes obstacles, les mêmes avancées et les mêmes reculs que dans l'union à Dieu « directement contemplé », si je peux m'exprimer ainsi. J'ai déjà esquissé ce chemin dans la dernière partie du livre *Prières* : « Étapes sur la route du Christ et des hommes » (p. 126 à 154). Ces prières sont l'expression – et quelquefois leurs mots eux-mêmes – du cheminement de plusieurs jeunes engagés dans les mouvements. Leur itinéraire vers le Seigneur était particulièrement remarquable et, à mes yeux, tout à fait parallèle à celui des « mystiques contemplatifs ». Je les accompagnais. Je tentais de les éclairer pas à pas ...

La petite Marie de l'Évangile

Vous dites que vous avez bénéficié de l'expérience de beaucoup de saints et au début de votre livre Prières, ou figure un texte sur la Vierge Marie : « Ma plus belle invention c'est ma mère » (p. 18). Il semble pourtant que vous parlez peu de Marie. Quelle est sa place pour vous ?

– C'est vrai, à part quelques moments forts de mon existence, je l'ai peu associée à mon cheminement. Sans doute, au début, avais-je été impressionné par la guérison qui m'avait spectaculairement ramené à la vie.

282

Je n'ai cependant pas oublié Marie, loin de là, mais j'ai été gêné, et le suis plus encore actuellement, par les expressions de piété de certains, qui la font parler à tort et à travers, ici et là. J'aime la petite Marie de l'Évangile, tellement humble, tellement discrète, que j'ai du mal à croire qu'elle soit devenue si bavarde (sourires) ! ... et surtout pour dire ce qu'elle dit, ou plutôt ce qu'on lui fait dire ! Heureusement que l'Église ne me demande pas d'y croire, je serais mal parti !

Mais puisque vous êtes allé à Lourdes, le chapelet par exemple ...

– Je la prie Marie avec un dizainier, dans ma voiture. Pendant de longs trajets ou divaguant dans ma tête, j'invite le Seigneur à venir avec moi, car j'ai du mal à le rejoindre. Alors je passe par sa Mère. Mais – tant pis, je vous dis tout – je n'ai jamais réussi comme d'autres, à méditer les mystères joyeux, douloureux et glorieux, en récitant le chapelet, comme on nous l'a appris. Si j'arrive à penser au Seigneur, alors je ne pense qu'à Lui, et je suis sûr que sa mère n'en est pas jalouse.

Qui est Marie, pour vous ?

– Quoi vous dire, il y aurait tellement à dire ! Disons en résumé, que pour moi, elle est la plus parfaite des femmes et la plus parfaite des chrétiennes.

La plus parfaite des femmes, car elle a pleinement intégré toute son humanité. Riche de toutes ses puissances physiques, sensibles et spirituelles, parfaitement réunies et recueillies en elle, sans rature, sans bavure, absolument « pure » ... Et donc entièrement disponible pour devenir parfaitement « chrétienne », c'est-à-dire du Christ.

Totalement libre et transparente, elle s'est offerte à Dieu, terrain vierge où la Parole du Père, par l'Esprit-Saint, a pu prendre racine et se développer en elle sans obstacle.

Elle est encore pour moi, bien sûr, celle qui nous a donné son fils sans rien faire pour le retenir, réalisant ainsi entièrement le désir du Père qui l'a « envoyé » par amour à toute l'humanité. Mais aussi elle est celle qui ayant accepté de se « détacher » de lui, tout en l'accompagnant de son amour pur, a tellement communié à ses joies, son action missionnaire, ses souffrances et sa mort, qu'elle a, dans le silence, participé entièrement avec Lui au « sauvetage » de toute l'humanité. C'est pour cela que l'Église nous dit qu'elle est co-rédemptrice.

Quant à lui, Jésus, cet homme, ce Fils de Dieu, qui embrassait Marie en lui disant. *Maman*, à son tour, suprême délicatesse, en la confiant à Jean, son meilleur ami, il nous l'a donnée comme mère. Elle nous accompagne, elle est attentive, elle murmure sans cesse à son Fils : « Ils n'ont plus de vin », et nous dit à nous, en nous le montrant : « *Faites ce qu'Il vous dira* »[28]. C'est tout ! Petite Marie tout amour, je crois qu'elle serait peinée si nous nous arrêtions à elle.

Comment avez-vous réagi, quand en 1950 a été proclamé, par Pie XII, le dogme de l'Assomption ?

– Je ne suis pas tombé en extase, mais j'ai tout de suite pensé : comment vais-je encore pouvoir expliquer ce mystère aux jeunes ? Depuis, je n'ai pas eu grand souci à me faire, car ils n'en parlent pas. Ils ignorent totalement quelle fête on célèbre le 15 août ! Faites l'expérience, demandez-leur. Même à de jeunes « chrétiens ».

Dans un groupe d'étudiants « pratiquants » (étudiants en médecine-biologie), un jour j'ai moi-même posé la question. Silence gêné. L'un d'eux tout de même a dit ce qu'il avait entendu dire à l'église : c'est le mystère de Marie qui est « montée directement au ciel, corps et âme », sans passer par la corruption du tombeau ... Il avait bien répondu, mais comment pensez-vous que les autres ont réagi ? Ils ont souri. J'ai mesuré cruellement une fois de plus, combien nous sommes loin de ces jeunes et combien nos mots, nos expressions et nos images, n'ont plus aucune prise sur eux. Alors j'ai tenté d'expliquer.

J'ai dit à l'un d'entre eux qui était fiancé : quand tu dis à ta chérie, « Je te donne mon cœur », ce n'est pas « le muscle » sanguinolant que tu lui offres, mais ton amour et toute ta vie, n'est-ce pas ? Eh bien il faut absolument que vous vous mettiez dans la tête que lorsque la Bi-

---

28. Les noces de Cana, Jean 2, 1-12.

ble parle de la chair et du sang, ce ne sont pas non plus de viande et de globules qu'il s'agit (comme je l'ai dit pour l'Eucharistie), mais de *tout ce qui fait la vie de quelqu'un* : les relations à son corps, d'abord, mais aussi à la nature, aux autres, à tous les actes qu'ils posent ; toute cette « chair » de son être vivant, unique, irremplaçable, doit devenir vie divinisée, en Jésus, et former peu à peu son Corps mystique total.

Il faudra attendre la fin des temps, pour que nos vies à tous soient totalement assumées, divinisées, par Jésus-Christ sauveur, parce que nous sommes imperméables à son Amour et que nous ne nous laissons pas entièrement saisir par Lui. En Marie, il n'a rencontré sur cette terre aucun obstacle. Rien n'a résisté à la brûlure de son Amour. Alors, comme un feu dans l'âtre qui dévorerait tout le bois qu'on lui offre, le transformant en lumière et chaleur, cet Amour en elle a tout consumé *et n'a laissé aucune cendre.*

Marie est maintenant avec toute « la chair » de sa vie, au cœur même de la Trinité : « montée au ciel ».

S'effacer devant Dieu

Revenons à la prière en général. Vous avez souvent parlé de silence dans la prière. Or, accepter de se taire, d'accord, mais pourquoi ne pas entendre Dieu parler ? Sa réponse est-elle silencieuse ?

– C'est ce que me demandent beaucoup de jeunes. Quand je leur dis que prier, c'est simple et qu'il suffit, au début de parler, comme à quelqu'un qu'on aime, il s'en trouve toujours un pour protester : Lui parler c'est bien, mais il ne répond jamais !

– Tu as tout faux, lui dis-je, c'est lui qui te parle le premier, et toi qui souvent ne lui réponds pas.

Mais je voudrais d'abord dire qu'avant toute prière Dieu parle à *tous les hommes*, croyants ou non. Il parle, *dans le secret de la conscience.* Et si beaucoup n'identifient pas celui qui parle, ils l'entendent tout de même, peut-être plus qu'on ne le pense. C'est la doctrine constante de l'Église que pour le comportement de l'homme, c'est sa conscience qui est juge en dernier ressort. Elle le dit et le redit, mais ne lui laisse pas toujours la parole. Il est facile de décréter qu'on a souvent affaire à des consciences « qui ne sont pas formées ». Il faut être vigilant pour ne pas trop vite le penser, sous prétexte qu'elles ne parlent pas le même langage que nous. Je crois que « respecter la conscience » des autres, c'est souvent *s'effacer devant Dieu* qui murmure à chacun ce qu'il peut comprendre et ce qu'il peut vivre aujourd'hui. C'est lui faire confiance plus que nous ne le faisons, et être persuadés qu'Il est un bon éducateur qui sait donner progressivement à tous ses enfants la lumière nécessaire pour guider leurs pas.

Mais ce n'est pas de la conscience que vous vouliez me faire parler (j'y tenais, parce que je crois qu'on ne met pas suffisamment l'homme « en face de sa conscience ». Et, s'il est croyant, « à l'écoute de Dieu dans son cœur », ce qui est la même chose).

Vous me demandiez, si on « entend » la réponse de Dieu à nos prières. Eh bien ! Oui, c'est certain, mais nous abordons là un terrain miné. Il faut discerner le vrai du faux. Le Seigneur nous parle, non pas dans notre sensibilité ou notre raison, mais en passant par elles et en les dépassant. Je l'ai dit, il ne faut pas confondre nos sentiments et nos idées avec Dieu. Ce serait confondre le violon et la musique. Or, certains s'arrêtent à la beauté de l'instrument et aux vibrations de ses cordes, en étant sourds à la mélodie qui parvient jusqu'à eux.

La réponse de Dieu réside d'abord dans la certitude qu'il est là en nous, dans notre vie, et qu'il s'exprime à travers nous et à travers elle. Elle réside ensuite dans le don qu'il nous fait de le voir et de l'entendre nous interpeller. Non pas évidemment voir et entendre sensiblement ; mais il nous fait faire « l'expérience » de cette autre forme de connaissance qui est connaissance dans la foi.

Comment peut-on ne pas se tromper ? Il est si facile de prendre nos idées et nos émotions pour des « paroles de Dieu » ?

– Le critère infaillible, c'est lorsque ce que l'on a découvert intellectuellement ou ce que l'on a ressenti a pénétré si fort en nous, que nous en sommes « marqués » durablement et que notre comportement en est modifié positivement, c'est-à-dire dans le sens de l'Évangile.

C'est ce que j'ai appelé plusieurs fois, en vous racontant des moments importants de ma vie, les « coups de projecteur » du Seigneur. Si nous étions attentifs, nous les remarquerions plus souvent. Mais les mots manquent pour expliquer tout cela. Il faut le vivre.

Les personnes qui tentent fidèlement la démarche qu'on appelle en Action catholique la révision de vie, découvrent combien cette attention aux signes que le Seigneur nous fait dans la vie, est difficile mais passionnante et *engageante*. On comprend alors pourquoi certains lui préfèrent la quête d'émotions faciles et la satisfaction de réflexions moins directement exigeantes.

Dieu est-il prisonnier de notre prière ?

– Voulez-vous dire qu'il « doit » nous exaucer ? Si c'est cela, je répondrai qu'il ne nous donne que ce qu'il peut nous donner, sans jamais nous le refuser. Mais ce sont nos prières qui sont souvent irrecevables. Quand nous lui demandons notre pain quotidien, nous pensons immédiatement à la nourriture, au travail, à la satisfaction de tous nos besoins matériels ... Or le pain, c'est le boulanger qui nous le donne, le meunier qui fabrique et transporte la farine, le paysan qui fait pousser le blé ... Dieu est pauvre. Il ne possède rien. Il n'a rien. Il « est » l'Amour. C'est le pain de cet Amour qu'il faut lui demander chaque jour. Et il ne désire que nous le donner. Il ne peut pas nous le refuser. Jésus l'a dit. Et c'est la puissance infinie de cet Amour qui nous permet de pétrir et de cuire le pain quotidien de nos vies.

Comment appelez-vous Dieu dans votre prière personnelle : Père ? Seigneur ?

– Cela dépend des époques et des moments. Dieu est UN en trois personnes. Or je vous ai dit, au début de nos entretiens, que j'ai d'abord découvert Dieu comme la Source de la vie et de ma vie : le « Père ». Puis comme l'Amour venu s'incarner, Jésus. Alors j'ai prié le Père, et puis Jésus mon « Seigneur ». Assez peu l'Esprit-Saint.

Ce n'est pas le nom donné à Dieu qui est important, mais les différents aspects de sa richesse infinie découverts peu à peu. Nous n'aurons jamais fini d'explorer son mystère, et c'est notre infirmité de ne pouvoir comprendre et vivre en même temps tous ses aspects.

Dans cette pièce où nous causons, je vous vois, je vois la bibliothèque derrière vous, et les livres qui la garnissent. Mais je ne vois pas derrière moi le tableau qui est accroché au mur. Si je me retourne pour le regarder, je vous « perds de vue ». C'est-à-dire que mon regard n'est pas assez large pour atteindre toute la pièce dans son ensemble. Il en est de même pour notre regard de foi. Sur terre il ne sera toujours que partiel, en largeur et en profondeur, et les noms que nous donnons à Dieu sont en fonction de ce que nous avons découvert de lui. Un amoureux a de multiples mots en réserve pour parler à celle qu'il aime !

Pourquoi aimez-vous vous retirer de temps en temps à la Trappe ?

– A la Trappe[29] et dans d'autres abbayes : le Bec Hellouin et quelques autres lieux de recueillement. En ce qui concerne la Trappe, c'est là où je trouve le plus de silence et où j'apprécie l'effort qu'a fait la communauté en équipant un lieu pour pouvoir accueillir les handicapés, même graves. C'est pour moi un signe authentique de la présence du Christ souffrant parmi les moines.

Puisqu'il faut tout vous dire, j'ajouterai que j'y ai des amis et particulièrement le frère Prieur[30] qui, jeune, était au Service des Vocations du Havre, quand j'en avais la responsabilité. J'aime l'entendre me dire qu'au cœur de sa vie spirituelle il livre toujours le même combat que celui qu'il livrait quand il était « dans le monde ».

Finalement, après vous être montré rebelle aux préceptes de votre supérieur de séminaire de vocations tardives, vous lui obéissez en vous retirant « dans le silence et la solitude ».

– Il m'avait dit : On NE trouve Dieu QUE dans le silence et la solitude. Je continue de croire, et de plus en plus ! que c'est faux ; ou du

---

29. L'abbaye Notre-Dame de la Trappe, à Soligny-la-Trappe, dans l'Orne.
30. Le moine qui dans la Communauté seconde et remplace, en cas d'absence, le Père Abbé.

où enfin le Seigneur peut nous atteindre sans obstacles. Accepter d'enlever nos vêtements, les sales en premier (en les Lui donnant au fur et à mesure), puis tous ceux de nos « personnages » qui cachent notre « personne » ; et s'exposer nu devant Dieu, pour se laisser brunir au soleil de son Amour. Au début, on pense qu'il ne se passe rien, mais *nul ne s'expose à l'Amour sans en être marqué.*

Se laisser aimer par Dieu, c'est se laisser créer par le Père ; se laisser sauver par le Fils, se laisser unifier et envoyer vers nos frères, par l'Esprit. Attention, jamais seul, mais avec ceux que nous portons en notre cœur.

C'est simple, non ? A la portée de tous. C'est nous qui compliquons tout en retenant tant et tant de choses qui nous collent à la peau ... alors que le soleil de l'AMOUR est là, qui attend que nous nous exposions à lui. Nu.

Conclusion

Pour vous, la vie est-elle belle ?

– ... (Hésitations) Oui, quand le soleil paraît et l'illumine de ses feux. C'est-à-dire qu'elle resplendit pour moi quand je contemple la nature ; quand je vois un petit enfant qui s'éveille et sourit ; quand j'assiste à l'épanouissement d'un homme qui vivait enfermé sur des richesses ignorées ; quand j'accompagne deux jeunes que l'amour réunit et que devant moi des aînés vivent encore amoureux, tout au bout de leur route commune ; quand je mesure la somme énorme de générosité de ceux qui se dévouent et luttent au service de leurs frères ; quand je vois des chercheurs de Dieu rencontrer Jésus-Christ, le reconnaître et le suivre ...

Mais hélas, souvent, l'ombre de la souffrance qui s'étend sur l'humanité me cache le soleil, et ma joie intérieure s'efface, comme un ciel qui se couve.

J'étais encore tout jeune prêtre quand un jour une vieille dame m'a dit : « Mon cher petit abbé, jamais vous ne parlez de joie dans vos *Prières.* » J'ai réfléchi. Elle avait raison. Et beaucoup plus tard j'ai écrit : « Je n'ai pas encore, Seigneur, apprivoisé la Joie »[1].

Vous donnez néanmoins l'impression d'être un homme heureux.

– Tant mieux. Je ne veux pas laisser paraître mes blessures intérieures. J'ai horreur des visages tristes et accablés. C'est justement pour cela que je lance des blagues pour faire rire. Ceux qui m'entourent ont droit au bonheur. J'aimerais leur communiquer un peu de gaieté, même si au fond de mon cœur les nuages persistent et quelquefois s'amoncellent.

---

1. *Chemins de Prières, op. cit.,* p. 257-263.

Auriez-vous un esprit de sacrifice ?

– Oh non alors ! Je vous l'ai dit, pas de ces sacrifices que l'on s'impose artificiellement. C'est de la contrefaçon. J'essaie simplement d'être fidèle aux deux amours que m'a demandés mon Seigneur : Dieu et les hommes. Or, si j'ai rencontré Jésus et que, séduit, je ne crois pas pouvoir l'oublier, j'ai également rencontré beaucoup de mes frères écrasés de souffrances, et je ne peux pas non plus les oublier ! C'est pourquoi la paix du Christ a beau s'être enracinée solidement en moi, ma joie, elle, ne peut être complète.

Que voulez-vous, je vous ai dit que je ne voulais pas fermer les yeux et refuser de voir la souffrance. Seulement, c'est dangereux. Je vous ai parlé précédemment de mon petit magnétoscope de cœur. Il a tout enregistré fidèlement, et quand par exemple je contemple ravi, le visage d'un enfant rayonnant, blotti dans les bras de sa mère, il me restitue sur mon écran intérieur celui de la gamine, élevée par les chiffoniers d'Emmaüs, à Lima, et dont l'un d'eux m'a glissé à l'oreille : « C'est en faisant les poubelles, qu'on l'a trouvée, bébé, jetée dans les ordures » ; ou bien celui de la petite lépreuse parquée avec des centaines de malades dans l'île des exclus au large de Sâo Luis, au Brésil, et qui après avoir longuement hésité, s'est précipitée dans mes bras. Je l'ai embrassée. Il ne fallait pas. Mais elle avait trop faim de baisers ! ... Et bien sûr, un moment ou l'autre surgit encore sur mon écran intérieur, je ne sais quelles souffrances de toutes sortes, de cette humanité, dont les cris de douleurs couvrent souvent les grands éclats de rire.

Selon la foi chrétienne, à la souffrance du samedi saint succède la joie éclatante de la résurrection, le jour de Pâques. Pour en finir ne serait-ce pas la joie qui gagne ?

– C'est vrai. Elle a triomphé en Jésus victorieux. Par lui, tout est accompli. Mais nous avons à détailler dans le temps son mystère d'amour. Ce qu'il a vécu parfaitement en trente-trois ans, nous les « membres de son corps total » nous le vivons aujourd'hui dans notre histoire et dans l'Histoire de l'humanité. Quand quelqu'un souffre, c'est la passion qui continue. Le chemin de croix ne sera achevé que tout au bout du long pèlerinage des hommes sur la terre.

Donc pour vous le bonheur est une promesse ?

– Le bonheur dans *sa totalité*, oui. Il nous faut d'abord actualiser, en l'incarnant, le salut que notre Sauveur nous a gagné. Sa mission sera achevée quand nous aurons avec lui vaincu et assumé toutes les souffrances humaines. Alors la joie sera parfaite, celle de l'amour ayant atteint sa plénitude au sein de la Trinité. C'est pour cela que j'ai terminé la prière que je vous ai signalée il y a quelques instants, par ces mots de l'Évangile, que le Seigneur nous murmurera, je l'espère, au bout de notre vie : « Viens, bon et fidèle serviteur, *entre dans la Joie de ton maître.* »

Estimez-vous avoir une vie exceptionnelle ?

– Absolument pas. Vous m'avez poussé à reconnaître que mes livres ont une diffusion exceptionnelle. Je suis bien obligé de l'admettre. Le contester serait idiot. Mais ma vie n'a rien de vraiment extraordinaire. Je vous ai dit, dès le début de nos entretiens, que si à cause des responsabilités que l'on m'a confiées, mais surtout à cause de mes livres, j'ai été entraîné à vivre des choses que d'autres prêtres n'ont pas vécues, et qui se remarquent peut-être davantage, je suis un prêtre ordinaire.

Vous avez échappé à la mort au moment de votre adolescence ; vous auriez pu rester aveugle ; vous êtes sorti sans une égratignure d'un train bombardé et incendié ; vous avez couru le monde ; parlé devant des foules, rencontré des personnalités de premier plan ... : vous avez donc eu une vie extraordinaire !

– (Silence) ... Les événements de ma vie se sont présentés à moi sans que je le veuille *a priori*. J'ai toujours essayé de leur faire face positivement ; mais je ne les ai pas cherchés. Beaucoup de choses que j'ai vécues auraient pu l'être par d'autres, aussi bien que moi, et peut-être mieux que moi. Pour en finir, vous savez, il n'est souvent que de consentir aux événements. Tout dépend ensuite de la qualité d'amour avec laquelle on les vit.

Les événements sont-ils envoyés par Dieu ?

– Oh non ! Ceux qui le pensent s'embarquent dans d'inextricables problèmes. Je l'ai dit plusieurs fois, les événements ne sont ni le fait du hasard, ni celui de la « volonté de Dieu », mais le fruit des libertés humaines qui s'entrecroisent dans le temps et dans l'espace. Nous sommes irrémédiablement liés les uns aux autres, d'où notre responsabilité dans la façon dont nous vivons ces événements. Jésus-Christ nous accompagne, et quel que soit ce que nous vivons, c'est lui qui donne à notre action sa dimension d'infini.

Voilà pourquoi je n'attache pas d'importance à ce qui peut paraître circonstances extraordinaires dans ma vie. Leur valeur ne tient pas à leurs retentissements superficiels, mais à la profondeur de leur enracinement en Dieu. Et cela, nul ne peut le mesurer.

Avez-vous connu des échecs ?

– Au plan humain, pas vraiment. En apparence, ce que j'ai entrepris a réussi. Ce qui m'inquiète quelquefois, c'est ... *ce que je n'ai pas fait.* Mais je ne suis pas du genre à m'éterniser sur des regrets. Ce serait m'empêcher de faire ce que j'ai à faire aujourd'hui, et ce que j'aurai à faire demain.

Si vous dites n'avoir pas connu l'échec, Jésus l'a subi sur la croix. Qu'est-ce que la croix pour vous ?

– Pour moi ? Justement, la croix de mes limites. De toutes sortes. Limites dans la rencontre du Seigneur, toujours si proche et si lointain. Limites pour le faire connaître. Quand dans les mouvements que j'accompagne, leurs membres se réjouissent d'une rencontre réussie – « Il y avait du monde ! » –, moi, immanquablement, je pense à ceux qui n'étaient pas là. C'est une obsession. Pourquoi tant et tant d'hommes sont-ils, comme à Cana, occupés à remplir d'eau les jarres de leur vie, sans savoir que Jésus est là pour en faire le bon vin de son eucharistie ? Sommes-nous des privilégiés, nous qui le savons ? Et pourquoi eux l'ignorent-ils ? Ne serait-ce pas notre faute, nous qui sommes chargés de le leur révéler et qui passons la moitié de notre temps à « réfléchir aux problèmes ». Je vous ai dit assez combien je souffre de ce temps gaspillé qui cache, pour en finir, notre incapacité d'agir.

Aujourd'hui, qu'attendez-vous de plus ?

– Pour moi-même ? Rien. Seulement continuer, jusqu'à ce que la flamme de la bougie s'éteigne. Si possible doucement. Mais j'aimerais maintenant qu'on ne souffle pas trop sur cette bougie pour en activer la flamme. J'ai de temps en temps, et de plus en plus, une furieuse envie de repos, de calme. De silence. Pouvoir lire enfin. Me promener. Admirer. Prier davantage !

Je n'ai pas peur de la mort mais, comme beaucoup, de la souffrance, et de la gêne que je pourrais imposer aux autres si je m'entête à m'accrocher à cette terre.

La vieillesse est souvent vue comme une diminution, un affaiblissement. Peut-elle apporter un plus ?

– Il faut être réaliste : qu'on le veuille ou non, vieillir est humainement un moins. Je suis agacé de voir certaines personnes âgées, qui n'acceptent pas de reconnaître leur âge, et se prétendent toujours jeunes. Le cœur peut certes rester jeune, mais nous sommes dépendants de notre corps. Il faut accepter de vieillir et de reconnaître que quelque chose en nous va mourir, qui prépare en notre être profond une nouvelle naissance.

Vous croyez à la résurrection ?

– Oui, de toutes mes forces. Mais pour ressusciter, il faut accepter de mourir.

Même humainement, sur cette terre, notre vie ne s'éteint pas quand meurt notre corps. Elle continue, *dans la mesure où nous l'avons donnée*. Elle poursuit son chemin dans les autres, par les autres, jusqu'aux limites du temps. Elle se transmet bien sûr des parents aux enfants, qui à leur tour la transmettront aux leurs. Mais aussi par le regard, la poignée de main, la minute d'attention offerte, comme l'action menée – et pas seulement souhaitée et rêvée mais effectivement réalisée – pour le service de nos frères. Voilà pourquoi les théologiens parlent d'un « jugement particulier » et d'un « jugement dernier ». C'est seulement au terme de l'histoire que nous pourrons mesurer ce que nous avons apporté d'amour dans le grand mouvement de montée vers Dieu de toute l'humanité dans le Christ Jésus.

Vous savez donner du temps. Mais savez-vous en perdre ?

– Non, absolument pas. Je crois vous l'avoir dit et vous en avoir donné la raison, à savoir que le temps est une richesse qui m'est donnée gratuitement et que je n'ai donc pas le droit de la gaspiller.

Prenez-vous des loisirs ?

– Non, pratiquement pas. Je n'ai jamais pris de *vraies* vacances. Le temps de mes congés, je l'ai consacré d'abord aux camps de jeunes – et ce n'était pas, je vous prie de le croire, du repos –, puis aux conférences ou prédications ; enfin à l'écriture. Mais n'allez surtout pas me plaindre. Même si les camps étaient épuisants et me mobilisaient entière- ment pour être disponible aux jeunes, même si me déplaçant pour aller parler, je souffre de ne rien visiter du pays où je suis, je me considère comme un privilégié. Certains de mes confrères exercent des ministères humainement beaucoup moins gratifiants. Et en ce qui concerne les livres, s'il m'est très dur d'écrire – contrairement à ce que l'on pense – je me permets de choisir quelquefois des lieux de silence et de recueillement qui me facilitent la tâche.

Beaucoup ignorent un aspect de Michel Quoist : Vous êtes aussi sculpteur.

– Ça y est ! Vous y teniez à révéler ce grand secret ! (Rires). Il est vrai que je m'accorde de temps en temps un moment pour sculpter. Hélas, bien peu – depuis six ou sept mois, je n'ai pas pris en main une gouge et un maillet – mais suffisament pour avoir fait naître en moi

298

une envie tenace. Ce qui me complique la vie, car il faut que je me batte pour ne pas me laisser tenter et ... perdre du temps.

Quand sculptez-vous ?

– Surtout l'été, lorsque j'accompagne des jeunes et des familles en vacances à Saint-Cyrice. Une petite colline magnifique dans une boucle du Tarn. Nous avons restauré le presbytère abandonné, fait revivre le hameau, entouré des quelques habitants du coin, qui nous ont délicatement accueillis et sont devenus pour nous de vrais amis. J'y viens au cours de l'année, assurant avec un autre prêtre deux retraites/formation pour des étudiants dont nous sommes les aumôniers, et aussi pendant mon temps de congé où au milieu des familles qui se détendent et discutent fraternellement, je travaille le livre en route. Quand je suis content de moi, je m'accorde une demi-heure à une heure de « récréation » pour créer un « chef d'œuvre » ! (Rires)

Pourquoi jugiez-vous inutile d'en parler ?

– Parce que, de même que je ne suis pas écrivain, mais un prêtre qui écrit, je ne suis pas – et encore moins – un sculpteur, mais un homme qui de temps en temps tape sur une vieille poutre de chêne, ou un tronc d'arbre, pour en faire une statue, qu'à ma grande confusion, un copain vient me prendre pour la mettre dans son Église.

Comment vous est venu ce talent ?

– Le bois m'a toujours attiré. Dans les camps de jeunes, je ramassais des branches d'arbres et les taillais avec mon couteau. Un jour j'ai trouvé une gouge, je me suis fait un maillet et pendant une veillée, autour de l'âtre, à Saint-Cyrice, d'une cale en chêne de ma voiture deux chevaux, j'ai fait ... une tête de Christ. Je n'ai rien appris de la technique. Plusieurs fois, j'ai été tenté de m'inscrire à un stage de formation, mais je n'ai pas le temps, ou plutôt, je ne m'autorise pas à le prendre.

Il me reste le rêve, ajouté à ceux dont je vous ai parlé : rêves de silence, de solitude, de promenades, de prière ... dans un coin perdu de campagne. Mais quand je serai à la retraite, je n'aurai plus la force !

Malgré tout, je ne regrette rien. Cette expérience m'a fait comprendre combien doit être grande la peine des vrais artistes qui, malgré leurs dons et leurs techniques, se heurtant à la matière, aux couleurs, aux sons, doivent souffrir du décalage entre ce qu'ils portent en eux et l'œuvre qui naît devant eux. A mon petit niveau, quand je vois apparaître un visage sous les coups de mes gouges, je me sens démuni, et de même que j'en veux aux mots d'être si étroits qu'ils ne peuvent dire tout ce que je tente de révéler aux autres, j'en veux au bois d'être si dur, de ne pas exprimer tout ce que je ressens. Et je pense à moi, à nous tous, au fini que nous sommes, et à l'infini que nous désirons. Que l'homme est un drôle de bonhomme ! Matière ensemencée d'esprit. Esprit qui voudrait grandir dans un corps qui n'en finit pas de se laisser spiritualiser.

Vous dites que vous n'avez pas appris la sculpture, vous portiez donc en vous ces dons ?

– Oui, peut-être aurais-je pu devenir un artiste ? Il n'y a rien d'extraordinaire en cela. Et c'est vrai que cette expérience m'a également permis de confirmer ce que je me dis depuis fort longtemps : Nous avons tous au fond de nous des possibilités de toutes sortes qui demeurent et demeureront inexploitées. Nous sommes inachevés. Quelquefois même hélas, abîmés, arbres aux racines saccagées, qui ne pourront jamais produire les fruits qu'on espérait. Il faut se battre pour l'homme. Dans la pensée de Dieu – au seul plan humain – il est tellement plus grand que ce que nous en avons fait ! La gloire du Père, j'en suis sûr, ce n'est pas de lui dire et répéter sur tous les tons qu'Il est magnifique, mais c'est de lui offrir le spectacle de ses enfants réussis[2]. Puisse-t-il en être fier, lui qui est Père, plus que tous les pères de la terre !

---

2. J'ai exprimé cette idée dans la prière « Gloire à Toi, mon Dieu ! », *Chemins de Prières, op. cit.*, p. 15 à 17.

Pourquoi les visages que vous sculptez ont-ils les yeux clos ?

– Parce qu'ils regardent à l'intérieur, et que là est le plus beau. J'aspire tellement, moi aussi, à vivre les yeux tournés vers Celui qui m'habite !

Sculpter est un plaisir pour vous. Pourquoi avez-vous l'air de toujours refuser les plaisirs ?

– C'est mon corps qui réclame du plaisir, quelquefois furieusement, mais mon cœur désire la Joie. Si je cédais trop au plaisir, je sais qu'il deviendrait insatiable. Heureusement, ma soif de Joie couvre souvent, et de plus en plus, ma faim de plaisir.

Aimez-vous écouter de la musique ?

– La musique classique, oui. Mais je ne suis pas mélomane. D'ailleurs, en général, je n'ai pas de vraie culture artistique. Je le regrette. J'aime ce qui est beau. Jusqu'à m'extasier devant une fleur, devant un porche roman, voire un arbre mort, dont les branches dessinent sur un fond de ciel clair le plus merveilleux des tableaux abstraits ... Je regarde. J'admire. Quelquefois au point d'en être un instant bouleversé. Mais je ne sais pas pourquoi c'est beau. Ça me gêne. Je suis frustré. Mon esprit humilié me montre, une fois de plus, que l'intelligence en l'homme n'est pas le tout de l'homme. Je sens que derrière ces formes et ces couleurs, il y a un au-delà que j'entrevois mais qui me demeure en partie inaccessible. La beauté ouvre le chemin de la contemplation, car elle creuse en nous une profonde insatisfaction. Elle invite à cet au-delà. Et je sais, moi, qu'au-delà de cet au-delà, il y a Quelqu'un qui me fait signe.

Vous êtes directeur de la radio « Arc-en-Ciel », la radio du diocèse du Havre[3]. Est-ce pour vous un plaisir ?

– Non, un devoir. Si j'ai accepté cette charge confiée par mon évêque, c'est que je crois qu'une radio peut être un bon *moyen* pour servir

---

3. Sur la bande FM : Le Havre 94.3, Bolbec 96.9.

mes frères. Mais elle n'est qu'un outil, et comme tous les outils, celui-ci demande une attention technique importante[4] ; il ne faut pas se laisser absorber – ou captiver – par son fonctionnement, en oubliant ce pour quoi il est fait.

Si cette responsabilité ne me procure pas du « plaisir », elle me procure de la « joie ». Celle de voir rassemblées des personnes qui généreusement se donnent pour tenter de rejoindre les malades, les personnes âgées, et en général quelques-uns de ceux que nous ne rencontrons pas dans nos églises et nos réunions. Ceci pour leur apporter un peu de détente, des moments de recueillement et de prière, quelques occasions de formation humaine et chrétienne ; leur faire connaître la vie de l'Église, et tout ce qui se passe et se fait dans la région. Nous sommes maintenant reconnus. En contact avec de très nombreuses associations et organisations de toutes sortes qui nous sollicitent régulièrement.

Malheureusement les mouvements et services d'Église, en général, n'ont pas encore trouvé le chemin des ondes, pour communiquer. C'est un manque à gagner.

Plusieurs diocèses de France se sont dotés d'une radio. Est-ce une chance pour l'Église ?

– Je le crois mais justement, dans la mesure où elle s'en sert. Sinon, c'est du temps et de l'énergie perdus. Or, ce que je viens de dire pour mon diocèse vaut également au plan national. Les mouvements qui veulent déborder le cadre restreint de leurs membres pour atteindre d'autres personnes doivent trouver les moyens d'utiliser ces radios. Elles sont à leur disposition. Par exemple pour répercuter leurs « Campagnes d'année », et bien d'autres choses. Dans les bulletins de ces mouvements, je ne relève encore aucune incitation à innover. Les grands services pastoraux qui, tous les ans, pour leur Journée ou Semaine nationale, envoient régulièrement des dossiers avec affiches et

---

4. Le diocèse du Havre est situé en bord de mer et les vallées qui y mènent sont difficilement accessibles à la diffusion des ondes radiophoniques par nos deux émetteurs.

tracts – qui hélas quelquefois s'entassent dans les sacristies sans être utilisés – devraient penser à nous offrir une cassette *de qualité* pour que nous la diffusions aux auditeurs. Il faut inventer.

Votre évêque intervient-il sur les ondes de radio « Arc-en-Ciel » ?

– Oui, chaque semaine. Il commente à sa manière un événement, donne une information ou un éclairage de foi sur un point ou un autre. Ceux qui n'ont pas l'occasion de le rencontrer sont heureux de l'entendre. Il « passe bien ». Heureusement ! J'aurais plutôt été embêté s'il avait fallu que je lui fasse comprendre qu'il était préférable qu'il se taise ! (Rires)

Après vos dix-sept livres, avez-vous encore d'autres projets de publications ?

– Tant que je vivrai – en bonne forme – je porterai en moi d'autres livres, puisqu'ils naissent de toutes mes rencontres, et de la communion à la vie des personnes longuement observées et écoutées. Mais une chose est d'être ensemencé de vie et une autre d'en offrir les fruits. C'est mon problème. Je vous ai dit, je crois, que je suis blessé lorsque quelqu'un s'exclame en me voyant écrire : « Tu ne pourrais pas t'en passer ! ». Comme si je cédais à un ... plaisir ! Me mettre à la tâche et m'y maintenir, *me coûte*. Mais j'ose reconnaître maintenant et me dire à moi-même : « Quand tu écris, tu t'adresses à deux, à trois millions de personnes[5] et ce que tu écris rend service puisque beaucoup te le disent et te le répètent, sans que *jamais* tu ne leur demandes. Alors, dois-tu les écouter, ou t'écouter et ... aller te promener ? »

Je crois que demain encore, je n'irai pas me promener !

Vous écrirez donc. Pouvez-vous lever un coin de voile sur des livres en préparation ?

– Ce n'est pas un scoop. Il y a longtemps que je désire rédiger quelque chose sur « La construction de l'homme ».

---

5. Je compte les différentes traductions évidemment.

Dieu « est » relations : relations subsistantes, disent les philosophes. Et la foi nous révèle que l'homme est fait à son image. Mais celui-ci n'est pas « tout fait ». Il doit se faire. Dieu l'a « créé créateur », dit le Père Varillon, et c'est *dans la relation qu'il devient lui-même*. Relations à l'intérieur de lui-même, corps-cœur-esprit ; relations avec la nature dont il est tiré et dont il se nourrit ; relations avec tous les hommes, à commencer par ceux qui sont immédiatement autour de lui ; relations, enfin, avec Dieu, en Jésus-Christ qui le divinise et fait de lui un enfant du Père et un frère universel. S'il méconnaît ou échoue dans une de ces relations, il se déséquilibre et se désagrège.

Il y a longtemps que j'ai jeté les bases de ces recherches dans le livre *Réussir* [6]. Puis je les ai perfectionnées et amplifiées dans des semaines de réflexions/retraites avec beaucoup de jeunes, dans des cours donnés à l'Université de Salamanque, de Madrid, et au Brésil, à la télévision ; car j'illustre mes réflexions de croquis pour me faire mieux comprendre. C'est ce travail que je voudrais restituer, comme toujours le plus simplement et le plus clairement possible. On me le demande, spécialement les jeunes.

L'homme moderne est-il mal construit ?

– Nous sommes tous mal construits. Inachevés. Nous sommes en voie de développement. Nous vivons avec vingt ou trente pour cent de nos possibilités. Beaucoup de notre vie se perd, bloquée dans des refoulements ou dispersée par l'éclatement de notre être. Il faut nous libérer et sans cesse refaire nos liens à tous les niveaux dont je viens de parler. Nous devons unifier et équilibrer nos forces physiques, sensibles et spirituelles, pour les avoir à notre disposition et les engager totalement dans tous nos actes, nos rencontres, nos amours, notre prière.

La vraie vie culturelle et spirituelle, serait-ce d'utiliser à plein nos facultés ?

– Exactement. L'homme moderne que vous évoquiez à l'instant vit trop souvent « en morceaux ». Il privilégie l'une ou l'autre de ses puis-

6. Cf. particulièrement les chapitres 1, 2, 3 et 9, p. 17 à 30 et p. 59 à 63.

sances vitales au détriment des autres. Certains développent en priorité l'intelligence : les parents par exemple poussent leurs enfants à « faire des études » ; d'autres vivent sur leur sensibilité : ils n'agissent que motivés par des coups de cœur successifs ; d'autres encore laissent leur corps satisfaire tous ses besoins, spécialement dans la vie sexuelle. Or, quand celle-ci n'est pas reliée au reste de la personnalité, elle engendre immanquablement une lamentable déstructuration de l'homme.

Comment parvenir à cette ré-union de ses trois composantes essentielles ?

– Par l'amour accueilli et vécu. Énergie qui unifie. Amour avec un petit « a », et Amour avec un grand « A » pour le chrétien qui accueille librement l'Amour de Dieu pour diviniser son amour humain.

Qu'est-ce que la sainteté ?

– Elle ne se situe pas en dehors de cette construction de l'homme, mais l'accompagne et la couronne. Négliger le niveau humain pour travailler au développement de la « vie surnaturelle » en nous est une offense faite à Dieu. Il nous faut lutter pour épanouir *tout l'homme* ; ce qui suppose – et nous n'en avons pas suffisamment parlé – œuvrer pour l'établissement d'une société qui lui offre les moyens de cet épanouissement : des études, du travail, des loisirs, une maison, etc. *Tout se tient.*

La marche vers la « sainteté » commence au moment où nous prenons conscience que nous ne sommes pas suspendus dans le néant, mais que cette vie qui nous anime, à tous les étages de notre être, nous la recevons gratuitement de Dieu Père qui nous la donne en son Fils Jésus-Christ.

Il n'est alors que de nous « brancher » sur lui, pour qu'il nous « anime » tout entier. Sa Vie dans notre vie. Et je le disais à l'instant, Son Amour dans notre amour.

Vous connaissez maintenant ma conviction : nous venons de sortir de l'animalité. Il nous faut, par Jésus-Christ, et *dans un même effort*, nous humaniser, nous personnaliser, nous diviniser, en lien avec tout l'univers et toute l'humanité. C'est cet ensemble qui doit devenir corps du Christ et vivre un jour ressuscité au cœur de la Trinité.

Être saint, c'est tenir parfaitement sa place – petite ou grande – dans cette merveilleuse aventure.

Comment ?

– En étant fidèle à chaque instant de notre vie. *C'est là que Jésus nous attend* pour la vivre avec nous.

... Et pour tout vous dire, j'aimerais pouvoir écrire encore un petit livre – le dernier ? – sur cette *rencontre de l'homme avec son Seigneur*, afin de continuer avec lui sa grande mission de création, d'incarnation et de rédemption que lui a confiée le Père. Oui, je voudrais aider à cette Rencontre, car, après en avoir fait l'expérience, je peux témoigner que si elle ne facilite pas la vie, elle l'illumine au-delà de ce qu'on pouvait espérer.

Au départ, vous montriez peu d'empressement à réaliser ce livre d'entretiens que nous achevons, notamment parce que vous craigniez d'avoir à parler trop de vous-même. Vous avez cependant accepté, en souhaitant que ce livre soit utile. Qu'est-ce à dire ?

– J'ai accepté de m'intéresser avec vous aux raisons pour lesquelles mes livres ont une telle diffusion. Ce n'était pas très compromettant. Mais vous m'avez très rapidement posé des questions sur moi. Je m'étais engagé, je ne me suis pas dérobé. Mais ça n'est pas très agréable de parler de soi, surtout, je le répète une dernière fois, quand on est persuadé comme je le suis, que sa vie n'a rien d'extraordinaire. Vous m'avez entraîné doucement avec beaucoup de délicatesse. Et de cela je vous remercie. Puis-je ajouter que j'ai cédé d'abord au journaliste, très professionnel, puis peu à peu à l'ami, car on ne peut pas se retrouver, profondément, en tête-à-tête pendant une dizaine de jours, entre gens sincères, sans que se nouent des liens étroits.

J'ai pris de votre temps, j'ai donné du mien. Oui, j'espère que nos entretiens pourront servir. En ce qui me concerne, ils ne m'appartiennent plus. Je les laisse aux lecteurs, et au Seigneur, persuadé qu'il est capable de se glisser dans des mots, même très « étroits », quand ceux-ci sont loyalement exprimés.

Quand vous vous retournez sur les quarante années écoulées depuis la publication de vos Prières, *et que vous considérez le destin de ce livre, éprouvez-vous un étonnement dans votre vie spirituelle ?*

– Comment aurais-je pu prévoir ce qui est arrivé ? Comment une démarche aussi simple que de prier avec toute la vie, a-t-elle pu avoir une telle répercussion ? Comment a-t-elle pu nourrir tant de lecteurs ? Comment ce que j'ai amorcé est-il devenu si courant, tant et tant de livres de prières étant parus depuis ? Non, je ne l'avais pas prévu. Absolument pas. Et je m'en étonne encore.

Est-ce une indication sur la nature même de la vie spirituelle ?

– Peut-être ai-je montré que le chemin de la Rencontre du Seigneur, passe tout simplement par notre route quotidienne. En tout cas, mon intuition première, puis ma certitude s'en sont trouvées confirmées. Dieu nous attend dans notre vie. Il se passionne pour les moindres détails de notre existence, depuis qu'amoureux du monde, il a envoyé son Fils pour nous y rejoindre et cheminer avec nous. Encore une fois, à nous de le rencontrer. Il nous attend, non pas pour réfléchir et rêver sur ce monde, mais pour le transformer. Quelle responsabilité ! Il nous fait confiance ! C'est magnifique !

Pensez-vous arriver chez Dieu avec vos livres sous le bras ?

– Quelle question imaginaire ! De tout sens je suis sûr que si je les ai sous le bras, je les laisserai tomber, n'ayant d'autre regard que pour Celui qui m'apparaîtra enfin en pleine lumière. Avec Lui alors, je pourrai réaliser mon rêve : contempler mes frères et le monde, les aimant comme il les aime, et découvrant le SENS de cette prodigieuse et mystérieuse histoire humaine qui, comme je l'ai écrit dans une de mes prières est « malgré les innombrables et affreuses ratées du péché, une longue palpitation d'amour vers l'Amour éternel ! » Souvenez-vous :

« Je voudrais monter très haut, Seigneur au-dessus de ma ville – au-dessus du monde – au-dessus du temps. Je voudrais purifier mon regard et t'emprunter tes yeux. »[7]

Nous venons de jeter un regard en arrière sur votre vie. Et si c'était à refaire ?

– Voilà le genre de question que je ne me pose absolument pas. Il est impossible de refaire sa vie. Je ne vais pas passer dix minutes à chercher comment je m'y prendrais. Pendant ce temps, je ne vivrais pas le moment qui m'est donné à vivre.

D'accord, mais êtes-vous prêt à dire « oui » à nouveau à ce que vous avez vécu ?

– A l'amour du Seigneur, bien sûr ! A ce que j'ai vécu ? ... (Silence). Je referai probablement les mêmes choses si les circonstances étaient les mêmes, en essayant de les vivre avec plus d'amour, moins d'infidélité, et peut-être plus d'audaces.

Je vous l'ai dit, j'ai eu peur d'endosser un « personnage ». Peur que les vêtements d'apparat que l'on me mettait sur le dos finissent par me coller à la peau. Je me suis défendu par l'humour, et surtout en essayant d'être suffisamment occupé des autres pour ne pas être préoccupé de moi. Bien sûr, je n'y parviens pas totalement. Loin de là. C'est décevant et humiliant. Mais je crois en avoir fait suffisamment l'expérience pour être sûr que c'est le seul moyen, pleinement efficace, pour se libérer de soi, et surtout pour faire la place en nous, de sorte que le Seigneur et nos frères puissent y venir, s'y trouver à l'aise et se rencontrer.

Mais j'aurais peut-être dû être moins peureux et dire quelquefois tout haut et plus fort, ce que je pensais : sur mon Église, sur telle ou telle situation dramatique de mes frères souffrants ... Ai-je suffisamment profité de ce que beaucoup de personnes m'écoutaient ? Je ne

7. *Prières, op. cit.*, p. 27-28.

sais pas. J'ai toujours peur des mots qui risquent si souvent de n'être qu'écorces vides !

Êtes-vous sûr que demain matin vous serez encore intimement séduit par le Christ ?

– Absolument sûr ! Il m'a eu. Je n'ai pas pu lui résister. Mais comme tous, je le perds parfois de vue. Douloureuses périodes d'ombres que je ne lui attribue pas. Je sais que lui est toujours là, et m'attend avec un amour intact ...

Mais je vous l'ai dit aussi plusieurs fois : en fait j'ai de plus en plus envie de le retrouver dans la solitude et le silence. Ce n'est peut-être pas très glorieux. C'est que se fait sentir durement ce que j'ai appelé « la nuit de l'action », ce sentiment de la petitesse, voire quelquefois de l'inutilité de ce que je fais par rapport à ce qu'il y a à faire. Et puis j'entends les voix des sirènes qui murmurent : «Tu as bien le droit de te reposer, de prendre des vacances, de penser à toi ! » Allez donc voir si ce n'est pas moi qui cherche à me défiler, en cherchant la joie de le retrouver !

Cette joie vient-elle consoler ?

– Ah non alors ! Je n'ai pas envie de me faire consoler, mais j'ai encore soif de me faire aimer. J'espère que c'est pour essayer de continuer à donner.

Table des Matières

Mise en page par
EDIMICRO, 29, rue Descartes – 75005 PARIS
Tél. : (1) 43 25 35 77 & 36 77 – Télécopie : (1) 43 25 37 65

Achevé d'imprimer par Normandie Roto Impression s.a.
61250 Lonrai
N° d'Éditeur : 4844 - N° d'Imprimeur : I4-2275 - Dépôt légal : décembre 1994

Imprimé en France